Haug von Kuenheim

# LIZENZ Nr. 7
Die Geschichte der
Augsburger Allgemeinen Zeitung

EDITION BRAUS

# Inhalt

Vorwort — SEITE 4

1. Es begann am 30. Oktober 1945 — SEITE 8
2. Die Amerikaner werden fündig — SEITE 18
3. Die Auserwählten — SEITE 32
4. Zwei Herren im Haus — SEITE 48
5. Allein im Haus — SEITE 72
6. Auf dem Weg zur Mitte — SEITE 84
7. Die Schwäbische wird zur Augsburger — SEITE 102
8. Vater und Tochter — SEITE 122
9. Der Patriarch — SEITE 142
10. Die Ära Holland — SEITE 164
11. Ausblick ins XXI. Jahrhundert — SEITE 194

Unternehmenschronik 1945 – 2009 — SEITE 202

# Vorwort

Dies ist die von einem Journalisten erzählte Geschichte einer der größten Regionalzeitungen in unserem Land. Sie begann im Spätsommer 1945 in der amerikanischen Besatzungszone, als Offiziere der Militärregierung zwei Zeitungsmännern, die sich in den zwölf Jahren der Hitlerzeit nichts haben zuschulden kommen lassen, Curt Frenzel und Johann Wilhelm Naumann, in Augsburg die Lizenz für die *Schwäbische Landeszeitung*, der späteren *Augsburger Allgemeinen*, erteilten, die Lizenz Nr. 7. Es war schließlich die Enkelin von Curt Frenzel, Alexandra Holland, Mitherausgeberin der Zeitung, die wissen wollte, wie damals alles begann, warum die Amerikaner gerade ihren Großvater auswählten, was für ein Mensch er gewesen war, wie er es geschafft hat, den Grundstein für ein Haus zu legen, das sich im Laufe der Jahre von einer Zeitung zu einer Mediengruppe entwickelt hat.

Es war ungeheuer spannend, sich in die Geschichte der Zeitung, besonders ihrer Anfangsjahre zu vertiefen, als allenthalben Not im Lande herrschte und trotz aller Widrigkeiten eine Zeitung herausgebracht wurde, die sich zum Ziel gesetzt hatte, ihre Leser schonungslos über die Verbrechen der Nazizeit aufzuklären, dabei aber auch gleichzeitig den Bedürfnissen der Leser nach Nachrichten aus Stadt und Land nachzukommen. Bis heute sieht die Zeitung bewusst ihre Wurzeln in Bayerisch-Schwaben und es war das Verdienst ihres Gründers, die Vielzahl der Heimatverlage in der Region an sich zu binden. Deren Geschichte, die oft sehr weit zurückreicht, 125 Jahre *Mindelheimer Zeitung* oder der *Neuburger Rundschau* zu erzählen, hätte den Rahmen gesprengt. In der „Chronik", die dieses Buch abschließt, ist die Geschichte der Augsburger Mutterzeitung so gut wie möglich verzeichnet, wie auch dort Daten und Ereignisse, die für die Entwicklung der *Augsburger Allgemeinen* und der Mediengruppe bedeutend sind, festgehalten wurden.

Ich habe nicht mit dem Blick eines Historikers, der ich auch gar nicht bin, sondern mit dem Auge des praktizierenden Publizisten das Material, Zeitungsbände, Akten, Briefwechsel durchforscht, soweit es im Hause und anderswo vorhanden war. Ich habe mich überdies auf Arbeiten gestützt, wie beispielsweise die des Zeitungswissenschaftlers Walter J. Schütz oder des Historikers Paul Hoser, die in ihren Monographien die Presse in Bayerisch-Schwaben behandelt haben. Ich habe überdies mit einer großen Zahl von Zeitzeugen gesprochen, Mitarbeitern des Hauses, denen ich viele Hinweise verdanke und die mir halfen, Unklarheiten und Ungewissheiten aufzuklären. Stefan Küpper, junger Redakteur der *Augsburger Allgemeinen*, unternahm die mühevolle Arbeit, die Chronik zusammenzustellen, und war mir ein wertvoller Ping-Pong-Partner, wenn es beispielsweise galt herauszufinden, ob Curt Frenzel, Sozialdemokrat von Hause aus, ernsthaft daran gedacht hat, für den Bundestag auf dem Ticket der CSU zu kandidieren. Ihnen allen gilt mein großer Dank. Schwächen und Irrtümer dieser Darstellung gehen allein auf mein Konto.

*Haug von Kuenheim*
*Augsburg, im Juli 2009*

Begehrt war sie und längst nicht jeder bekam sie, die Lizenz, mit der die Augsburger Presse nach dem Zweiten Weltkrieg in Gang gesetzt wurde. Für Johann Wilhelm Naumann und Curt Frenzel war Nummer 7 von der Militärregierung vorgesehen worden.

# Es begann am 30. Oktober 1945

Streicher des Städtischen Orchesters spielten Franz Schuberts Quartett in Es-Dur. „Die Klänge passten zu dem reinen Ernst der Stunde", überlieferte der Chronist.

Man schrieb den 30. Oktober 1945. Es war ein kühler Herbsttag, der den strengen Winter anzukündigen schien. An der Blauen Kappe 10, in einem intakten Seitenflügel des vom Krieg schwer ramponierten Augsburger Realgymnasiums, wo die Nationalsozialisten bis zuletzt ihre *National-Zeitung* hergestellt hatten, drängten sich im Flur des ersten Stocks amerikanische Militärs, Honoratioren der Stadt aus Verwaltung und Wirtschaft mit dem seit Kriegsende amtierenden Bürgermeister Dr. Ludwig Dreyfuß an der Spitze und den zwei Hauptpersonen dieser Zeremonie, Curt Frenzel und Johann Wilhelm Naumann.

Jener vom Jahrgang 1900, dieser 1897 geboren; jener ein Sachse aus Dresden, evangelisch getauft, dieser ein Rheinländer aus Köln, praktizierender Katholik; jener ein Sozialdemokrat, dieser ein Christdemokrat. Wie zwei artige Schulbuben saßen die beiden vor dem langen weiß eingedeckten Tisch, auf dem ein paar Blumentöpfe standen und hinter dem der hoch dekorierte Oberst Barney McMahon der US-Armee unter der Stadtflagge Rot-Grün-Weiß sein Glas erhob und einen Toast auf die Stadt Augsburg und die eben aus der Taufe gehobene neue Zeitung ausbrachte – die *Schwäbische Landeszeitung*.

„Heute bringen wir die Presse in Gang", sagte er und zeichnete das Leben der beiden vor ihm Sitzenden nach. Zwei aufrechte Männer, Demokraten beide, die zwölf lange Jahre auf den Tag gewartet hatten, an dem es ihnen wieder möglich sein würde, „die Wahrheit und nicht verlogene Propaganda ihren Lesern vorsetzen zu können". „Die Geduld hat Früchte getragen", sagte der Amerikaner und fügte hinzu: „Es ist mir ein Vergnügen, Ihnen die Lizenz Nr. 7 im Namen der Militärregierung Ost zu überreichen und Ihnen Erfolg in Ihrer neuen Stellung als Herausgeber und Hauptschriftleiter der *Schwäbischen Landeszeitung* zu wünschen."

Die gekürten Lizenzträger erhoben sich und nahmen die Urkunde entgegen, die bis auf den heutigen Tag in einem Schaukasten im Entrée des Pressehauses der *Augsburger Allgemeinen* ihren Platz hat. In wohlvorbereiteten Worten dankten die beiden für das Geschenk. Es war ihnen anzumerken, wie sie sich einerseits freuten und sich wohl auch geehrt fühlten, als Zeitungsmacher ausgewählt worden zu sein. Andererseits war ihnen offenbar auch sehr bewusst, welche großen Erwartungen und Hoffnungen die Amerikaner in sie setzten und welche Verantwortung ihnen in dieser Stunde aufgebürdet wurde.

„Wir nehmen das freie großmütige Geschenk aus Ihren Händen an", dankte Johann Wilhelm Naumann, der für die verlegerisch-kaufmännischen Belange der neuen Zeitung verantwortlich werden sollte. „Hier in Augsburg ist die Presse geboren worden" – als gebildeter Zeitgenosse spielte er an auf die große Zeit des Verlegers Cotta im 19. Jahrhundert und seiner *Allgemeinen Zeitung* mit Heinrich Heine als Pariser Korrespondenten –, „hier haben deutsche Männer gestritten und gelitten für Demokratie und Menschenrechte. Hier wollen auch wir unseren Platz einnehmen und unser Geschenk an Sie", Naumann wandte sich direkt an den amerikanischen Oberst, neben dem eine Reihe weiterer Offiziere saß, von denen einer den Dolmetscher spielte, „soll sein eine Presse, die wiedergutmacht, was Lüge und Verleumdung verbrochen haben."

Curt Frenzel ist für den Inhalt der Zeitung verantwortlich, er wird von nun an als Chefredakteur zeichnen, von dem amerikanischen Oberst noch mit dem im Nationalsozialismus gebräuchlichen Titel als Hauptschriftleiter bezeichnet; als Herausgeber verzeichnet das Impressum beide Lizenzträger, Naumann und Frenzel. Curt Frenzel schlägt in seiner Erwiderung auf Oberst McMahon ebenfalls einen ernsten Ton an, der von einem gewissen Pathos getragen wird. Ihm schien es außerordentlich wichtig zu sein, deutlich zu machen, dass die neue Zeitung kein Organ der Besatzungsbehörden, auch nicht der Staatsregierung, noch der Stadt Augsburg sei. „Ich habe mein persönliches Wort dafür gegeben, dass die politische Führung der Redaktion parteipolitisch neutral sein wird. Das heißt nicht, dass wir unpolitisch sein wollen. Unser Feind, den wir am stärksten bekämpfen werden, ist das Dreigespann: Faschismus, Militarismus, Reaktion ... Unser ideales Ziel wird sein, mit Baustein einer neuen Nation zu sein, die von den übrigen Vereinten Nationen als gleichwertiges Mitglied anerkannt werden wird."

Der amerikanische Oberst Barney McMahon mit seinen beiden Schützlingen, den frischgebackenen Zeitungsverlegern Johann Wilhelm Naumann und Curt Frenzel.

Frenzel sprach von der Blutschuld des Nationalsozialismus, den scheußlichen Verbrechen in den Konzentrationslagern und der Schuld der deutschen Militärs. Und er nannte die siegreichen Alliierten Befreier, eine Charakterisierung, die im Laufe der Jahre verpönt schien und erst 40 Jahre später, als Bundespräsident Richard von Weizsäcker seine berühmte Rede zum 40. Jahrestag des Kriegsendes hielt, wieder ins Bewusstsein der Deutschen drang. „Es ist eine bedrückende Tatsache", erklärte Curt Frenzel, „dass sich das deutsche Volk nicht von sich aus von der braunen Tyrannenherrschaft freimachen konnte. Die Alliierten haben mit ihren Waffen die Diktatoren davongejagt. Obwohl die Alliierten als Sieger in unserem Lande sind, betrachte ich sie als Befreier von jenem fluchwürdigen System."

Die getragen ernste Feierstunde fand ihren Abschluss im provisorisch hergerichteten Erdgeschoss des Gebäudes An der Blauen Kappe 10, wo per Knopfdruck die Rotationsmaschine in Gang gesetzt wurde und die ersten Exemplare der acht Seiten starken *Schwäbischen Landeszeitung* ausspuckte. Unter dem Namen der Zeitung stand der Zusatz *Augsburger Zeitung*, zwischen beiden Worten das Wappen der Stadt am Lech, eine steinerne Zirbelnuss, die an die glanzvolle Periode Augsburgs als römische Provinzhauptstadt erinnert und als Wappen seit 1237 geführt wird. Darunter, gleichsam als Programm: „für Politik, Wirtschaft, Kultur, Kunst, Wissenschaft, Sport".

„Neues Weltgesetz in Kraft" hieß die in großen Lettern gesetzte Überschrift auf Seite eins der ersten Nummer, die für 20 Pfennig zu kaufen war und in einer Auflage von 160.000 erschien. Der Artikel verkündete, dass die Vereinten Nationen als Organisation nun agieren könnten, nachdem die Sowjetunion als letzte der fünf Großmächte, nach China, den USA, Frankreich und Großbritannien, ihre Ratifikationsurkunde hinterlegt habe.

Fünf Tage nachdem die erste Ausgabe der Zeitung reißenden Absatz in der Stadt gefunden hatte, gab es die erste Betriebsfeier in der Fuchsbrauerei in Steppach. Für heutige Verhältnisse recht schlanke Männer und Frauen aus Redaktion und Verlag trafen sich auf Einladung des Verlegers Naumann, um nach „harten Arbeitstagen" zu feiern, schließlich sollte jedem Arbeiter und Angestellten das Gefühl vermittelt werden, dass er im „Betriebsführer" – wie es in einem Bericht über die Feier hieß – „einen sozial denkenden und väterlichen Freund" besitze. Der allseits bekannte Conferencier Kunze aus Bad Reichenhall machte das erste Get-together des Verlags zu einem unvergessenen Erlebnis – so wurde es überliefert. Diese kleine Betriebsfeier mag ein erstes Zeichen gewesen sein, dass sich ein halbes Jahr nach Kriegsende für die Menschen in Augsburg ein Silberstreif am Horizont abzeichnete. Denn noch lag die Stadt in Trümmern und nur sehr langsam und mühsam begann neues Leben in den Ruinen.

Am 25. Februar 1944, am Tag der heiligen Walburga, nachmittags bei offenem Himmel, hatten amerikanische Bomber die „Goldene Stadt" angegriffen – golden durch den Reichtum ihrer Kaufherren und golden durch den Reichtum ihrer Kunstschätze, wie es in jedem besseren Reiseführer heißt. Ihr Ziel waren die Messerschmitt-Werke. Wenige Stunden später, in der sternenklaren Nacht zum 26. Februar, waren es britische Flugzeuge, die Augsburg mit Bomben, Luftminen und Phosphor überschütteten. 2450 Sprengbomben, 45.000 Phosphorbomben, 1200 Flüssigkeitsbomben, 250.000 Brandbomben wurden an zwei Tagen über der Stadt am Lech abgeladen. Während ihrer ganzen 2000 Jahre währenden Geschichte war Augsburg einer solchen Zerstörung nicht ausgesetzt gewesen. Die alte Stadt der Fugger, Welser und Schaezler war einmal. Historische Gebäude, das Rathaus, die Kirchen und Palais, die den Reiz der schwäbischen Metropole ausgemacht hatten und von ihrer einstigen Bedeutung zeugten, waren verschwunden. Übrig blieben Reste von Mauern mit toten Fensterhöhlen.

Erhart Kästner (1904–1974), Schriftsteller und später Leiter der berühmten Wolfenbütteler Bibliothek, der über viele Jahre den Literaturteil der *Schwäbischen Landeszeitung* betreute, erlebte die Stadt, in der er aufgewachsen war, nach Jahren der Gefangenschaft 1947 zum ersten Mal wieder. Im *Merian*-Heft über Augsburg, erschienen 1948, veröffentlichte er einen Bericht über seine „Heimkehr". Er war allerdings überrascht, dass doch mehr Gebäude erhalten waren, als er gedacht hatte. Im Vergleich, beispielsweise mit Dresden, war Augsburg „weniger unglücklich dran. Sein Vorrat an alten, kraftvollen Bauten war groß und vieles, Wesentliches erhalten." „Und", so fuhr er fort, „sah man nicht schon überall Gerüste, war nicht schon der strebsame schwäbische Geist am Werk?"

Über 700 Tote während der Bombenangriffe, darunter viele Frauen und Kinder, wurden gezählt. 80.000 Menschen verloren ihr Obdach und wurden in die umliegenden Ortschaften und darüber hinaus ins schwäbische Land umquartiert. Es dauerte noch über ein Jahr, bis das Dritte Reich endgültig von der Weltbühne verschwunden war. Und noch über ein Jahr lang wurde die Stadt immer wieder von Luftangriffen heimgesucht. Ein letztes Aufgebot von Augsburgern, versammelt im Volkssturm, sollte die Stadt verteidigen. Doch dazu kam es nicht mehr. Es war eine Gruppe beherzter Bürger, die sich notdürftig bewaffnet hatten und, wie Dr. Rudolf Lang aus Göggingen in einem ausführlichen Beitrag für die *Schwäbische Landeszeitung* in der Neujahrsausgabe 1946 berichtete, dazu beitrugen, dass die Stadt kampflos in die Hände der Amerikaner fiel. Danach waren es rund 20 Männer, welche die Initiative ergriffen und mit den anrückenden Amerikanern der 7. Infanteriedivision in Eislingen an der Donau Kontakt aufnahmen. Es gelang den Augsburger „Freiheitskämpfern", den örtlichen

Kommandanten in seiner Befehlstelle im Riedingerhaus, Generalmajor Franz Fehn, zu bewegen, die Waffen niederzulegen. Hinzu kam, dass der Oberbürgermeister Josef Mayr und der Gauleiter von Schwaben, Karl Wahl, zwei fervente Nazis, schließlich das Gebot der Stunde erkannten, sich der Lage anpassten und ihrerseits nicht länger auf den Durchhaltebefehlen bestanden. Bei Nieselregen zogen die ersten amerikanischen Panzer in den Morgenstunden des 28. April 1945, ohne auf Gegenwehr zu stoßen, in die Stadt am Lech ein.

Viele Bürger hatten weiße Fahnen gehisst und auch wenn sie den Einzug nicht als Befreiung von der Naziherrschaft begriffen haben mögen, so war doch allenthalben die Erleichterung zu spüren, dass der Krieg nun ein Ende hatte. Freude griff nicht um sich, denn die Zukunft lag im Ungewissen. Die Sorge um das tägliche Überleben stand im Vordergrund und die Frage: Wo sind sie, die Väter, Söhne und Ehemänner, die der Krieg verschluckt hat?

Das Bedürfnis der Menschen nach Informationen war groß, doch keine Zeitung konnte ihnen dienen. Die Alliierten hatten als eine ihrer ersten Entscheidungen jegliche Druckerzeugnisse verboten. Allerorten begann eine zeitungslose Zeit, Gerüchte verbreiteten sich in Windeseile, eine gewaltige Unsicherheit bemächtigte sich der Menschen: Wie geht es weiter? Anschläge der Militärregierung und Aufrufe befriedigten kaum das Bedürfnis der Augsburger nach Aktualitäten. Und auch der am 13. Juli erscheinende *Augsburger Anzeiger* der 12. amerikanischen Heeresgruppe, herausgegeben für die deutsche Zivilbevölkerung, war nur ein dürftiges Blättchen, welches das Informationsbedürfnis kaum stillte. Es kostete 20 Pfennig und berichtete in seiner ersten Ausgabe, dass in Bayern 102 Industrielle verhaftet worden seien. Unter ihnen waren einige Herren der Messerschmitt-Werke, der Deutschen Verkehrsbank und der Haindl'schen Papierfabriken. Auch wurde Georg Haindl verhaftet, der allerdings

Das Bedürfnis nach Informationen, der Hunger nach Neuigkeiten, war groß in diesen Nachkriegstagen. Aber die Menschen waren hager, das Essen knapp und Nachrichten rar. 20 Pfennige kostet die neue Zeitung.

nur für kurze Zeit einsaß und später zu einem guten Freund und Berater von Curt Frenzel wurde.

Der Anzeiger berichtete, dass 285 Beamte entlassen worden seien; die Kunstschätze der Stadt befänden sich in der Obhut der Amerikaner. Am 4. Juli, so war zu lesen, feierten 10.000 Menschen das Patrozinium im Ulrichsmünster. Insgesamt siebenmal, zuletzt am 24. August 1945, erschien das amerikanische Blättchen, das sich offensichtlich bemühte, den Lesern mitzuteilen, dass die amerikanische Militärregierung unnachsichtig mit ehemaligen Nazis verfahren werde, und andererseits die Augsburger aufforderte, ihre Stadt wieder aufzubauen und sich der guten Seiten ihrer Geschichte bewusst zu sein. Das Friedensfest am 8. August, von den Nazis abgeschafft, wurde von den Amerikanern wieder zum Feiertag erklärt, ebenso wie Mariä Himmelfahrt am 15. August.

Bereits in der zweiten Ausgabe ihres Anzeigers forderten die Amerikaner Presseleute, Buchverleger und Buchhändler, Theatermacher und Filmemacher auf, sich im ersten Stock An der Blauen Kappe 10 zu melden. Johann Wilhelm Naumann war nicht unter den sich dort Einfindenden, ebenso wenig wie Curt Frenzel. Jener saß im Schwarzwald, dieser in Bad Reichenhall. Wie nun die Amerikaner auf diese beiden späteren Augsburger Zeitungsmacher aufmerksam wurden, ist ein besonderes Kapitel.

# Die Amerikaner werden fündig

Unsere beiden Protagonisten, Curt Frenzel und Johann Wilhelm Naumann, hatten den Krieg überlebt. Ersterer war im April 1945 in Bad Reichenhall gestrandet, Letzerer lebte während der Kriegsjahre im Schwarzwald; erst in Freiburg, dann in Boll bei Bondorf. „Wir mussten lange suchen, denn nur wer eine absolut reine Weste hatte, konnte in Betracht gezogen werden", erinnerte sich sehr viel später Ernest Langendorf. Er war Anfang der dreißiger Jahre Reporter beim *Hamburger Echo* gewesen und jetzt in amerikanischer Uniform mit dafür verantwortlich, die richtigen Männer zu finden, denen man eine Zeitung anvertrauen konnte.

Denn in einem Punkt waren die Sieger über Deutschland einig, so unterschiedlich sich schließlich die Besatzungspolitik in den vier Zonen entwickeln sollte: Rundfunk, Zeitschriften und Zeitungen, so wie sie sich in den letzten zwölf Jahren präsentiert hatten, mussten ohne Wenn und Aber sofort verboten werden. Die Medien hatten sich in den Jahren nationalsozialistischer Herrschaft diskreditiert, sie waren in ihrer Mehrheit zu reinen Propagandainstrumenten geworden; Wahrheit wurde zu einem Fremdwort. Die Augsburger *National-Zeitung* machte da keine Ausnahme. Sie hielt bis zum letzten Tag ihres Erscheinens am 26. April 1945, auf zwei Seiten geschrumpft, das Banner der Nazis hoch.

Sollten die Deutschen wieder auf den Pfad der Demokratie geführt werden, wozu die westlichen Alliierten entschlossen waren, musste die Medienlandschaft völlig neu strukturiert werden. Die Heereszeitungen, die in den ersten Monaten nach Kriegsende das Informationsbedürfnis der Deutschen abdeckten, konnten da nur ein Übergang sein. Allein von Deutschen gemachte und verantwortete Zeitungen seien in der Lage, bei ihren Lesern Vertrauen zu wecken, sie zu informieren, schließlich auch das Programm einer „Reeducation", oft verunglimpft, umzusetzen: Dies war die einhellige Meinung von Franzosen, Engländern und Amerikanern, wobei Letztere die penibelsten Vorstellungen hatten, wie ein Deutscher auszusehen habe, den sie zum Zeitungsmacher küren könnten. Amerikaner, die einst Deutsche waren und emigrieren mussten, kamen aus ihrer Sicht dafür nicht in Frage. Offenbar fürchteten die Amerikaner, deutsche Leser würden ihnen misstrauen.

Es reichte ihnen nicht, dass ihr Kandidat kein Mitglied der Nazipartei gewesen sein durfte, er durfte auch keiner Gliederung der Partei angehört und bei keiner Zeitung oder Zeitschrift gearbeitet haben. In einem Handbuch legten sie überdies fest – was uns heute als Kuriosum vorkommen mag –, dass der keine Lizenz bekommen durfte, „der einer aristokratischen, preußischen, ostpreußischen, pommerschen, schlesischen oder mecklenburgischen Familie angehörte oder wer ausgedehntes Eigentum in Preußen besitzt".

In Bayern war eine sehr aktive Findungskommission am Werk, die im Sommer 1945 ihre Fühler nach allen Seiten ausstreckte, um für München, Nürnberg, Würzburg, Regensburg und nicht zuletzt für Augsburg, aber auch für Garmisch und Bayreuth, für insgesamt rund 20 bayerische Städte maßgeschneiderte Zeitungsmacher zu suchen. Die Gruppe wurde von Oberst Barney McMahon geführt. Bereits im letzten Jahr des Ersten Weltkriegs kam er als Frontsoldat nach Europa, war auch in Deutschland stationiert, sprach etwas Deutsch, liebte den Wein vom Rhein und fühlte sich im Schloss Seeburg am Starnberger See, wo er residierte, sichtlich wohl. Seine engagierten Leute, unter denen wie Ernest Langendorf viele jüdische Emigranten waren, fuhren mit ihren Jeeps kreuz und quer durch Bayern, um Hinweisen auf mögliche Kandidaten nachzugehen.

Die Hinweise kamen aus den verschiedensten Ecken. Die katholische Kirche machte auf diesen und jenen aufmerksam, ehemalige Gewerkschafter wussten Leute zu nennen, die Widerstand geleistet hatten, und einstige Reichstagsabgeordnete wie die Sozialdemokraten Wilhelm Hoegner aus München, der spätere Ministerpräsident von Bayern und Josef Felder aus Augsburg kannten Genossen, die sich von den Nazis nicht hatten korrumpieren lassen.

Wer von den amerikanischen Spürnasen Witterung aufnahm und auf Curt Frenzel stieß, liegt im Reich des nicht mehr zu Klärenden. Die Wahrscheinlichkeit spricht dafür, dass der Sozialdemokrat Curt Frenzel in Bad Reichenhall Kontakt zu alten Genossen suchte und die Amerikaner davon Wind bekamen. Sie suchten ihn auf, ließen ihn einen riesigen Fragebogen ausfüllen, der genauestens geprüft wurde, und waren sich wohl schließlich einig, dass dieser Journalist, SPD-Mitglied, zuletzt stellvertretender Chefredakteur der *Volksstimme* in

Chemnitz, mit Berufsverbot von den Nazis belegt, in der Lage sein müsste, in Augsburg eine Zeitung zu leiten.

Zu den Amerikanern, die mit Curt Frenzel Kontakt aufnahmen, gehörte Dr. Joseph Dunner, einst Sozialdemokrat, der vor den Nazis 1933 in die Schweiz geflohen war und schließlich in den USA landete. In seinen Erinnerungen „Zu Protokoll gegeben" beschreibt er sein Zusammentreffen mit Curt Frenzel in Bad Reichenhall: „Ende Juli 1945 hatte ich eine längere Unterredung mit Curt Frenzel ... Frenzel trug sich mit dem Gedanken, nach Chemnitz zurückzugehen. Er war in Konzentrationslagern gewesen und glaubte, dass ihn die sowjetische Verwaltung mit offenen Armen empfangen würde. Ich hatte einen genaueren Einblick in die Verhältnisse der sowjetischen Besatzungszone als er und versuchte, ihn von seinem Vorhaben abzuhalten."

Curt Frenzel mag anfangs wirklich mit dem Gedanken gespielt haben, zurück nach Sachsen zu gehen, zu seinen alten Kameraden und Genossen, mit denen er gegen die Nationalsozialisten agitiert hatte. Schließlich war der Sozialdemokrat Rudolf Friedrichs, der von den Sowjets im Juli 1945 eingesetzte erste sächsische Ministerpräsident, ein enger Freund von Curt Frenzel, mit dem er sich manche Schachpartie geliefert hatte. Und Friedrichs schien willens zu sein, seinen alten Mitstreiter zum Kultusminister zu machen. Doch relativ bald muss Curt Frenzel von dem Gedanken Abstand genommen haben, nach Sachsen zurückzugehen. Sicher auch, weil die Gespräche mit den Amerikanern an Intensität zunahmen und er der Vorstellung, eine eigene Zeitung zu machen, immer mehr abgewinnen mochte. Es mögen ihn auch Leute wie Kurt Schumacher, den er kannte und der nun an der Spitze der Sozialdemokratie stand, bestärkt haben, den Weg zurück nach Sachsen nicht zu gehen, sondern im Westen die Sache der Sozialdemokraten zu vertreten.

In einem Brief an Wilhelm Hoegner vom 26. Oktober 1945, in dem er den Ministerpräsidenten zur Lizenzübergabe nach Augsburg einlädt, legt Curt Frenzel seine Motive dar: „Den mir durch die Amerikaner angetragenen Posten des Chefredakteurs habe ich nach reiflicher Überlegung angenommen. Ich folge damit nicht einem persönlichen Wunsche, sondern habe nach Rücksprache mit Herrn Goldschagg (Lizenzträger der *Süddeutschen Zeitung*, d. A.) und hiesigen Parteifreunden zugesagt. ... Es war ursprünglich mein Wunsch nach Sachsen zurückzugehen. Die amerikanische Militärregierung in München aber ist an mich herangetreten, auf eine Rückkehr nach Sachsen zu verzichten und mich zum Wiederaufbau der deutschen Presse in der amerikanischen Zone zur Verfügung zu stellen. Mir wurde auch angeboten, eine Zeitung in der Südostecke Bayerns aufzuziehen mit Druck in Bad Reichenhall, oder gemeinsam mit einem Angehörigen der christlich-sozialen Union, Herrn Naumann, eine große Tageszeitung in Augsburg ins Leben zu rufen. Auf dringenden Wunsch unserer Parteifreunde hier in Augsburg und auch auf Wunsch des Herrn Naumann habe ich für Augsburg zugesagt, damit endlich diese große Stadt Bayerns auch eine Zeitung erhält."

Curt Frenzel war ein sperriger Typ. So ohne Weiteres ließ er sich von den amerikanischen Offizieren nicht einfangen. Als diese eines Tages einen Jeep nach Bad Reichenhall schickten, um ihn zu Gesprächen nach Augsburg zu bitten, lehnte er es ab, in dieses offene, hart gepolsterte Vehikel zu klettern. Erst als die Amerikaner tags darauf mit einem größeren Wagen vorfuhren, bequemte er sich einzusteigen.

Ernst Cramer, der Deutschland 1938 verließ und als amerikanischer Sergeant just am 8. Mai 1945, dem Tag der Kapitulation, seine Heimatstadt Augsburg wieder betrat, gehörte anfangs auch der Truppe an, die nach möglichen Lizenzträgern Ausschau hielt. Er, der dann in Deutschland blieb, heute Ehrenbürger von Augsburg ist, wichtige Positionen im Axel Springer Verlag einnahm und dort noch immer ein Büro hat, meint sich in diesem Zusammenhang zu erinnern, dass er Curt Frenzel einmal eine Hose geliehen habe, damit dieser korrekt angezogen vor die Amerikaner, die ihn interviewten, treten konnte. Dies mag zu den liebenswerten Anekdoten gehören, die solch einschneidende Ereignisse oft begleiten. Auf jeden Fall war das Interesse der Amerikaner riesengroß, Curt Frenzel in ihr Boot zu holen. Er hatte eine blütenreine Weste; während der zwölf Jahre Naziherrschaft hatte er sich auch nicht ein Gran korrumpieren lassen, zudem war er ausgewiesen ein guter Journalist und er war vernetzt in der Sozialdemokratischen Partei, die bei den Amerikanern hoch im Kurs stand, weil sie sich mit den Nazis nicht eingelassen hatte.

Den Amerikanern wurde als möglicher Kandidat für eine neue Zeitung in Augsburg auch Josef Felder genannt, gebürtig aus der Stadt am Lech, jüngster Reichstagsabgeordneter, der 1933 gegen das Ermächtigungsgesetz gestimmt hatte – er war später ältester Abgeordneter der SPD im Bundestag. Felder war durch die Nazis mehrfach Verfolgungen ausgesetzt und wurde immer wieder inhaftiert. „Die Sache kam bedauerlicherweise damals nicht zustande, weil meine politische Richtung einigen Augsburger US-Presseoffizieren augenscheinlich nicht passte", schreibt Felder in einer biografischen Abhandlung. „Ich hatte in einer Versammlung in Augsburg bei der Beurteilung der Vergangenheit eine deutliche Abgrenzung zu den Kommunisten vorgenommen und auf deren erhebliche Mitschuld an der Entwicklung zum Nationalsozialismus hingewiesen. Einige Presseoffiziere standen weit links und waren Anhänger von Volksfrontvorstellungen." Ob Felders Einschätzung stimmt, ist schwer zu beurteilen, schließlich bekam er ein Jahr später im April 1946 die Lizenz für den

*Süd-Ost-Kurier*, ein Blatt, das in Bad Reichenhall erschien. Großer Erfolg war dem Blatt letztlich nicht beschieden, 1954 stellte es sein Erscheinen ein.

Das mit der Lizenzvergabe betraute amerikanische Pressecorps schien an Curt Frenzel festhalten zu wollen. Er entsprach ihren Vorstellungen, weil er während der Nazizeit nicht nur berufliche Nachteile hatte in Kauf nehmen müssen, sondern auch physisch verfolgt worden war, weil er die Schuld Deutschlands am Krieg anerkannte und willens war, am Umerziehungsprozess mitzuwirken – aus den Deutschen Demokraten zu machen. Nicht zuletzt hielt Mr. Dunner die *Volksstimme* in Chemnitz für eine der am besten gemachten Provinzzeitungen. Die Amerikaner waren schließlich der Überzeugung, er sei der Mann, eine Zeitung zu machen, die ihren Intentionen entspräche. Vorerst blieb Frenzel in Bad Reichenhall, wo die Amerikaner ihn zum Treuhänder der Wiedemannschen Buchdruckerei einsetzten.

Anfangs deutete alles eher darauf hin, dass Curt Frenzel hier, in der Südostecke Bayerns, eine Zeitung herausgeben sollte. Am 6. September 1945 schrieb er an die Nachrichtenkontrolle der amerikanischen Armee z. Hd. Herrn Dunner: „Ich erkläre mich grundsätzlich bereit, verantwortlich die Chefredaktion der geplanten Zeitung und das Verlagsunternehmen und Buchdruckerei der Fa. Wiedemann in Bad Reichenhall zu übernehmen. Ich bin mir bewusst, eine Schlüsselstellung zu übernehmen, und danke für das Vertrauen, das mir von den Alliierten entgegengebracht wird. Da ich bis 1933 an einer ungleich größeren Zeitung gearbeitet habe, ersuche ich zum Ausgleich meine politische Mitarbeit bei Radio München unter allen Umständen zu gewährleisten. Ich möchte dort als politischer Kommentator wirken und jede Woche ein- bis zweimal in Frage Stellung nehmen. Ich verzichte auf eine Rückreise nach dem Freistaat Sachsen, wo ich bis 1933 politisch tätig gewesen bin, obwohl mir dieser Verzicht

Eine Zeitung okkupiert den öffentlichen Raum. Schnell wird die *Schwäbische Landeszeitung* aus Augsburg und Umgebung nicht mehr wegzudenken sein.

Hauptmann Scudder von der amerikanischen Presseabteilung wacht über die neue Zeitung.

sehr schwer fällt. Ich mache aber zur Bedingung, dass meine Frau und meine Tochter aus dem russischen Okkupationsgebiet von mir herausgeholt werden können unter Mitnahme unserer Habseligkeiten, die wir aus unserer Berliner Wohnung retten konnten, die bei dem Luftangriff im November 1943 restlos zerstört wurde. Meine Frau und Tochter haben in den letzten zwölf Jahren durch mich sehr viel leiden müssen, ich habe von ihnen acht Jahre getrennt gelebt und kann darum heute mit gutem Recht verlangen, dass die Alliierten ein Zusammenleben mit meiner Familie ermöglichen."

Eine Woche später, am 13. September, locken die Amerikaner ihn mit einer Zeitung in Augsburg. Ein Aktenvermerk hält die fast fünfstündige Unterredung in Bad Reichenhall fest: „Capt. Scudder überreichte einen Brief von Herrn Dr. Dunner aus München, in dem Herr Dr. Dunner im Auftrage der amerikanischen Nachrichtenkontrolle Herrn Frenzel die Position eines Chefredakteurs und Mitinhabers einer neu zu gründenden Zeitung in Augsburg unterbreitet. Herr Frenzel erklärt den Herren, sich nicht entscheiden zu können, diesen Vorschlag anzunehmen, und erklärt erneut, dass er sich bei den Amerikanern niemals um eine Position oder um irgendeine Stellung beworben habe, sondern lediglich strebe, als Journalist rehabilitiert zu werden. In einem dreistündigen Verhör unterzieht der Vertreter des Intelligence Service Herrn Frenzel einer Prüfung hinsichtlich seiner politischen Vergangenheit und seiner politischen Einstellung. Es wird vereinbart, dass Herr Frenzel nach Augsburg kommt, um sich an Ort und Stelle den Betrieb anzusehen, und verspricht, nach dem Lokaltermin in Augsburg seine endgültige Entscheidung zu treffen. Entscheidend für die zukünftige Arbeit wäre nach Meinung der Offiziere, grundsätzlich die Frage zu klären, ob es Herrn Frenzel möglich sei, mit einem Herrn Naumann zusammenzuarbeiten, der aus den Kreisen der Bayerischen Volkspartei komme. Herr Frenzel erklärt, dass er diese Möglichkeit durchaus bejahen könne, da sein staatspolitisches Ideal in Deutschland eine parlamentarisch-demokratische Republik sei."

Curt Frenzel wird ganz schlicht abgewogen haben, wo die Möglichkeiten, als politischer Journalist zu wirken, größer waren, als Chefredakteur einer kleinen Zeitung in der Südostecke Bayerns oder in der Schwabenmetropole. Die Entscheidung fiel zugunsten Augsburgs.

Zur Lizenzpolitik gehörte, dass die Zeitungen von mindestens zwei Persönlichkeiten herausgegeben werden sollten, die unterschiedlicher Weltanschauung waren. Die Absicht war, eine zwar engagierte, aber überparteiliche Presse zu schaffen. Parteizeitungen, vor 1933 gang und gäbe, waren tabu. Die Sozialdemokraten suchten beispielsweise vergeblich in München und andernorts um eine Lizenz nach, um ihre Blätter wieder herauszugeben. „Die Amerikaner nahmen ihre eigene Presse als Vorbild", schreibt Ernest Langendorf, „sie wollten die Gesinnungspresse der Weimarer Republik nicht wieder aufleben lassen."

Als Augsburger „zweiten Mann" hatten die amerikanischen Späher Johann Wilhelm Naumann ausgesucht. Er war der weltanschauliche Antipode zu Curt Frenzel, der, evangelisch getauft, aus seinem Glauben nicht viel Wesens machte und erst im Alter immer wieder zur Bibel griff, während Naumann ein praktizierender Katholik war, wie ihn sich die Kirche in ihren schönsten Träumen ausmalte, zudem Vater einer großen, achtköpfigen Kinderschar. Als einen Christen „im edelsten Sinne des Wortes" charakterisierte ein Redakteur der *Schwäbischen Landeszeitung* den Lizenzträger, „dem die Reinheit der Idee alles bedeutet", anlässlich seines 50. Geburtstages. Er war auf vielen Feldern des Katholizismus tätig gewesen, er war Journalist und Redakteur der *Augsburger Postzeitung*, bis die Nazis seiner Tätigkeit dort einen Riegel vorschoben. Während des Krieges schlug er sich als Mitarbeiter des Päpstlichen Missionswerks mühsam durch, wurde in Freiburg ausgebombt und landete schließlich in Boll bei Bondorf. Hier suchten ihn die Amerikaner auf nach Hinweisen, die sie in Augsburg von der katholischen Kirche erhalten hatten, und überredeten ihn, nach genauer Prüfung seiner Vita und seiner Tätigkeit während des Dritten Reichs, nach Augsburg überzusiedeln und neben einem Sozialdemokraten die neu zu gründende Zeitung herauszugeben. Dem Katholiken, dem alles abhold war, wofür die SPD einstand, war klar gemacht worden, dass die neue Zeitung eine überparteiliche zu sein habe, keinesfalls ein Ableger der katholischen Kirche.

Mag Naumanns sehnlichster Wunsch gewesen sein, eine von der ersten bis zur letzten Zeile katholische Zeitung herauszugeben, so fügte er sich doch ohne Widerworte in die Auflagen der Presseoffiziere und war bereit, mit Curt Frenzel, der Ende September zum „Lokaltermin" nach Augsburg kam, an einem Strang zu ziehen. Dass allerdings diese beiden Antipoden auf Dauer nicht würden zusammenbleiben können, stand auf einem anderen Blatt. Vorerst mussten die materiellen und personellen Grundlagen geschaffen werden, damit die geplante Zeitung gedruckt werden konnte.

Hier nun fühlten sich die Amerikaner in der Pflicht. Und sie kamen ihr mit größter Sorgfalt nach. Sie besorgten Wohnungen für Curt Frenzel und Johann Wilhelm Naumann, der mit seiner großen Kinderschar in Göggingen unterkam. Sie überließen den beiden Autos, die sie beschlagnahmt hatten. Curt Frenzel bekam ein äußerst schickes BMW-Cabriolet, das er fortan nicht mehr missen wollte. Die Amerikaner regelten die schwierigen rechtlichen Probleme, die beispielsweise die Beschlagnahme der Rotationsmaschinen bei ihren vormaligen Eigentümern mit sich brachte. Sie mussten für das knappe Zeitungspapier sorgen. Sie schafften sogenannte Hellschreiber herbei, um über die Agentur Nachrichten empfangen zu können, und sie organisierten die unerlässlichen

Schreibmaschinen. So gut sie konnten, besorgten sie Heizmaterial; es begann im Oktober 1945 schon empfindlich kühl zu werden.

Ganz offensichtlich waren die Amerikaner bestrebt, ein enges, persönliches und freundschaftliches Verhältnis zu ihren Lizenznehmern herzustellen. Sie wollten diese nicht nur bei guter Laune halten, sondern gaben ihnen jede Hilfe, damit das Projekt der neuen Zeitung nicht scheitere, sondern ein Erfolg werde. Schließlich standen auch die mit dem Augsburger Projekt befassten Amerikaner unter ungeheurem Druck. Mit dem Beschluss, die Presse wieder in deutsche Hände zu legen, hatten die Alliierten eine für die Entwicklung des Landes höchst wichtige politische Entscheidung getroffen. Eine „gesellschaftspolitische Weichenstellung" nennt der Historiker Norbert Frei diese Entscheidung, die rückblickend zu einer der erfolgreichsten geworden ist. Kein Wunder also, dass die an Ort und Stelle agierenden Amerikaner sich zum Erfolg verurteilt fühlten.

In seiner Ansprache bei der Lizenzvergabe am 30. Oktober spricht Naumann, der sich etwas kryptisch als „Vater dieses Hauses" bezeichnet, von seinen persönlichen Beziehungen zu den Amerikanern. Er nennt Hauptmann Scudder, der ihn im Schwarzwald aufgesucht hatte, um ihn nach Augsburg zu holen. „Er war für uns nicht der amerikanische Offizier", sagte der frischgebackene Lizenzträger, „sondern der Freund auch meiner Familie. Er hat, selbst Fachmann, die kleinsten Sorgen mit uns geteilt und uns alles getan und gegeben, was in seinen Kräften stand ... Der andere Amerikaner ist uns allen durch seine Heimatsprache aus dem Schwabenlande ein vertrauter und lieber Freund geworden. Es ist der Ingenieur des Hauptquartiers, Herr Martin, der vor allem sich verdient gemacht hat um die technische reibungslose Ausstattung unseres Blattes."

Curt Frenzel blieb in seinen Bekundungen den neuen Freunden gegenüber zurückhaltend. Doch auf vielen Fotografien aus jener Zeit, die ihn gemeinsam mit amerikanischen Offizieren zeigen, lässt sich doch schließen, dass der Umgang mit ihnen ein freundschaftlicher gewesen sein muss. Seine damals gerade 17 Jahre alt gewordene Tochter Ellinor, spätere Frau Holland, erinnert sich lebhaft an jene Zeit. Sie war Anfang Dezember 1945 mit ihrer Mutter aus Dresden gekommen, wo sie ausgebombt waren und bei der Großmutter gewohnt hatten. Nun erlebt sie Augsburg als „Traum". Sie sieht ihren Vater, dem es schon relativ gut geht, wieder; sie dürfen im Casino der amerikanischen Armee speisen, zum ersten Mal Toast mit Nussbutter; die Amerikaner begegnen ihnen liebenswürdig und freundlich, helfen, wo immer sie können, besorgen ihnen eine Villa, die einem Nazi gehört hatte – kein Vergleich zu der harten Zeit in der sowjetischen Zone. „Sie waren sehr fair und sehr gut zu uns, wirklich", erinnert sich Ellinor Holland.

# Die Auserwählten

Erträumt hatten sie es sich wohl nicht. Weder der aus dem Schwarzwald herbeigeholte Johann Wilhelm Naumann noch der in Bad Reichenhall aufgefischte Curt Frenzel werden je daran gedacht haben, einmal in Schwaben eine überparteiliche Zeitung zu gründen. Ganz sicher aber werden sie, nachdem der Nazi-Spuk vorüber war, überlegt und vielleicht auch erwartet haben, dort wieder anzuknüpfen, wo sie vor zwölf Jahren hatten aufhören müssen. Doch die Verhältnisse – um mit dem Augsburger Bert Brecht zu sprechen – sie waren nicht so. Die Amerikaner machten sie zu Zeitungsgründern.

Nun saßen sie also mit einer Handvoll schnell rekrutierter Mitarbeiter, die den Segen der Amerikaner hatten, in dem notdürftig hergerichteten Seitentrakt des Augsburger Realgymnasiums An der Blauen Kappe. Die Vorderfront des im wahrsten Sinne des Wortes ruinösen Hauses war von den Bomben einigermaßen verschont geblieben, die Hinterfront bot freie Sicht. Der Wind pfiff durch alle Ritzen. Die kalte Jahreszeit nahte, die Kanonenöfen konnten mangels Kohle und Holz nur sporadisch befeuert werden. Im Erdgeschoss schüttelte eine mühsam geflickte Rotationsmaschine vor sich hin und brachte das ganze Ruinenhaus zum Zittern.

Alle schienen dennoch guten Mutes. Ein Album mit Fotografien, das die Lizenzübergabe und die Anfangszeit der *Schwäbischen Landeszeitung* festhält, zeigt die beiden Herausgeber in ihren Büros, wie sie hinter ihren einfachen Schreibtischen auf harten Holzstühlen sitzen. Die Tischplatten vor ihnen wirken sehr übersichtlich, noch fehlen die typischen Stapel von (ungelesenen) Manuskripten. Beide Herren blicken ernst in ihren dunklen Anzügen und weißen Hemden. In säuberlich verfasster Handschrift unter den Fotos hieß es: „Und nun beginnen die Sorgen und der Alltag".

Curt Frenzel, Herausgeber der Zeitung, im Impressum ausgewiesen als verantwortlich für Politik und Wirtschaft, Feuilleton und Schwaben, ist nun, nach zwölf Jahren, in denen er nicht eine Zeile geschrieben hat, wieder Journalist. Der 1,70 Meter große, stämmige Mann mit den strahlend blauen Augen und der hohen Stirn wirkt angespannt und konzentriert. 44 Jahre alt ist er, im besten Mannesalter. Als er am Heiligabend des Jahres 1900 geboren wurde, schien die Welt noch eine heile. In Sachsen regiert König Friedrich August III. und die jugendliche Majestät in Berlin verspricht dem Volk Aufbruch und goldene Zeiten. Die Wirtschaft floriert, doch bald, 1914, verlöschen in Europa die Lichter, der Erste Weltkrieg bricht aus und an seinem Ende liegt Deutschland am Boden. König („Macht doch Euern Dreck alleene") und Kaiser verschwinden von der Bildfläche. Das Unheil trifft auch die kleinbürgerliche Welt der Frenzels. Bruder Bernhard kehrt aus dem Krieg nicht zurück, der Vater ist 1917 an Magenkrebs

„Jetzt beginnen der Alltag und die Sorgen" – So kommentiert finden sich diese beiden Fotografien in einem der zahlreichen Alben, die die ersten Jahre dokumentieren. Curt Frenzel und Johann Wilhelm Naumann an ihren Schreibtischen.

gestorben. Später wird Curt Frenzel nach der letzten Ruhestätte von Bernhard suchen lassen. Er findet sie in einem Massengrab in Brieulles-sur-Meuse.

Die Jahre des Krieges und der Nachkriegszeit haben den Heranwachsenden und jungen Mann Curt Frenzel für sein Leben geprägt. Zeitlebens wird er zu einem Gegner von Militarismus und ein Streiter für soziale Gerechtigkeit. Der Verlust von Vater und Bruder machen die Pläne obsolet, ein Studium zu beginnen. Die finanziellen Umstände erzwingen, möglichst schnell in Lohn und Brot zu kommen. Er tritt in ein Lehrerseminar in Dresden ein, das unter dem pompösen Namen „Freiherr v. Fletchersches Lehrerseminar" firmiert. Im März 1922 besteht er seine Examina mit der Note gut und darf von nun an als Hilfslehrer oder Vikar an öffentlichen Volksschulen lehren. Die nächsten Jahre ist er in Dresden an diversen Volksschulen, auch Berufsschulen tätig, wo er für kürzer oder länger vertretungsweise unterrichtet. Er erhält ausnehmend gute Beurteilungen. In einem dieser Zeugnisse wird überdies vermerkt, er habe es verstanden, „auch in Abschlussklassen der Mädchen Distanz zu halten, was für einen jungen Lehrer nicht leicht ist und darum besonders anerkannt werden muss". Er absolviert zudem Spielleiterlehrgänge und die Ausbildung zum Schwimmlehrer. Schließlich erhält er die Befähigung zu einer „ständigen Anstellung" an Volksschulen. Als Lehrprobe muss er mit den Kindern eine zusammenfassende Würdigung von Ludwig Uhland erarbeiten.

Am 12. März 1928 wird Curt Frenzel der Diensteid abgenommen, er wird ständiger Lehrer der Volksschule in Klotzsche. Doch schon sechs Wochen später, am 30. April, bekommt er den „Entlassschein". Freiwillig scheide er aus dem Schuldienst aus, heißt es dort, „um eine Redakteurstelle" anzunehmen.

Curt Frenzel war, nach den Zeugnissen zu urteilen, ein guter Pädagoge, doch sein Sinn stand ihm nach etwas anderem. Schon als Schüler hatte er unbändige

Lust zu schreiben und zu formulieren. Auf der Oberrealschule in Dresden-Neustadt wurde er als Zwölfjähriger für „besondere Leistungen im Deutschen" ausgezeichnet und mit einem Buchpreis geehrt. Mit der Frage „Hast Du nicht Lust, später einmal Journalist zu werden?" setzte der Direktor der Schule dem Jungen einen Floh ins Ohr. Die Zeugnisnoten des Schülers Frenzel waren durchweg gut, im Wahlfach Französisch sogar vorzüglich (1b). Er war zeitlebens ein Frankophiler; seine Liebe zu Frankreich und der Lebensweise der Franzosen pflanzte er seiner Tochter Ellinor ein, die ihre ersten Sporen als junge Journalistin in Paris verdienen sollte.

Der Gedanke, für den Tag zu schreiben, ließ den Heranwachsenden und jungen Mann nicht mehr los. Nach dem anfangs noch unverbindlichen Versuchen, Zeitungsartikel zu schreiben und Berichte aus Frankreich zu liefern, wohin Curt Frenzel immer wieder reiste, trat er nach seiner von ihm gewollten Entlassung aus dem Schuldienst in die Redaktion der Chemnitzer *Volksstimme* ein, anfangs als außenpolitischer Redakteur. Längst war er Mitglied der SPD geworden und verfocht in der Zeitung sein Herzensanliegen, die Sache einer sozialen Demokratie. 1928 war ein Jahr, das die Parteien der Weimarer Republik in heftiger Fehde sah. Curt Frenzel geißelte in einer Vielzahl von engagiert geschriebenen Artikeln, die an Deutlichkeit nicht zu überbieten waren, die immer martialischer auftretenden Nazihorden. Für ihn waren sie eine existenzielle Gefahr der schwächelnden Weimarer Republik.

Er bezeichnete Adolf Hitler als „Psychopathen" und schalt in harten Worten die Richter des Reichsgerichts in Leipzig, die den Führer der Nationalsozialisten als Zeugen vernommen hatten und zuließen, dass dieser „seine Phrasen vom Stapel lassen konnte, dass er die höchste deutsche Gerichtsstätte zur Kanzel für seine faschistische Agitation erniedrigen konnte." „Dies wird als Schwäche der deutschen Republik ausgelegt werden", schrieb Frenzel und fügte wuchtig hinzu: „Wir sagen mit Recht." Die Nazis nahmen Curt Frenzel ins Visier. Er wurde ihnen schließlich nicht nur als Schreiber lästig, sondern auch als furchtloser Redner, der sie auf vielen öffentlichen Versammlungen heftig attackierte. Frenzel dämmerte, dass die Sozialdemokraten zu rücksichtsvoll, ja zu anständig waren. „Das rächt sich heute ... Die Geschichte hat uns bewiesen, dass die Demokratie uns nicht wie eine reife Frucht in den Schoß fallen kann. Sie muss erkämpft werden. Dass wir nicht mit der notwendigen politischen Härte das Erreichte zu festigen und zu verankern vermochten, wurde uns zum Verhängnis." Dennoch glaubte Frenzel in seinem letzten Leitartikel vom 15. Februar 1933, dass die Nazis letztlich in die „Front der um ihre Freiheit kämpfenden Volksmassen" nicht werden einbrechen können.

Er irrte. Die Reichstagswahlen am 5. März 1933 festigten die Macht der Nationalsozialisten. Hitler, am 30. Januar zum Reichskanzler ernannt, saß fest im Sattel und seine Schergen taten, wie ihnen geheißen. Sie legten die kommunistischen und sozialdemokratischen Zeitungen still; von Königsberg bis Chemnitz, von Berlin bis München. Und sie jagten gezielt die ihnen unliebsamen Journalisten und Redakteure. Im April wurde Curt Frenzel festgenommen und von nun an bis zum Ende des Dritten Reiches verstummte seine Stimme. Er durfte seinen Beruf nicht mehr ausüben, als er nach einem halben Jahr aus der Haft entlassen wurde. Für zehn Jahre wurde Polizeiaufsicht über ihn verhängt. Zuerst musste er sich täglich dreimal bei der Polizei melden, später einmal pro Tag, danach einmal pro Woche und schließlich einmal pro Monat. 28 Jahre später, 1961, wird ihn das Bayerische Entschädigungsamt 9672 Mark überweisen, als Entschädigung für die Zeit, in der er seinen Beruf als Journalist nicht ausüben konnte. Curt Frenzel durfte Chemnitz nicht mehr betreten, ebenso wie sein Freund und Genosse Bernhard Kuhnt, der am 5. März noch in den Reichstag gewählt worden war, aber dann von den Nazis sofort in eine Haftanstalt in Dresden gesteckt wurde.

Über seine Zeit in den verschiedenen Gefängnissen in Dresden, Chemnitz und Hohnstein sprach er kaum. Doch im Juni 1947 schrieb er in der *Schwäbischen Landeszeitung* einen bewegenden und sehr persönlichen Nachruf auf seinen Freund Rudolf Friedrichs, den ersten Ministerpräsidenten von Sachsen, der Lehrer war wie er einst. „Er war mit uns in Haft", schreibt Curt Frenzel, „in einem alten Gefängnis, das wegen seiner Rückständigkeit unter der Weimarer Zeit stillgelegt worden ist, das Mathildenschlösschen in Dresden, damals amtlich genannt ‚Gefangenenanstalt Dresden, Konzentrationslager II'. Friedrichs war ebenso in Einzelhaft wie wir. Und wir sahen uns in den schönen Tagen des Vorsommers 1933 nur wenige Minuten bei dem täglichen Spaziergang im Gefängnishof, ohne dass wir jemals auch nur ein Wort miteinander sprechen konnten. Immer marschierten wir drei hintereinander: Franke, Friedrichs, Frenzel. Wilhelm Franke wurde im Februar 1945 noch ein Opfer des Naziregimes. Eines Tages, als wir von unserem Spaziergang in unsere Zellen zurückgeführt wurden und uns für einen Augenblick unbeobachtet fühlten, drehten wir uns herum, nur um uns einen aufmunternden Blick zuzuwerfen. Wir sahen nicht hinter der Säule den Hilfspolizisten der SA stehen. Ehe Friedrichs sich versah, landete ihm ein Faustschlag im Gesicht. Wir wurden zusammengeschlagen und erhielten Ausgangsverbot für 24 Stunden und Kostenzug für die gleiche Zeit. Nur wegen eines Blicks!"

1927, ein Jahr bevor Curt Frenzel in Chemnitz seine neue Stelle antrat, hatte er in Dresden Charlotte Bär, die Tochter eines sächsischen Gardeoffiziers, geheiratet. Hier wurde am 12. September 1928 ihr einziges Kind, Ellinor, geboren, die das Gefühl hatte, in einem Meer von Zeitungen aufzuwachsen. Der Vater ein Zeitungstiger, verstreute sein Lesefutter, Blätter aus dem Reich und aus Frankreich, über die ganze Wohnung. Unauslöschlich für die Fünfjährige dann der Eindruck, wie ihr Vater mit einer Polizeiminna abgeholt wurde und sie ihn erst Wochen später mit kahl geschorenem Schädel und in gestreifter Sträflingskleidung im Dresdner KZ wiedersah. Nach seiner Entlassung im September schlug sich Frenzel anfangs als schlichter Handelsvertreter durch. So wie sein Freund Rudolf Friedrichs, der nach seiner Entlassung in einem Keller eines Dresdner Wohnhauses einen Kaffeehandel aufzog, weil er seinen Lehrerberuf nicht mehr ausüben durfte, fuhr Curt Frenzel in einem klapprigen Pkw durch Thüringen und Sachsen von Schule zu Schule, verkaufte Bedarfsartikel, Landkarten und bunte Kreide, bis ihm die Reichskulturkammer verbot, Schulen zu betreten. Doch der 33-Jährige ließ sich durch die widrigen Lebensumstände nicht unterkriegen. Seine Frau verdiente als Sekretärin, Ellinor wuchs bei ihrer Großmutter heran.

Immer wieder traf er in jenen Jahren mit Rudolf Friedrichs zusammen. „Bei ihm", so schreibt Frenzel in seinem Nachruf auf den Freund, „erfuhren wir bald von dem Schicksal vieler Freunde, in welchem Lager sie schmachteten, ob ihnen die Flucht über die Grenze gelungen war. Wie oft haben wir während der Jahre des Dritten Reichs zusammengesessen und immer und immer nur kreisten die Gedankengänge um die Frage, was zu tun ist, wenn der Nationalsozialismus zusammenbricht. Friedrichs war von der unbedingten Überzeugung beseelt, dass der Tag des Zusammenbruchs dieser Gewaltherrschaft einmal kommen müsse. Wir waren uns einig in dem Gedanken, unsere Kräfte zu schonen und dann im entscheidenden Moment noch die notwendige körperliche und geistige Spannkraft zu besitzen, aktiv am Aufbau eines neuen demokratischen Deutschlands zu arbeiten." Als er später in Berlin wohnte, traf er sich mit seinem alten Freund Bernhard Kuhnt in dessen Wohnung in der Regensburger Str. 25 gemeinsam mit „zuverlässigen politischen Freunden". „Wir hielten engsten Kontakt", schrieb Curt Frenzel in einem Nachruf auf Kuhnt, der in der ersten Nummer der *Schwäbischen Landeszeitung* erschien, „um sofort nach dem Zusammenbruch des Dritten Reiches unsere Kraft für den Wiederaufbau zur Verfügung zu stellen."

Darauf kam es wohl vielen an, die nach dem Zusammenbruch das Steuer in Deutschland in die Hand nahmen –, stillzuhalten, um für den Tag X bereit zu sein. Frenzel konnte sich da mit Konrad Adenauer nur in bester Gesellschaft fühlen. Während der erste Bundeskanzler Nachkriegsdeutschlands in den Jahren der Naziherrschaft seine Rosen in Rhöndorf beschnitt, frönte Frenzel in seiner arbeitslosen Zeit dem Schach. Er war ein leidenschaftlicher und guter Spieler. In einem Dresdner Schachklub lernte er den Besitzer eines privaten Reisebüros kennen, der Gefallen an dem jungen Mann fand und ihn einstellte. Frenzel musste Reisen – in den Jahren vor dem Krieg war dies noch möglich – nach Jugoslawien organisieren. Die Arbeit im Reisebüro brachte es mit sich, dass der Norddeutsche Lloyd auf Curt Frenzel aufmerksam wurde und ihm eine Stelle in seiner Berliner Filiale anbot. Er akzeptierte, auch Frau und Tochter zogen im September 1939 von der Elbe an die Spree. Das Mädchen Ellinor, sportlich, taff und energisch, wurde zu einer begabten Schlittschuhläuferin, die im Berliner Sportpalast trainierte, worin sie der Vater nicht nur förderte, sondern auch immer wieder anspornte. Nur wenn sie ihre Jungmädel-Uniform anzog, runzelte er die Stirn: „Muss das denn sein?" Schließlich wurde Ellinor Frenzel mit ihrer Klasse auf die Insel Usedom nach Bansin evakuiert, der Krieg mit seinen Bombenangriffen hatte nun auch Berlin erreicht. Die Frenzels wurde 1943 ausgebombt. Frau und Tochter siedelten wieder nach Dresden um.

Inzwischen hatte der Zufall Curt Frenzel mit dem Leiter der Deutsch-Griechischen Warenausgleichgesellschaft zusammengeführt. Dieser mochte den cleveren und wendigen, organisatorisch außerordentlich begabten Mann und forderte ihn an. Frenzel wurde 1943 dienstverpflichtet, was 1946 die Spruchkammer II in Augsburg, die ein formelles Verfahren durchführte auf Grund des Gesetzes zur Befreiung von Nationalsozialismus und Militarismus, zu dem Beschluss veranlasste: „Seine Tätigkeit bei der Deutsch-Griechischen Warenausgleichgesellschaft kann nicht als belastend angesehen werden."

Der Krieg näherte sich seinem Ende. Bei einem Besuch seiner Familie in Dresden erlebte Curt Frenzel im Februar 1945 die mörderischen Luftangriffe auf die Elbemetropole mit, wo Schwiegermutter, Frau und Tochter das Dach über dem Kopf verloren. Diese zogen zu Curt Frenzels Mutter, deren Wohnung den Bombenhagel überstanden hatte. Frenzel ging wieder nach Berlin. Über Athen, Belgrad, Villach landete er bei Kriegsende in Bad Reichenhall.

Die zwölf langen Jahre waren vorbei, in denen sich Curt Frenzel hatte wegducken müssen. Er war robust genug, das Berufsverbot, das einen leidenschaftlichen politischen Journalisten zum Schweigen verurteilte, zu ertragen. Die Jahre mögen ihn härter, misstrauischer und vorsichtiger gemacht haben, als es seiner Natur entsprach, aber ganz gewiss haben sie seine Entschlossenheit geformt, am Aufbau eines neuen, demokratischen Deutschlands entscheidend mitzuwirken. Dies war seine Stunde, auf die er gewartet hatte. 44 Jahre war er nun alt, als die Amerikaner ihn zum Zeitungsmacher machten.

Keine Frage, Johann Wilhelm Naumann strahlt etwas Spitzbübisch-Fröhliches aus, wie er da in die Linse des Fotoapparates blickt – als frisch gekürter Lizenzträger und Verlagsdirektor. Er war jetzt 48 Jahre alt. In Köln wurde er am 9. Juli 1897 geboren. Obwohl der Vater ein getaufter Protestant war, durfte ihn seine Mutter katholisch erziehen, was ohne Zweifel tiefe, sein Leben bestimmende Spuren hinterlassen hat. Schon als Bub wollte er Missionar werden, die Styler Mission hatte er ins Auge gefasst. Doch dann kam der Erste Weltkrieg dazwischen. Den jungen Mann zog es zu den Fliegern, vielleicht wollte er dem Helden jener Jahre, dem „Roten Baron" und „Pour-le-Mérite"-Träger Richthofen in seinem Doppeldecker nacheifern. „Er muss ein leidenschaftlicher Pilot gewesen sein", erzählt sein jüngster Sohn, Benediktinerpater Hermann in Augsburg. „Und hatte auch etwas von einem Abenteurer. Abgestürzt ist er auch", was aber offenbar glimpflich abgelaufen ist.

Während des Ersten Weltkrieges lernte Naumann seine Frau Anna Katharina kennen, was den ursprünglichen Plan, Missionar oder Priester zu werden, über den Haufen warf. Nachdem seine Frau acht Kinder zur Welt gebracht hatte, starben sie und das Baby bei der Geburt des neunten im Mai 1939. Seine zweite Frau Gertrud überlebte ihn, sie starb 1973 in Würzburg. Wenn er nun schon nicht mehr Priester werden konnte, so blieb sein Herzensanliegen bis buchstäblich zum letzten Atemzug – er starb am 1. Mai 1956 –, die katholische Sache öffentlich und lautstark zu verkünden. Er wurde Journalist, explizit katholischer Journalist, der gleichsam die Zeitung als Kanzel betrachtete, um die christliche Wahrheit zu verkünden. Ihn hatte, so berichtet sein Sohn, in gewisser Weise die Goebbel'sche Propaganda beeindruckt, also wie die Nazis es geschafft hatten, ihre Sache in die Köpfe der Leute zu transportieren. Der Vater nun aber wollte eine andere Propaganda, eine „Propaganda", die den Menschen Gutes nahebringt. Er fühlte, als Zeitungsmann müsse er auch Missionar sein, um seine Leser von der „actio catholica" zu überzeugen.

Naumann machte seine ersten journalistischen Schritte beim *Rheinpfälzer* und wechselte 1928 nach Augsburg, wo ihn die in der katholischen Welt höchst angesehene traditionsreiche *Augsburger Postzeitung* als Redakteur einstellte. Hier entwickelte er auch seine programmatischen Gedanken, wie eine katholische Presse auszusehen habe. Die Zeitung, die er sich vorstellte, unterschied sich in ihrer Ressortaufteilung nicht von anderen Blättern, würde aber „in jedem Fall die Belange des Christentums, also auch des Protestantismus, vertreten, gegen die materialistische Geschichtsauffassung, wie auch einem christenfeindlichen Liberalismus gegenüber". Zu Naumanns großen Vorbildern gehörte der Publizist Joseph Görres (1776–1848), der die Französische Revolution feierte, um sich dann angewidert von Napoleons Großmacht-Gelüsten abzuwenden und schließlich als Gründer des *Rheinischen Merkurs* seine Feder für eine Demokratisierung Deutschlands auf dem Fundament christlicher Werte einzusetzen.

Görres' ausgesprochen antipreußische Haltung hat auch Naumann inspiriert, eine seit Bismarck verfolgte zentralistische Politik zu bekämpfen und einer „verpreußten deutschen Geschichtsauffassung" eine Absage zu erteilen. „Unsere Aufgabe soll sein", so wird Naumann schreiben, als er im März 1946 die Zeitschrift *Neues Abendland* auf den Weg bringt, „den Ungeist eines preußischen Hochmuts, der Geschichtsfälschung und des vermassenden Militarismus zu bekämpfen ... *Neues Abendland* steht im Dienste der Erneuerung Deutschlands aus christlich-universalistischem Geist, also im Sinne alter abendländischer Geisteshaltung, wohl wissend, dass nur ein wieder christliches und föderalistisches Deutschland heimfindet zur ‚Mater occidentalis'." Naumann kann und wird seine katholisch-rheinländische Herkunft nie leugnen.

Ein Mann mit dieser durch und durch katholischen Geisteshaltung konnte mit dem Nationalsozialismus keine Kompromisse schließen und die Nazis spürten, dass sie in ihm einen Gegner hatten, der nicht zur Kreuze kriechen, sondern das ihm auferlegte Kreuz tragen würde. So war es denn auch. Für Naumann gab es, nachdem die *Augsburger Postzeitung* aufgehört hatte zu existieren, keine Basis mehr zu schreiben. Er schlug sich anfangs, wie Curt Frenzel, als Handelsvertreter durch und verkaufte im Südwesten Deutschlands in den Pfarrgemeinden Heiligenbildchen. Er wurde vom Päpstlichen Missionswerk angestellt, hielt in katholischen Gemeinden Vorträge – sein Wohnsitz war nun Freiburg. Die große Familie durchzubringen war nicht einfach, in Freiburg ausgebombt, fand sie in Boll bei Bondorf Unterkunft.

In einer kleinen Schrift, verfasst in Sütterlin, beschreibt Johann Wilhelm Naumann gleich nach Kriegsende in knapper Form die Jahre, in denen er als Journalist zum Schweigen verurteilt war. Der erste Satz dieser Erinnerungen lautet: „Die Geschichte einer katholischen kinderreichen Familie im Dritten Reich ist zugleich eine Geschichte der actio catholica gegen die actio diabolica, ist die Schilderung einer mehr als 13-jährigen Qual, die Spuren des Leidens, aber auch der Gnade und vom Walten Gottes mit sichtbarer Hand." In dieser Schrift erzählt er, wie er, als Hitler schon an der Macht war, 1933 in verschiedenen Orten Bayerisch-Schwabens auf vielen Veranstaltungen gesprochen habe, die mit Saalschlachten gegen SA und SS endeten. „Ohne Pistole konnte ich nicht mehr ausgehen" schreibt Naumann, „und oft wurden die Fensterscheiben meiner Wohnung und der Redaktion durch Steinwürfe zertrümmert."

Johann Wilhelm Naumann muss ein tapferer Mann gewesen sein, dem Zivilcourage kein Fremdwort war. Zweimal, 1933 und 1934, reiste er nach Rom, wo er von Papst Pius XI. empfangen wurde und über die Situation der katholischen Presse in Deutschland referierte. „1935 wollte ich ein drittes Mal nach Rom fahren", schreibt er, „wurde aber verraten und an der Grenze festgenommen, weil ich mit einer ‚auswärtigen Macht' verhandeln wollte. Gottes Hand befreite mich aus den Händen der Gestapo." Es waren harte Jahre für ihn. Die üblichen Beihilfen, die den Eltern einer zahlreichen Kinderschar zustanden, wurden blockiert. Als „Propagandasekretär" der Missionswerke in den Diözesen Freiburg, Rothenburg und Limburg war er oft wochenlang unterwegs, sodass die Familie den Vater immer wieder entbehren musste. „Sie litt größte Not, weil es am Notwendigsten für Kleidung und Brot fehlte", schreibt Naumann in seinen Aufzeichnungen.

Dieser Johann Wilhelm Naumann war ein Mann ganz nach dem Geschmack der Amerikaner: Ein Journalist, den die Nazis nicht hatten verbiegen können. Nun aber gerieten Naumanns Intentionen mit den Vorstellungen der Amerikaner in Widerspruch. Ohne Zweifel dachte oder hoffte er, dort anknüpfen zu können, wo er 1935 hatte aufhören müssen, als die *Augsburger Postzeitung* von der Bildfläche verschwand. War es nun bessere Einsicht oder war es Hoffen auf mögliche, in der Zukunft liegende Entwicklungen, die seiner (katholischen) Sache Auftrieb geben könnten, dass er sich einverstanden erklärte, als Verlagsleiter einer ausgewiesen überparteilichen Zeitung vorzustehen und mit einem Sozialdemokraten unter einem Dach zusammenzuarbeiten, diesen als Chefredakteur zu akzeptieren? Auf jeden Fall sah er im Mai 1945 seine Stunde gekommen, denn nie hatte er die Hoffnung aufgegeben, so erzählt sein Sohn Pater Herrmann, wieder als katholischer Publizist offen und frei wirken zu können.

Den Amerikanern, die Naumann „screenten", ihn auf Herz und Nieren prüften und sich letztendlich für ihn entschieden, blieb seine tief katholische Haltung nicht verborgen. Aber vielleicht war es gerade diese aufrechte, ungebrochene Frömmigkeit Naumanns, die sie von seiner Lauterkeit überzeugte. Das Missionarische, das in diesem Mann steckte, haben sie gesehen, aber vorrangig waren sie wohl davon überzeugt, dass er am Aufbau eines neuen Deutschlands mitwirken wollte. Noch mehr wird sie überzeugt haben, dass er willens war, den

Attraktionspunkt Schaukasten: Wenn die erste Ausgabe angedruckt ist, wird am späten Abend die neue Zeitung ausgelegt. Und die interessiert eine wachsende Zahl von Lesern.

Schutt, den das braune Gesindel hinterlassen hatte, wegzuräumen. In seinen Worten bei der Lizenzvergabe wird dies deutlich: „Unsere Aufgabe wird es sein, das schleichende Gift des Nationalsozialismus auszurotten durch die Überzeugung, dass der Mythos des 20. Jahrhunderts ein Schwindel größten Ausmaßes gewesen ist … Das Verbrechen, das geschehen ist, muss bestraft werden. Das verlangt nicht nur die Weltöffentlichkeit, sondern das verlangen wir als Deutsche. Unsere Sühne soll aber darin bestehen, dass wir Einkehr und Umkehr halten."

Das amerikanische Pressecorps konnte mit seiner Wahl zufrieden sein, auch rückblickend: Es hatte eine in seinem Sinn korrekte und gute Entscheidung getroffen. Johann Wilhelm Naumann war ein selbstbewusster Mann, dessen fröhliche Gläubigkeit nicht zu übersehen war und der dabei voller Tatendrang und Unternehmungslust steckte. Mit seinem Rosenkranz, den er stets bei sich trug, seinem langen schwarzen Mantel und dem breitkrempigen großen grauen Hut mit schwarzer Schärpe hatte er etwas von einem Rompilger oder von einem Philosophen auf dem Weg ins Kolleg. Dabei war er auf den Weg in ein neues Abenteuer namens *Schwäbische Landeszeitung*.

Die Wahl war getroffen. Johann Wilhelm Naumann und Curt Frenzel wurden zusammengespannt. Würden sie ein Team bilden? Das Wort war 1945 noch nicht gebräuchlich. Erst einmal, einen Tag vor der Lizenzübergabe, wird die „Naumann und Frenzel Kommanditgesellschaft" ins Handelsregister eingetragen. Fifty-fifty, die Anteile sind gerecht verteilt. Das Zeitungmachen kann beginnen.

# Zwei Herren im Haus

Alles war knapp. Politisch unbelastete Redakteure, nicht wackelnde Stühle, funktionierende Schreibmaschinen, Bleistifte, Holz zum Heizen, Blei zum Setzen, Papier zum Drucken, kurz – es fehlte an allem. So war es fast ein Wunder, dass dennoch, wie verkündet, die *Schwäbische Landeszeitung* zweimal die Woche, Dienstag und Freitag, erschien. Sie kostete 20 Pfennig, ihr Umfang variierte von sechs Seiten bis zu acht Seiten. Manchmal mehr, manchmal weniger, je nachdem wie viel Papier zur Verfügung stand.

Der Tenor der Zeitung war unmissverständlich. „Sie dient der Wahrheit und nur der Wahrheit", hieß es in dem Gruß an die Leser in der ersten Ausgabe, „sie wird helfen, ein demokratisches Deutschland aufzubauen, und sie wird ihren Lesern Aufklärung geben über jene zwölf Jahre der Knebelung und Unfreiheit, die hinter uns liegen."

Es war Curt Frenzel, der in seinem ersten Leitartikel nach dem Krieg – den letzten hatte er im Februar 1933 in der Chemnitzer *Volksstimme* geschrieben –

den Ton vorgab, Richtung und Linie des Blattes festlegte. Es war zudem ein Artikel, der den ganzen Zorn eines Mannes widerspiegelte, der sich von seinen Mitbürgern verraten gefühlt hatte: „Das deutsche Volk ließ sich von Jahr zu Jahr auf eine tiefere Kulturstufe herabdrücken und es fand – von wenigen Ausnahmen abgesehen – nicht einmal den Mut zu einer wahrhaft bescheidenen stillen Demonstration, indem es bei Abstimmungen im Dritten Reich mit ‚Nein' stimmte oder den Stimmzettel ungültig machte. Durch seine Unentschlossenheit förderte es den Größenwahn der Nazibonzen, die mit Wahlresultaten und gefälschten Ergebnissen die Welt zu täuschen versuchten und immer mehr behaupteten, das ganze Volk stünde hinter ihnen."

Curt Frenzel forderte einen Reinigungsprozess, kein falsches Mitleid mit den alten Nazis zu haben und diesen – was recht und billig sei – die Kosten der Katastrophe in „fühlbarer" Weise aufzubürden. „Wir sind hart geworden im Nehmen – um einen Ausdruck aus der Sportsprache zu gebrauchen –, wir sind aber auch hart geworden im Geben." Der kampferprobte Sozialdemokrat Curt Frenzel wendet sich in diesem programmatischen Leitartikel nicht explizit an seine Augsburger oder schwäbischen Leser, der Bezug zur Region scheint ihm noch fremd – er richtet seine Worte an alle Deutschen. Der Artikel hätte ohne Abstriche auch in einer Zeitung in Hamburg oder Berlin, in Frankfurt am Main oder München erscheinen können.

Es wäre nicht ohne Reiz zu wissen, wie damals jene Frenzels heftige Philippika aufgenommen haben, die später im Verlag oder wo auch immer mit ihm zu tun hatten, wie der spätere Verlagsdirektor und einstige Parteigenosse Friedrich Füger. Waren sie zerknirscht, voller Reue, waren sie zur Einsicht gekommen oder perlten die Vorwürfe an ihnen ab wie die Regentropfen auf dem Gefieder einer fetten Gans?

Johann Wilhelm Naumann, mit Curt Frenzel Herausgeber der Zeitung und neben seiner Aufgabe als Verlagsdirektor verantwortlich für Kultur und Kulturpolitik, vertritt schon in der ersten Ausgabe den christlichen Part mit dem ausdrücklichen Hinweis auf Augsburg und Schwaben, die nun eine „freie deutsche Zeitung" bekommen hätten. „Gegenüber der Vorsehung des Dritten Reiches", schreibt er, „gibt es einen Mittelpunkt und eine Realität, und das ist Gott. Diese Quelle kann uns niemand zuschütten, weil jegliche Kultur aus dem Guten, Edlen und Schönen herauswächst."

Naumann ist es auch, der seinen langjährigen Freund Reinhold Schneider (1903–1958) bittet, ein wenig tiefer zu loten. Der katholische Schriftsteller schreibt davon, dass die Deutschen erfahren hätten, wie mächtig der Teufel in der Geschichte gewesen sei, aber dass er Christus nicht habe überwältigen können. Er meint, die Deutschen hätten nun das Recht, andere Völker zu ermahnen. „Wachet auf", schreibt er, „und seid nüchtern und betet, dass Ihr nicht in Versuchung fallet. Denn der Versucher tritt ein jedes Volk in der ihm gemäßen Weise an. Möge er über Euch nicht kommen, wie er über uns gekommen ist."

Es blieb Naumann vorbehalten, und so sah er wohl auch seine Rolle, wann immer und wo immer der Chefredakteur ihm Platz einräumte, die christliche Fahne aufzuziehen, ohne allzu penetrant gegen das von den Alliierten auferlegte Gebot der Überparteilichkeit zu verstoßen. „Es ist große Not geworden, damit wir die große Liebe tun!" So beginnt er seinen Aufruf, das Hilfswerk der christlichen Kirche zu unterstützen. „Die Militärregierung heißt dieses Hilfswerk gut", fügt er hinzu.

Zu den beiden Chefs der neuen Zeitung, die, trotz Frenzels persönlicher Enthaltsamkeit dem Regionalen gegenüber, gleich in der ersten Ausgabe Nachrichten aus Schwaben druckt – beispielsweise, dass der Fürst von Oettingen 10.000

Reichsmark locker mache, um am Wiederaufbau der alten Riesstadt Oettingen mitzuhelfen, dass, um Bombentrichter in Göggingen zu beseitigen, ehemalige Parteigenossen eingesetzt seien –, gesellten sich zwei von den amerikanischen Presseoffizieren für unbedenklich befundene Journalisten. Der eine war der 53 Jahre alte Dr. Otto Färber, der ein Jahr später im November eine Lizenz für die *Stuttgarter Nachrichten* bekam, neben dem Liberalen Henry Bernhard und dem Sozialdemokraten Erwin Schöttle. Färber war ein überzeugter Schwabe, der sich, wo immer er konnte, für ein eigenes Bundesland Schwaben mit der Hauptstadt Augsburg einsetzte. Von einem amerikanischen Presseoffizier wird er als „scharfer Gegner des Altbayrischen und des Münchner ‚Zentralismus'" bezeichnet, der in die Zeitung einen stark „schwäbisch-heimatlichen Charakter" einbringe. Neben ihm arbeitet der 42 Jahre alte August Ulrich, Sozialdemokrat, der seine Aufgabe im Sport und im Lokalen sehen soll. Hinzu kommt kurze Zeit später Wolfgang Pepper, Mitglied der SPD, 34 Jahre alt. In der ersten Ausgabe richtet er als Leiter des städtischen Presseamtes, der er zu der Zeit war, ein Wort des Grußes an die Leser. „Ich bin sicher", schreibt er, „dass die *Schwäbische Landeszeitung* die zwölfjährige Kulturschande einer organisierten Meinungsfabrik wieder austilgen und Schrittmacher einer demokratischen Selbstregierung in Deutschlands ältester Zeitungsstadt sein wird."

Es ist mehr als nur eine Arabeske, wenn die neue Zeitung gleich in der ersten Ausgabe ihre Leser mit einer Umfrage einbezieht. Sie fragt: Wie viele politische Parteien sollen zugelassen werden? Welche Parteien sollen das sein? Sollen ehemalige Naziparteimitglieder wahlberechtigt sein? Die Antwort wurde vier Wochen später veröffentlicht. Die Mehrheit der Leser stimmte für die Zulassung von zwei oder drei Parteien, es sollten eine sozialdemokratische sein, eine christliche, auch eine kommunistische. Ehemalige Nazis sollten nicht wählen dürfen, meinten 67 Prozent, dafür waren 33 Prozent. Trotz Ankündigung einer weiteren „Leserabstimmung" blieb es bei dieser einen. War die Beteiligung zu gering? Der Aufwand zu groß? Wir wissen es nicht. Auf jeden Fall war es ein erster Versuch gewesen, die Nähe zum Leser zu suchen. Später – erst recht im Zeitalter des Internets – wird die Beteiligung des Lesers an seiner Zeitung intensiviert werden.

Zu den Schreibern der ersten Stunde gehörte auch der blutjunge, gerade aus der Kriegsgefangenschaft heimgekehrte Augsburger Fred Hepp, Jahrgang 1923, der spätere König der Streiflichtschreiber in der *Süddeutschen Zeitung*. Seine erste Arbeit erschien im November 1945, ein kleines Feuilleton, in dem er sich „Ernste Gedanken im Herbst" machte. Eine intelligente und schön geschriebene Interpretation von Rainer Maria Rilkes Gedichtzeilen „Wer jetzt kein Haus hat, baut sich keines mehr ...". Fred Hepp erschien zur Arbeit in der Redaktion als Volontär in alten Militärklamotten, was seinen Lehrmeister zu der Bemerkung veranlasste, er habe wohl einen „Werwolf" eingestellt. Curt Frenzel hatte auf Anhieb das große schreiberische Talent von Fred Hepp erkannt und förderte ihn fortan bis hin zur Finanzierung seines Studiums. Dass Fred Hepp nach seiner Promotion schließlich zur *Süddeutschen Zeitung* wechselte, schmerzte Curt Frenzel sehr und er sprach gelegentlich von „Dr. Undank". Es hielt ihn aber nicht davon ab, Fred Hepps Augsburger Theaterkritiken zu drucken – eine Übung, die auch nach Frenzels Tod fortgeführt wurde. Die Zuneigung Curt Frenzels zu diesem begabten Journalisten hatte sich längst auch auf seine Tochter Ellinor übertragen, für die Fred Hepp wie ein „großer Bruder" war, und später auch auf ihren Mann Günter Holland. Fred Hepp gehörte bis an sein Lebensende zum engsten Freundeskreis der Verlegerfamilie.

Es ist erstaunlich, mit welcher Verve die Verbrechen der Nazizeit in der *Schwäbischen Landeszeitung* aufgelistet wurden. Die Unterstellung, 1945 hätten die Deutschen die Vergangenheit ausgeblendet, die in den sechziger Jahren vielerorts zu vernehmen war und von den Achtundsechzigern lauthals verbreitet wurde, stimmt so nicht. Durchweg alle 1945/46 lizenzierten Zeitungen, ebenso die Radiostationen, betreiben eine intensive und breit angelegte Aufklärung über die vergangenen zwölf Jahre. Jeder, der lesen konnte und hören wollte, erfuhr, was in den KZs mit den Juden geschehen war; erfuhr, wie die Hitlerdiktatur bis in den letzten Winkel der Freiheit den Garaus gemacht und die Menschen in einen sinnlosen, mörderischen Krieg getrieben hatte.

Schon in der zweiten Nummer der *Schwäbischen Landeszeitung* wird über eine ganze Seite die Anklageschrift gegen Göring und die 23 mitangeklagten Hauptkriegsverbrecher in ihren wichtigsten Punkten wiedergegeben. Von nun an bis zur Urteilsverkündung im September/Oktober 1946 wird immer wieder ausführlich über den Kriegsverbrecherprozess, der am 20. November 1945 im Schwurgerichtssaal des Nürnberger Justizgebäudes beginnt, berichtet, werden Zeugenaussagen dokumentiert und wird aus Kreuzverhören zitiert. Auch wenn die Zeitung nicht mit einem eigenen Korrespondenten in Nürnberg vertreten ist, so wird doch das Nachrichtenmaterial professionell aufbereitet.

Einmal war Curt Frenzel selbst Zuhörer im Gerichtssaal. In seinem Leitartikel vom 26. Januar 1946 berichtet er plastisch von seinen Eindrücken. Das Material, welches der französische Ankläger über die Misshandlungen deportierter Zwangsarbeiter vorträgt, erschüttert Frenzel. „Beweis an Beweis, Dokument an Dokument, furchtbar, grauenhaft. ... Zahl reiht sich an Zahl, Ziffer an Ziffer. Hekatomben von Menschenopfern. Es zerrt an den Nerven. Man möchte aufschreien: Genug! Genug! und dennoch: Diese Zerreißprobe der Fassungskraft muss überstanden werden." Er schreibt von der Mitverantwortung der Deutschen, die den „Tiraden der braunen Rattenfänger" gefolgt seien. „Wahrhaftig", heißt es im Leitartikel, „wenn das deutsche Volk nur einmal einen Blick in den Verhandlungssaal werfen könnte, würde es sehend werden." „Eine sehr effektvolle Frontseite" lobten die Presseoffiziere den Aufmacher, der von der Vollstreckung des Nürnberger Urteils handelte.

In der Ausgabe Nr. 5 erscheint die erste Seite dick schwarz umrandet mit einer Überschrift in großen Lettern, wie sie heute nur *Bild* verwendet: „Den Toten zum Gedächtnis – Gedächtnisfeier für die Opfer des Naziterrors". Die Feier fand statt im Dachauer Schloss, ein paar Kilometer entfernt von dem Konzentrationslager, über dem, wie der Bürgermeister von Dachau sagte, mit „Fug und Recht die Inschrift hätte lauten können, die Dante über dem Eingang zum Inferno anbrachte: ‚Lasset alle Hoffnung fahren, die Ihr da eintretet!'". Als Tag der Feierstunde war der 9. November gewählt worden, zur Erinnerung an den 9. November 1938, als SA-Horden deutsche Juden durch die Straßen der Städte trieben und das gaffende Volk zu Brand und Plünderung animierten. Amerikanische Militärs nahmen an dem Gedenken teil und die Spitzen aus der bayerischen Verwaltung. Die Feierstunde wurde über Funk in alle Welt übertragen. Es sprach ein ehemaliger KZ-Insasse, aufgeführt wurde Brahms' deutsches Requiem. „Wo wir eine Schuld finden", sagte der Redner, „wollen wir von einer unerbittlichen Härte sein, damit die Schande gelöscht werde, die jene Tyrannen und Henker über das deutsche Volk gebracht haben."

Ohne Zweifel, in dieser Frage waren sich die beiden Herausgeber völlig einig: Es galt immer und immer wieder, den Lesern vor Augen zu führen, welch verbrecherisches Regime in den vergangenen zwölf Jahren ihr Land tyrannisiert und in die Katastrophe geführt hatte. Weder Curt Frenzel noch Johann Wilhelm Naumann mussten sich dabei verbiegen. Im Gegenteil, sie hatten ja mit dem unbedingten Willen ihr Amt angetreten, über das Vergangene aufzuklären, zu informieren und mit der eigenen Meinung nicht hinter dem Berg zu halten. Dies war nicht zuletzt die Geschäftsgrundlage, die sie mit der amerikanischen Militärregierung getroffen hatten. Wobei Curt Frenzel peinlichst darauf achtete, sich von ihnen nicht ins Tagesgeschäft reinreden zu lassen. Er sah sich keineswegs als ihr Erfüllungsgehilfe, vielmehr als Partner, der aber das Sagen hatte.

Die Amerikaner haben oft gestöhnt und Kräche mit den Presseoffizieren hat es hin und wieder gegeben. Jedenfalls erinnert sich 20 Jahre später in einer Jubiläumsausgabe der Zeitung der damalige Volontär Alfons Schertl, wie die unregelmäßig erscheinenden Kontrolloffiziere unter Hinterlassung der allseits beliebten Zigarettenkippen sich harsche, meist laute – so dass die provisorischen Pappwände An der Blauen Kappe zu zittern begannen –, in bellendem Ton von Curt Frenzel vorgebrachte Widerworte, die ins Englische übersetzt werden mussten, anzuhören gezwungen waren.

Nicht alles wurde mündlich verhandelt, ein umfangreicher Schriftwechsel zwischen Curt Frenzel und verschiedenen Presseoffizieren belegt, wie penibel einerseits die Amerikaner bis zur kleinsten Meldung verfolgten, was die *Schwäbische Landeszeitung* veröffentlichte, wie andererseits der Chefredakteur in aller Schärfe sofort reagierte, wenn er meinte, die Kontrolloffiziere monierten dieses oder jenes zu Unrecht. Typisch für Frenzels konsequente Haltung, sich nicht ins journalistische Handwerk – wie er notiert – pfuschen zu lassen, ist ein Brief vom November 1947 an die Information Control Division, in dem er verschiedene Vorwürfe zurückweist. Die Amerikaner hatten Anstoß an gewissen Formulierungen genommen, beispielsweise an der Charakterisierung eines Funktionärs als „Bänkelsänger und Stimmungsmacher". Dies erinnere an unsachliche Diskreditierung, wie sie vor 1933 gebräuchlich war und der Demokratie geschadet habe.

Curt Frenzel ist auf der Palme: „Sie erheben den schwersten Vorwurf, der gegen eine Zeitung ausgesprochen werden kann. Sie ziehen die Sauberkeit unseres Kampfs gegen die Reaktion in Bayern in Zweifel und verhängen als Konsequenz Ihrer Ausführungen gegen unsere Zeitung eine verschärfte Zensur." „Wir werden Ihre Zeitung weiterhin gerade nach diesen Gesichtspunkten beobachten" hatte der letzte Satz in dem Schreiben der Amerikaner gelautet. Frenzel wird deutlich und verbietet sich den Vergleich mit 1933. „Sie werden verstehen", schreibt er, „ dass ich mich in meiner journalistischen Ehre angegriffen fühlen muss." Er sei bereit, Konsequenzen zu ziehen. „Jeder Lizenzträger schafft sich ein angenehmes Leben, wenn er von vorneherein auf eine kritische Beurteilung der politischen Vorgänge verzichtet. Er stößt nirgends an, schafft sich keine Feinde, aber er hilft mit, dass die Lizenzpresse auf das Niveau der früheren Generalanzeiger herabsinkt." Von nun an verzichte er darauf, Leitartikel zu schreiben. „Es erscheint mir besser, überhaupt nicht mehr zu schreiben, als einer Pseudofreiheit zu dienen!" Sein Gefühl, dass gewisse Presseoffiziere, die sich untereinander nicht immer grün waren, ihm in den Rücken fielen, ist nicht ganz von der Hand zu weisen. „Die Gegner eines klaren und entschiedenen Eintretens für eine wirkliche Säuberung und einen demokratischen Neuaufbau würden ihre Freude haben, wenn Sie Ihr Schreiben an mich kennen würden!" In der *Schwäbischen Landeszeitung* erschien vier Wochen später an der Stelle des Leitartikels ein Kommentar „Was nun?", den Curt Frenzel im Bayerischen Rundfunk gehalten hatte. In ihm ging es um die ersten Länderwahlen in Bayern und Hessen. Und zu Weihnachten und in der Neujahrsausgabe war er dann doch wieder voll in Aktion: „Die wirtschaftliche und vielleicht auch politische Ausgliederung des Saargebiets an Frankreich werden wir als Konsequenz des verlorenen Kriegs befürchten müssen", schrieb er.

Nach einem Jahr zieht der Chefredakteur Bilanz auf Seite eins. Er stellt fest, was er dem Leser vor einem Jahr versprochen hat: „Wir haben unsere Unabhängigkeit als freie deutsche Zeitung gewahrt und sind weder eine Zeitung der Besatzungsbehörden geworden, noch der Staatsregierung, noch der Stadt Augsburg, sondern sind lediglich eine Zeitung unserer Leser. Verschiedene politische Richtungen arbeiten an der *Schwäbischen Landeszeitung*. Das uns Trennende haben wir zurückgestellt in der Arbeit für unser gemeinsames Ideal. Jeder soll seine politische Weisung haben, seinem Glauben dienen, sich zu seiner Heimat bekennen, ob sie nah ist oder fern. Über allem steht aber das eine, das wir lieben, an das wir glauben und auf das wir hoffen: Unser neues Deutschland."

Der Sozialdemokrat Curt Frenzel und der bekennende Katholik Johann Wilhelm Naumann hatten ihre weltanschaulichen Positionen hintangestellt, sie zogen an einem Strang. Ihr vorrangiges Ziel war, die Zeitung in der Stadt und im Schwabenland zu verankern und sie zu einem wirtschaftlichen Erfolg zu führen. Dabei spielte jeder die Rolle, die ihm von den Amerikanern vorgegeben war. Verlagsdirektor der eine, Chefredakteur der andere. Auch wenn beide zu gleichen Teilen am Verlag beteiligt waren, sie als Herausgeber in alphabetischer Reihenfolge gleichberechtigt im Impressum der Zeitung standen, so gab es wohl doch, wie in jedem Zeitungshaus, eine hierarchische Rangfolge.

Zum einjährigen Bestehen der Zeitung erschien auf Seite drei ein halbseitiger Artikel, der die Arbeitsweise von Verlag, Redaktion und Technik erklärte, darüber eine Bildcollage. Von links oben blickt den Leser ein freundlich, aber bestimmt dreinschauender Herr an. Die Ziffer 1 weist auf die Bildlegende: Verlagsdirektor J. W. Naumann. Schräg unter ihm ein zeitunglesender Herr, die Ziffer 2 weist in der Bildunterschrift auf Chefredakteur Curt Frenzel hin. Die Rolle Johann Wilhelm Naumanns, der übrigens auch in der Lizenzurkunde als Erster aufgeführt wird, ist in den Aufbaujahren der *Schwäbischen Landeszeitung* nicht zu unterschätzen. In vielen Äußerungen wird sein verlegerisch-kaufmännisches Können gewürdigt, sein „Weitblick" als Verleger gerühmt und sein großes soziales Verständnis als Arbeitgeber. Als er im Dezember 1945 sein 25-jähriges Berufsjubiläum feiert, dichten die Zeitungsvolontäre ein wenig holprig: „Für Vater Naumann aber wünschen sie noch dazu, dass seines Geistes Kandelaber beleuchtet sie immerzu. Und Schwabens *Landeszeitung* es herzlich dann begrüßt, wenn sie mit Vater Naumanns Leitung in feinster Ordnung ist."

In jenen Jahren hält sich Naumann mit redaktionellen Beiträgen in der Zeitung zurück. Doch wenn er schreibt, greift er in sein theologisches Repertoire und liefert, beispielsweise zu hohen Festtagen, Weihnachten oder Ostern, eine die ganze erste Seite füllende Predigt ab, oft mit dem zu beherzigenden Aufruf, das Kreuz des anderen mitzutragen. Curt Frenzel haben diese frommen Sprüche nicht tangiert. Er selbst hatte ja ständig die Möglichkeit, seine Meinung zu äußern, und wenn Weihnachten '45 Naumanns Beitrag hieß: „Ein Stern ist erschienen", so hieß Frenzels Artikel eine Woche später, in der gleichen Länge über eine Seite: „Neues Deutschland – Europäisches Deutschland".

Johann Wilhelm Naumann kannte aus seiner Zeit als Redakteur bei der *Augsburger Postzeitung* sowohl die Stadt wie das schwäbische Umland. Er kannte auch die Mentalität der Schwaben, die eher konservativ sind als aufgeschlossen dem Neuen gegenüber. Curt Frenzel war ihnen ein Fremder, ein Sachse, ein roter dazu. Die aus Chemnitz nach Augsburg geflohenen Textilkaufleute wussten zusätzlich noch Frenzels Spitznamen aus seiner Chemnitzer Zeit zu verbreiten: „Fackel-Frenzel". Curt Frenzel hatte während seiner Zeit bei der Chemnitzer *Volksstimme* die sozialdemokratische Zeitschrift *Die Fackel* herausgegeben. Naturgemäß stand auch die katholische Kirche dem roten Chefredakteur skeptisch gegenüber und tat nichts, um ihm die Arbeit in diesem mehrheitlich katholischen Land zu erleichtern. Der ausgewiesen „schwarze" Johann Wilhelm Naumann hatte es da um vieles einfacher. Er belebte seine alten Kontakte in der Region wieder, was in der Hungerzeit insofern von Vorteil war, als Naumann von seinen Besuchen auf dem Land stets reich bepackt mit Lebensmitteln, die ihm die Pfarrer zugesteckt hatten, nach Göggingen heimkehrte. Frenzels Tochter Ellinor Holland erinnert sich, wie sie es als junges Mädchen genossen hat, in dem kinderreichen Haushalt gelegentlich an der reich gedeckten Tafel zu speisen. Da konnten die Frenzels nicht mithalten, in ihrem Haushalt ging es spartanischer zu.

Der Mangel an allem war groß, doch trotz aller Schwierigkeiten ging die Arbeit in Redaktion und Verlag den Umständen entsprechend zügig voran. Es war offensichtlich, dass die Leser die Zeitung annahmen, was natürlich auch damit zusammenhing, dass kein Konkurrenzblatt existierte – es existierte vorerst nur im Kopf des Verlegers Naumann. Wer eine Anzeige aufgeben wollte, wer eine Stelle suchte, wer eine anbot, wer etwas verkaufen oder tauschen wollte, war auf die *Schwäbische Landeszeitung* angewiesen. Auch der berühmte Kaninchenzuchtverein, der in der Geschichte von Lokalzeitungen stets eine große Rolle spielt, annoncierte in der *Schwäbischen*. Er lud ins Gasthaus Drei König ein zu seiner Monatsversammlung: „Ehem. amtierende Nazis sind unerwünscht."

Bereits acht Wochen nach dem Erscheinen der ersten Ausgabe werden Berichte aus den Landkreisen gedruckt. Die zaghaften Anfänge sind gemacht, die *Schwäbische Landeszeitung* zu einer Zeitung auszubauen, die mit Lokalredaktionen in der Region vertreten sein wird. Es ist überdies offensichtlich, dass die Zeitung alle Anstrengungen unternimmt, dem Leser dicht auf die Pelle zu rücken, seine Bedürfnisse nach Nachrichten auch aus seiner direkten Umgebung zu befriedigen, ihn mit Terminen und Informationen zu versorgen. Im

Mai '46 erscheint zudem „Die Seite der Frau" mit einem noch sehr verschämten Modespiegel, Portraits über eine Malerin und eine amerikanische Politikerin. Die Kultur hatte davor bereits die Seite „Das geistige Leben" bekommen, die Seite „Unsere Heimat" versammelte Nachrichten und Geschichten aus Bayern. Sehr bald wurde auch während des Drucks der Zeitung eine Seite mit reinen Nachrichten aus Augsburg für eine in der Region abgestimmte Seite eingewechselt. Es war für die Redaktion ein mühsames Unterfangen, denn die lokale Berichterstattung musste stets gewaltig komprimiert werden, weil ja die Zeitung bis 1952 nicht täglich erschien, sondern nur dienstags und freitags bei einem sehr geringen Umfang von vier bis sechs Seiten.

Diese verlegerischen Aktivitäten, das Blatt in der schwäbischen Region zu verankern, waren ungeheuer wichtig für die Zukunft der *Schwäbischen Landeszeitung*. Andererseits drückte Chefredakteur Curt Frenzel der Zeitung unübersehbar den politischen Stempel auf. Es ist im Rückblick beim Durchblättern der alten, nun vergilbten Ausgaben bemerkenswert, mit welcher Konsequenz Frenzel den Lesern vor Augen führte, dass nach den zwölf Jahren ein Neuanfang gemacht werden müsse, um Deutschland aufzubauen. Er vermied das Wort Wiederaufbau – für ihn ging es um einen Neuaufbau. Und immer und immer wieder hämmerte er den Lesern ein, welchem verbrecherischen Regime das Land anheimgefallen war.

Als 1946 der Tag der Arbeit zum ersten Mal nach dem Krieg wieder gefeiert wird, erscheint eine Ausgabe der *Schwäbischen Landeszeitung*, die den Rahmen einer Zeitung sprengt und heute keinem Leser mehr zuzumuten wäre, nicht zuletzt ob ihres Gedankenreichtums, und die wohl auch nur in Zeiten zu verkraften war, da Leser nach lang Verschüttetem dürsteten. Die ganze erste Seite wird mit einem Text von Curt Frenzel bestritten sowie mit einem rot unterlegten „Lied der

# Schwäbische Landeszeitung
## Augsburger Zeitung

## Die
# neue deutsche Zeitung
## für Augsburg und Schwaben

erscheint erstmals Samstag, 27. Oktober 1945

und dann jeden Dienstag und Freitag

---

# Annahme von Anzeigen
## und Zeitungs-Bestellungen

ab Montag, den 22. Oktober, täglich von

8.30 bis 12.30 Uhr und von 14 bis 17 Uhr

im Verlagsgebäude Blaue Kappe 10 und in

der Stadtgeschäftsstelle Bahnhofstraße 15

So wurde die Nummer 1, Jahrgang 1 beworben. Minimalistisch im Vergleich zu heute. – Nicht nur Nachrichten, sondern auch Anzeigen sind gefragt. Wer beispielsweise ein Fahrrad verkaufen will oder wer eines sucht, wird in der *Schwäbischen Landeszeitung* fündig werden.

Arbeit" von Kurt Germer. Die Seiten zwei und drei sind dem 1. Mai im Rückblick gewidmet, aber auch dem Ausblick. August Ulrich, der eigentlich für den Sport eingestellte Redakteur, plädiert unverhohlen für die Zukunft in einer sozialistisch-demokratischen Welt. Auf der ersten Seite nimmt Curt Frenzel den viel geschmähten Sozialismus in Schutz, aber er fordert nicht ausdrücklich ein sozialistisches Deutschland. Sein Text gibt in gewisser Weise die Art seines Denkens und seines politischen Handelns wieder. Er schreibt: „Die tiefe Not der vergangenen zwölf Jahre, das gemeinsame Erlebnis in den Konzentrationslagern haben Sozialisten und Nichtsozialisten näher zusammengeführt und Menschen haben sich achten gelernt, die früher einander infolge ihrer verschiedenen politischen oder inneren Einstellung nie gekannt haben ... Wir wollen nichts mehr wissen von jenen Mächten, die nur vom Hader der Welt leben können, wir wollen keine Hetze im Volk. Ein Deutschland wollen wir, das einmal wieder gleichberechtigt seinen Platz neben den anderen Völkern einnehmen soll." Diese ins Auge springende Ausgabe mit dem vielen Rot auf der ersten Seite wird den Ruf Curt Frenzels, ein „Roter" zu sein, eher gefestigt haben und Johann Wilhelm Naumann mag Stoßgebete gen Himmel gerichtet und um Nachsicht gebeten haben.

Die Amerikaner dagegen waren höchst zufrieden. In einem Brief von Ernest Langendorf an Frenzel und Naumann vom 15. Mai 1946 heißt es: „Wenn die *Schwäbische Landeszeitung* zum 1. Mai 1946 eine ausgezeichnete und reichhaltige Sondernummer herausgab, dann beweist dies deutlich, dass die neue deutsche Presse ihre Aufgabe verstanden hat, an der grundlegenden geistigen und politischen Erneuerung des deutschen Volkes entscheidend mitzuwirken."

Zwei Ausgaben später, zum Jahrestag der Kapitulation am 8. Mai, erscheint die gesamte erste Seite wieder mit einem Text von Curt Frenzel und einer über die halbe Seite sich ausbreitenden Zeichnung – eine Vogelscheuche, behängt mit militärischem Plunder, daneben Ruinen, Todesacker und die Strahlen einer Sonne – Beginn der neuen Zeit? „Vor einem Jahr haben die Waffen des Dritten Reiches kapituliert. Heute wollen wir sagen, dass niemals unser Wille kapitulieren wird, ein neues, besseres Deutschland aufzubauen", schreibt Curt Frenzel.

Es ist erstaunlich, wie breit gefächert über innen- und außenpolitische Themen in der Zeitung berichtet wird. Ganz offenbar beabsichtigt Frenzel – und Naumann wird ihm da nicht widersprochen haben –, der Zeitung auch überregionales Ansehen zu verschaffen. Immerhin versteht sie sich nach der *Süddeutschen Zeitung* aus München als die nächstgrößte Zeitung Bayerns. Als die *Süddeutsche* in einem Artikel über die Geschäfte von Nazibonzen berichtet und beschreibt, wie sich der Propagandaminister Goebbels das Landgut des „Ostjuden" Barmat unter den Nagel gerissen habe, rufen die Augsburger ihre Münchener Kollegen in geharnischten Worten zur Ordnung, wie unmöglich es sei, Ausdrücke aus dem üblen Wortschatz der Nazis zu verwenden.

Man spürt aus der Lektüre der Zeitung, dass in jenen Anfangsjahren ein munteres, offenes und kreatives Klima in der Redaktion geherrscht haben muss. Da waren die „Alten" um Naumann und Frenzel, die der Sportredakteur August Ulrich, gleicher Jahrgang wie Frenzel, so charakterisiert: Nach dem Ende des Krieges „stehen wir Jungen, die Generation um die Jahrhundertwende, mit in vorderster Front. Diesmal an verantwortungsvollen Posten, denn wir sind in der Zwischenzeit von den Jungen zu den Alten hinübergewechselt. Das Fehlen von zwölf Jahren Praxis, die geistige Emigration dieser Zeit macht uns die Arbeit unvergleichlich schwerer, als sie wäre, wenn uns der Weg durch den Nationalsozialisten-Sumpf erspart geblieben wäre." Und da waren eine Reihe von Volontären, zu denen Fred Hepp gehörte, die teilweise noch Soldaten gewesen waren. Alle packten an, Frenzel vorneweg.

Mitunter hatten seine Beiträge etwas Verwegenes. So wenn er den Amerikanern vorschlug, ehemals aktive Nazis gegen Kriegsgefangene auszutauschen. Der Sinn seines Vorschlags war, denen die Lasten des Krieges aufzubürden, die durch ihre Aktivitäten als Nazis mitschuldig an Krieg und Völkermorden geworden waren. Er forderte überdies eine Sondersteuer für Kriegsgewinnler. Und mit richtigem Instinkt verlangt er eine Säuberung der Justiz, schließlich auch eine gnadenlose Durchforstung des Behördenapparates. „Es ist uns lieber", schreibt er, „ein Laie wird für seinen neuen Beruf längere Zeit ausgebildet und wir nehmen dafür eine Wartezeit mit in Kauf, als dass ein aktiver Nazi in seiner Position bleiben soll." Von diesen in der Aufbruchstimmung der ersten Stunde geäußerten Gedanken und Überzeugungen, die zu einer Kulturrevolution geführt hätten, wären sie umgesetzt worden, wird Curt Frenzel bald stillschweigend Abstand nehmen. Sachzwänge nötigen ihn dazu, vom Radikalen zum Realisten zu werden und auch jene zu beschäftigen, die einst mit den Nazis mitgelaufen waren.

Die amerikanische Militärregierung, die durch ihre Presseoffiziere zwar keine Zensur ausübte, aber doch im Nachhinein mit Argusaugen darauf achtete, dass die Maßnahmen der Alliierten nicht kritisiert würden, war offenbar vom Zeitungsgeschehen in Augsburg zufrieden bis angetan, auch wenn sie gelegentlich Curt Frenzel rüffelte. Sie fühlte sich in ihrer Wahl bestätigt. Johann Wilhelm Naumann und Curt Frenzel setzten um, was ihnen vorschwebte, aufzuklären, zu berichten und dabei nach dem Vorbild der amerikanischen Presse Nachricht und Meinung streng zu trennen. So nimmt es nicht wunder, wenn Kontrolloffiziere in Berichten an ihre Vorgesetzten sich in der Regel sehr positiv über ihre beiden Schützlinge äußerten. Ihnen war allerdings völlig klar, dass die beiden in ideologischen Fragen sich wie Katz und Hund gegenüberstanden, und monierten, dass Naumann in den Auseinandersetzungen mit Frenzel gelegentlich „unter die Gürtellinie" ging. Doch der lasse sich die Butter nicht vom Brot wegnehmen, notierten sie.

In einem Gutachten über die Situation der bayerischen Presse vom September '46 schreibt Herbert Hupka (1915–2006), Journalist, von 1966 an Vorsitzender der Landsmannschaft der Schlesier: „Chefredakteur Curt Frenzel ist einer der fortschrittlichsten Sozialdemokraten innerhalb der bayerischen Presse, vor allem einer Politik in ein zukünftiges Deutsches Reich hinein sehr aufgeschlossen, unbedingter Anhänger der Politik Dr. Schumachers, kritisch gegenüber dem engen Föderalismus des bayerischen Ministerpräsidenten Dr. Hoegner, sehr objektiv im Verhältnis zur CSU, als Sachse den Vorgängen in der russischen Besatzungszone gegenüber zurückhaltend." Weiter heißt es bei Hupka: „Die Kritik der vergangenen Zeit ist in der *Schwäbischen Landeszeitung* geschickt in die Berichterstattung und Kommentierung der gegenwärtigen Ereignisse eingebaut. Der sachlich-ruhige Ton der Zeitung und die Lebendigkeit sind vorbildlich und in dieser Art am ehesten dazu berufen, das Volk für die Fragen der Demokratie zu gewinnen und gegenüber der Infektion durch den Nazismus widerstandsfähig zu machen." Sein Resümee: „Die *Schwäbische Landeszeitung* ist innerpolitisch die gediegenste Zeitung in Bayern."

In erster Line sind es die Presseoffiziere, die in regelmäßigen Abständen ihre Schutzbefohlenen begutachten. Sie lesen die Zeitungen sehr aufmerksam, kommen beispielsweise zu dem Schluss, dass der *Hochlandbote* in Garmisch-Partenkirchen von der Überparteilichkeit abweiche und zu sehr die CSU begünstige. Die *Schwäbische Landeszeitung* wird gerügt, weil sie Artikel aus der *Prawda* und der *Herald Tribune* abdruckte. Dies sei momentan (Februar 1946) nicht erlaubt: „Die Zeitung solle gewarnt werden", dafür sei ihr „Unterhaltungsteil" erwähnenswert und die „einfühlende Verteilung des Raumes". Ein Leit-

Curt Frenzel mit seinem Ziehvater Oberst McMahon
und dem Lizenzträger des Berliner *Tagesspiegel*, Erik Reger.

artikel der *Schwäbischen Landeszeitung*, der die unpolitische Haltung der Deutschen aufgreife, sei von „erzieherischem Wert". Zudem behandele diese Zeitung Provinznachrichten am besten.

„Am Samstag, 10. August 1946, findet die Hochzeit des Sohnes des Oberst McMahon statt. Der Oberst wünscht, dass selbst wenn in ‚Stars and Stripes' darüber berichtet wird, in der lizenzierten Presse keine Notiz darüber erscheint", heißt es in einem Rundschreiben der Pressekontrolle. Curt Frenzel und seine Kollegen halten sich an den Wunsch. Ein anderer Brief vom Februar 1947 wird den auf Genauigkeit achtenden Chefredakteur geärgert, aber vielleicht auch amüsiert haben, so humorlos scheinen die Besetzer nicht zu sein. „Als Beauftragter der Militärregierung, in dessen Wirkungsbereich auch der US Information Center fällt, danke ich Ihnen für die regelmäßige Entsendung eines Berichterstatters zu den Diskussionsabenden, die der Augsburger Bevölkerung und besonders der Augsburger Jugend nicht nur eine bessere Kenntnis der englischen Sprache, sondern vor allem ein besseres Verständnis Amerikas in allen Phasen seines Lebens vermitteln sollen. Es ist jedoch für einen Sprecher äußerst entmutigend, wenn er 1 1/2 Stunden lang versucht, über ‚Kalifornien und seine Industrien' zu sprechen, und dann, wie es in Ihrer Ausgabe vom 25.02. geschieht, erfahren muss, dass er über ‚Florida und seine wichtigsten Industrien' gesprochen hat. Vielleicht einigen wir uns dahin, dass der jeweilige Sprecher sich dann daran hält, um derartige unliebsame Verwechslungen zu vermeiden. Ich grüße Sie Ernest F. Richter."

Zwischen Dr. Joseph Dunner von der Nachrichtenkontrolle in München und Curt Frenzel scheint ein besonderes Vertrauensverhältnis bestanden zu haben. Dunner war einer der Ersten, die Curt Frenzel als Lizenzträger vorschlugen. Als Sozialdemokrat, der in die USA emigrieren musste, war ihm der Chemnitzer

Redakteur kein Unbekannter. Dunner bittet Frenzel im November 1945 um ein Urteil über zwei Journalisten, die sich bei ihm beworben hatten. „Ich habe nicht vor, das Geringste ohne Ihr Einverständnis zu unternehmen", schreibt Dunner. Frenzel urteilt streng über beide. „Herr G. gehört zum Kreis der aktiven Mitläufer, ohne in der Partei gewesen zu sein." Für eine verantwortungsvolle Stellung komme er nicht in Frage, „nach meinem Dafürhalten auch für einige Jahre nicht als Redakteur". Auch für Herrn E. kann er sich wenig erwärmen und wird in seiner Antwort an Dunner grundsätzlich: „Sie kennen meine Einstellung über die Sauberkeit der Presse und Sie wissen, dass ich vielleicht einen schärferen Maßstab anlege als andere Deutsche, vielleicht auch als mancher Amerikaner. Mir geht das Verständnis und das Gefühl dafür ab, wenn sich heute jemand beklagt, der sich selbst den Nazis angebiedert hat und der nur um in seinem Beruf bleiben zu können, die Parteimitgliedschaft erworben hat. Wer bis 1933 gegen das Nazi-Regime geschrieben hat, musste aus Gründen der persönlichen Sauberkeit ab 1933 das Schreiben einstellen. Wer es nicht getan hat, der hat immer geglaubt, doch noch Gnade vor den Augen derer zu finden, die das Leben einer großen Anzahl von Berufskollegen nicht nur auf dem Gewissen haben, sondern die Folterung und Marterung dieser Berufskollegen geduldet und angewiesen haben. Man sollte das Herrn E. auch so sagen."

Es ist offensichtlich, dass die Augsburger Doppelspitze mit den beiden gestandenen, wenn auch eigenwilligen Männern bei den Amerikanern hoch im Kurs stand. So lag es auf der Hand, dass sie den beiden zusätzliche Lasten aufbürdeten. Curt Frenzel wurde in die aufzubauende Nachrichtenagentur DANA berufen. Die Agentur, sie nannte sich später DENA (Deutsche Nachrichtenagentur), ging schließlich in der Deutschen Presseagentur (dpa) auf, wo Curt Frenzel jahrelang im Aufsichtsrat saß. Sie hatte in Bad Nauheim ihren Sitz, und der Chefredakteur aus Augsburg übernahm in der Anfangsphase hier nun zusätzlich noch die Rolle des Chefs. Versuche, ihn in Bad Nauheim fester anzubinden, unter Aufgabe seiner Lizenz bei der *Schwäbischen,* schlugen allerdings fehl. Vergeblich drängelte auch sein Partner Naumann (und intervenierte wohl auch bei den Amerikanern), Frenzel ganz ins Nachrichtengeschäft abzuschieben, in der stillen Hoffnung, dann allein mit Gott und der Zeitung zu sein. Frenzel roch den Braten, er nahm lieber die Strapazen von Autofahrten in Kauf, als Augsburg aufzugeben.

Johann Wilhelm Naumann bekam ebenfalls eine zusätzliche Aufgabe. Ihm bescheinigten die Amerikaner, dass seine Beziehungen zur Militärregierung einwandfrei seien, er überdies ein ausgezeichneter Geschäftsmann sei mit einem ausgeprägten Verhandlungsgeschick. Sie lancierten ihn in die Rolle des Vorsitzenden des Bayerischen Verlegerverbandes. Dies war keine lediglich repräsentative Aufgabe, denn in dem Verband ging es um die Klärung diverser diffiziler Eigentumsfragen, um die Frage der Weiterbenutzung der von den Amerikanern beschlagnahmten Druckmaschinen – kurz, um Fragen, die Verlegern nachts den Schlaf rauben können.

Curt Frenzel war mit seiner Rolle in der *Schwäbischen* durchaus zufrieden. Er konnte offen seine Meinung schreiben und das Blatt nach seinen Vorstelllungen formen. Mit seinem Partner verband ihn, trotz aller Kontroversen, eine Beziehung, die jeden seine Arbeit tun ließ. Johann Wilhelm Naumann dagegen reichte das nicht. Im tiefsten Innern wurmte es ihn, dass er seinen katholischen Glauben zwar nicht leugnen musste, es ihm aber verwehrt war, diesen den Lesern so nahezubringen, wie er es für gottgewollt hielt. Auf der Zeitungskanzel stand schon Curt Frenzel und der dachte nicht im Traum daran, diese für seinen Partner zu verlassen. Im Übrigen war es nicht sein Lebensziel, so wird ein Wort von Johann Wilhelm Naumann kolportiert, „journalistischer Gemischtwarenhändler" zu sein. Er wollte Farbe bekennen.

Die Amerikaner wussten natürlich von Naumanns Ambitionen, eine Zeitung von Katholiken für Katholiken nach seiner Fasson zu machen. Im März '46 hatten sie ihm erlaubt, die Zeitschrift *Neues Abendland* herauszubringen, in der die Creme der katholischen Publizisten zu Wort kam. Doch für eine katholische Zeitung war es noch zu früh. Erst im Sommer '48 gaben sie dem Drängen Naumanns nach. Vorsorglich hatte Naumann für sein Anliegen um den Segen des Heiligen Vaters gebetet. Er überreichte Pius XII. am 1. April 1948 in einer Privataudienz eine Resolution katholischer Journalisten, in der diese versprachen, das deutsche Volk für Christus zurückzugewinnen. Der Heilige Vater sandte wenig später seinen Segen und schrieb dazu: „Wir wissen, wie schwer es der katholischen Presse in Deutschland gemacht ist, sich wieder emporzuarbeiten. Sie können versichert sein, dass Wir alles in Unseren Kräften Stehende tun werden, um ihren Bestrebungen zum Erfolg zu verhelfen." War es die römische Schützenhilfe? Die Amerikaner stimmten zu, zumal sie, wie bei der Lizenzvergabe Ernest Langendorf, der Chef der Nachrichtenkontrolle in Bayern sagte, eh die Absicht gehabt hatten, in jeder größeren Stadt ihrer Zone eine zweite Zeitung zuzulassen. Am 28. August 1948 erschien die *Augsburger Tagespost*, unabhängige Zeitung für christliche Kultur und soziale Politik, Herausgeber und Chefredakteur Johann Wilhelm Naumann. Ein letztes Mal noch durfte der Verlagsdirektor der *Schwäbischen* zu Pfingsten die ganze erste Seite bestreiten und den „Geist der Wahrheit" beschwören: „So wie die Atombombe unheimliche Kräfte freimacht zum Tode, so wird die Atomphysik als neuer Gottesbeweis den Geist der Wahrheit beweisen, werden die Menschen in Schrecken und Ehrfurcht vor den Geheimnissen dieser Kraft stehend erkennen, dass die Wahrheit nichts ist, was die Menschen erfunden haben, sondern die Offenbarung des lebendigen Gottes, die den Menschen erst zum Menschen macht."

Von nun an – die erste Ausgabe der neuen Zeitung erschien, worauf Naumann besonders hinweist, am Tag des heiligen Augustinus, der zudem auch der Geburtstag Goethes sei – war er nicht mehr darauf angewiesen, seinen weltlich orientierten Chefredakteur Frenzel darauf aufmerksam zu machen, dass die hohen kirchlichen Festtage seines Wortes bedürften, jetzt konnte er frei schalten und walten. „Wir wollen jedem anderen seine Meinung nicht streitig machen", so schrieb Johann Wilhelm Naumann zum Auftakt – als guter Geist war auf Seite eins in Nr. 1 ein Bild von Joseph Görres eingeklinkt, als Vorbild eines Kampfes für Freiheit, Wahrheit und Recht –, „aber es kann uns niemand davon abhalten, dass wir endlich auch dem christlichen Denken in einem Zeitungsorgan als Kulturinstrument Ausdruck verleihen. ... Die Zeitung will ein Verteidiger des Abendlandes sein, ein Mithelfer aller Armen." Und zum Schluss ein Paukenschlag: „Sie will darum kämpfen, Deutschland für Christus wiederzugewinnen."

Curt Frenzel, den die Welt mehr interessierte als das himmlische Reich, konterte trocken. Auf der Feier für die Lizenzvergabe ergriff er das Wort, gratulierte seinem alten Partner und sagte, wenn der Herr Kollege das deutsche Volk für Christus gewinnen wolle, sei das ein hohes Ziel. „Ich betrachte es als meine Aufgabe, Deutschland für das deutsche Volk zu gewinnen."

Der Kampf war eröffnet. Der nunmehrige Alleinherrscher der *Schwäbischen Landeszeitung* Curt Frenzel hatte seine Bataillone in Stellung gebracht und ließ sich nicht irre machen. Der katholische Newcomer, auch wenn er ein alter Zeitungshase war, hatte zwar den Segen der Kirche. Doch das war im Kampfesgetümmel zu wenig. In 13 Monaten wird Johann Wilhelm Naumann die Waffen strecken.

# Allein im Haus

Eine Harmoniehure war Curt Frenzel nicht. Wer immer in der Redaktion oder im Verlag mit ihm zu tun hatte, musste gewärtig sein, von ihm aus heiterem Himmel angeblafft zu werden. So nimmt es nicht wunder, dass sich viele Anekdoten um den Chef in der *Schwäbischen Landeszeitung* rankten. Seine stakkatohaft herausgepresste Kündigung „Ihre Papiere liegen auf der Treppe" wird bis heute im Pressehaus überliefert. Eine Kündigung, die keine war, denn nach ein paar Stunden verlangte Curt Frenzel nach dem just Geschassten. Als er einmal in der Redaktionskonferenz nach einem Redakteur fragte und ihm bedeutet wurde, der hocke zu Hause, weil ihm gestern gekündigt worden sei, schickte Frenzel ein Taxi und ließ ihn holen. Der auf diese Weise Gekündigten gab es Legion, wird kolportiert.

„Der Vater war ein schwieriger Mensch", weiß seine Tochter Ellinor zu erzählen. „Müsste ich ihn charakterisieren", meint Winfried Striebel, der spätere

Chefredakteur, der 1963 als Volontär unter Frenzels Fittiche kam, „würde ich sagen, raue Schale, guter Kern." Offenbar liebte es Curt Frenzel, besonders in Redaktionskonferenzen, seine Mannschaft zu provozieren. Er war direkt, konnte Einzelne aufs Korn nehmen. „Schlafen Sie ruhig weiter", fuhr er jemanden an oder: „Was haben Sie wieder für einen Unsinn geschrieben!" Diese seine Ausbrüche waren oft ungerecht und natürlich waren sie gefürchtet. Oft waren sie auch kryptisch und das Was-hat-er-wohl-gemeint blieb unbeantwortet. Bei der redaktionellen Abnahme der Seiten, bevor diese in Druck gingen, konnte er über eine Fünf-Zeilen-Meldung stolpern und sich lang und breit über die Unfähigkeit seiner Redaktion auslassen. „Höchstes Lob ist, wenn ich nichts sage", ließ er seine Redakteure wissen, doch meistens sagte er etwas.

Auch aus seiner Zeit als Vorsitzender der DENA in Bad Nauheim, wo er zwar sporadisch, aber doch immer wieder auftauchte, gibt es Beispiele zuhauf, die Curt Frenzel als einen Chef zeigen, dem die meisten lieber aus dem Weg gingen, als seine Nähe zu suchen, wo sie sich dann hätten sagen lassen müssen, sie verstünden ihr Handwerk nicht, oder gar, sie seien „Faulpelze". Als Chef der DENA hatte er zudem ständig Ärger mit amerikanischen Presseoffizieren, die ihren Einfluss auf die Nachrichtenagentur nur ungern aufgeben wollten, wogegen sich Curt Frenzel vehement wehrte. Sie schalten ihn eine „sture autoritäre Figur", einen „herrischen Deutschen" und sie waren irritiert, wenn er Telefonate mit ihnen durch das Hinknallen des Telefonhörers beendete. „Herrn Frenzel sollten gute Manieren eingebläut werden", verlangte einer der Presseoffiziere von seinen Vorgesetzten.

Wichtig war für Curt Frenzel Klarheit in der Sache und in der Sprache. Jounalistische Unsauberheiten und Schludrigkeiten verfolgte er gnadenlos. Er konnte in solchen Fragen auch grundsätzlich werden und formulierte Lehrsätze, die in ein Handbuch für Journalisten aufgenommen werden könnten. So geißelte er die Unsitte, in Überschriften Ausrufezeichen und Fragezeichen zu benutzen oder wörtliche Zitate zu übernehmen und diese in Anführungsstriche zu setzen. Sein Diktum: „Eine Überschrift mit Ausrufezeichen ist Tendenz, eine Überschrift mit Fragezeichen ist der Ausdruck einer gewissen Unfähigkeit, den Inhalt der Nachricht durch eine kurze Überschrift angeben zu können. Ein wörtliches Zitat als Überschrift ist ebenfalls ein Ausdruck des Unvermögens, eine richtige sachliche Überschrift zu finden."

Ein besonderes Augenmerk warf er auf die Arbeit der Nachrichtenagenturen, wo sich in den ersten Jahren übermäßig viele Berufsanfänger tummelten. Als Vorsitzender der DENA machte Curt Frenzel sich bei diesen Mitarbeitern nicht gerade beliebt, weil er auch hier mit seinen gefürchteten Stakkato-Ausbrüchen für Unruhe sorgte, wo Ruhe und Geduld angebracht gewesen wären. In einem Brief vom November '47 an Ernest Langendorf, den Chef der amerikanischen Presseoffiziere, schlug er vor, Wochenendkurse für Nachrichtenredakteure einzurichten. Er begründete dies mit seiner Lektüre deutscher Zeitungen, die ihrer genuinen Aufgabe, Kritik zu üben, nicht nachkämen. Curt Frenzel schreibt: „Sie scheuen meist eine Kritik an Regierungen und Behörden, weil sie befürchten, mit dem gegenwärtig in Bayern herrschenden Regierungskurs Unannehmlichkeiten zu erwarten. Um Schwierigkeiten zu umgehen, schweigen sie und bringen Tatsachenmeldungen ohne Kommentare und verfehlen dabei ihre Hauptaufgabe, umerzieherisch zu wirken." Umerziehung – sie liegt ihm auch zwei Jahre nach Kriegsende wie eh und je am Herzen, um die Menschen nach den zwölf verheerenden Hitlerjahren in ein demokratisches Deutschland zu führen. Ihm sei aufgefallen, so heißt es in dem Brief an Ernest Langendorf, dass die Presse, wenn sie denn Kritik übe, ihre Angriffe auf Personen richte, „eine Politik des Abschießens" mache sich breit, wo doch Kritik an der Sache zu üben sei. Die amerikanische Pressekontrolle teilte Frenzels Analyse, möge er doch bitte mit den Vorbereitungen für solche Wochenendkurse beginnen.

Curt Frenzel wird es nicht zu viel. Er ist in seinem Element. Gibt es etwas Schöneres, als Journalist und Zeitungsmacher zu sein? Nicht alle verstehen ihn, den bärbeißigen, misstrauischen, strengen und schwerhörigen Mann. Manche ahnen vielleicht, dass er zwölf für ihn verlorene Jahre aufholen will. Die Nachkriegsjahre kennen viele wie ihn, es ist die Zeit der großen Patriarchen, der Alleinherrscher, deren Rezept im Umgang mit ihren Mitarbeitern oft das simple Zuckerbrot und Peitsche ist. Werner Mittermair, langjähriger Geschäftsführer des Hauses, schildert eine Episode, die für Frenzel typisch ist. Bei der Wiedergabe von Wahlergebnissen drängte er, den allerallerletzten Drucktermin wahrzunehmen, was seine Setzer – es wurde noch in Blei gesetzt – in die schiere Verzweiflung trieb. Dies nun animierte Curt Frenzel erst recht, seine Leute lautstark zusammenzustauchen. Um dann, als alles in Butter war und die Zeitung mit dem letzten Stand der Wahlergebnisse die Druckerei verlassen hatte, friedlich mit seiner „unfähigen" Truppe ein Bier aus der Flasche zu kippen.

Es gibt auch eine andere Seite von Curt Frenzel. Er konnte mitfühlen, Anteil nehmen und seine an den jungen Mitarbeiter gerichtete Frage „Wie geht es Ihrer Familie?" war sicher mehr als nur „Gesindepflege" und das hinzugefügte „Lassen Sie mich wissen, ob ich Ihnen bei dem Umzug hier nach Augsburg helfen kann" war ehrlich gemeint (obwohl er vielleicht ahnte, dass er nicht gefragt werden würde, Abstand und Respekt waren einfach zu groß). Als seine Mutter hochbetagt im März '67 in Garmisch starb, antwortete Curt Frenzel auf ein Kondolenzschreiben von Bischof Josef Stimpfle: „Eine Mutter, möge sie noch so alt geworden sein, stirbt immer zu früh. Niemals habe ich einen Hehl daraus gemacht, dass ich in besonderer Weise mich mit ihr verbunden gefühlt habe, weil sie in den zwölf Jahren des Dritten Reiches trotz aller Not unerschütterlich zu mir gehalten hat." Wer so formuliert, besteht wahrlich nicht nur aus einer rauen Schale.

„Es ist sicher richtig", heißt es in einem Beitrag, der zu Curt Frenzels 60. Geburtstag in der hauseigenen Zeitung erschien, „er ist streng, manchmal sogar zu streng; er ist aber auch gut, manchmal sogar zu gut. Er verlangt viel, mitunter sogar zu viel. Bei seinem Temperament kann er alle Register ziehen, darum fürchten ihn manche sogar. Zum Schluss aber verehren und schätzen ihn alle. Warum? Weil er – trotz allem – ‚das Herz auf dem rechten Fleck hat'." Zu Porträtfotos, die Curt Frenzel in der Redaktionskonferenz zeigen, wie er zuhört und mit erhobenem Zeigefinger belehrt, steht ein aufschlussreicher Text: „Unserem Chef entgeht nichts! Seine gespannte Aufmerksamkeit ist Grundlage lebendiger Diskussion – wenn's sein muss herber Kritik, freundlicher Belehrung oder überzeugter Anweisung. Fröhlich und zufrieden kann er dann sagen, so, nun haben wir's wieder. Alles in bester Ordnung." Jahre später steht über den „Alten" in der Werkszeitung: „Er kann zwar donnern – und die Natur hat ihn bei Gott mit einer kräftigen Stimme gesegnet. Er kann aber auch versöhnen, mit einem leisen Wort, einer kleinen Geste."

Als die Jahre vorüber waren, da Johann Wilhelm Naumann und Curt Frenzel den schwäbischen Zeitungskarren gemeinsam zogen, mag jener „Dem Himmel sei Dank" ausgerufen haben, „Es musste so kommen" könnte dieser dankbar gebrummt haben. Gelegentliches Hott und Hü waren nicht ausgeblieben, auch wenn beide darauf achteten, die Lizenz nicht aufs Spiel zu setzen und ihre Rollen, wie von den Amerikanern vorgegeben, auszufüllen. Viele Jahre später, auf einer Konferenz katholischer Journalisten in Bamberg, erinnerte sich Johann

Wilhelm Naumann an die Jahre in der *Schwäbischen*, die für einen gläubigen Katholiken wie ihn neben einem Parteibuch-Sozialdemokraten kein Zuckerschlecken gewesen seien, wenn es etwa vorkam, dass, „wie es tatsächlich an mir passiert ist früher, als ich mit dem SPD-Mann noch zusammen schaffte, einfach alle Nachrichten, katholische und evangelische, hinter meinem Rücken herausgehoben und hinausgeschmissen wurden".

Nun gab es also seit dem Spätsommer 1948 in Augsburg zwei Tageszeitungen, die dreimal die Woche erschienen. Montag, Mittwoch und Freitag die *Schwäbische Landeszeitung* und Dienstag, Donnerstag und Samstag die *Augsburger Tagespost*. Wochen vor deren Erscheinungstermin verkündeten die Lizenzträger Naumann und Frenzel diese für die Stadt und das Umland sensationelle Neuigkeit und sprachen in ihrer Mitteilung davon, dass sie nun die Möglichkeit hätten, auf zwei verschiedenen Wegen die Grundsätze in der Umerziehung des deutschen Volkes verwirklichen zu helfen. Ihr freundschaftliches Einvernehmen bekundeten die Lizenzträger mit der Tatsache, dass sie ihre Zeitungen in einer gemeinsamen Druckerei GmbH herstellten. Die *Augsburger Tagespost*, so heißt es weiter in der Mitteilung, erscheine als erste katholische (Nachkriegs-) Zeitung in der Stadt, in der 1935 die älteste katholische Zeitung Deutschlands, die *Augsburger Postzeitung*, ihr Erscheinen einstellen musste. Die *Schwäbische Landeszeitung* bleibe aber ihrer jungen Überlieferung treu, so erfahren die Leser. Als unabhängige Zeitung werde sie weiterhin die Tradition der alten freien Reichsstadt Augsburg wahren und die deutschen und internationalen Probleme in der Hauptsache vom Standpunkt der Politik und Wirtschaft beurteilen.

Nun buhlten um die Gunst der Leser zwei Blätter, mit dem „schwarzen" Naumann und dem „roten Sachsen", eingeschwäbelt als „roter Kattl", an der Spitze. Naumann setzte ganz explizit auf die Unterstützung der Geistlichkeit, der hohen und niederen. Die Bischöfe schickten denn auch wohlwollende Grußtelegramme, Glückauf und Gottes Segen wünschend. Alois Fürst zu Löwenstein, Präsident des Zentralkomitees deutscher Katholiken, äußerte sich ebenfalls: „30 Millionen Katholiken in Deutschland und keine eigentlich katholische Zeitung! Ein unerträglicher Zustand. Darum verdient Herr Naumann den lebhaften Dank der deutschen Katholiken!"

Trotz aller Glückauf- und Segenswünsche, Johann Wilhelm Naumanns Traum ging nicht in Erfüllung. Und das hatte viele Gründe. Die *Schwäbische* war in Augsburg und in der Region in den drei Jahren seit ihrer Gründung am 30. Oktober 1945 bei den Lesern angekommen – woran der Verlagsdirektor Naumann ja einen beachtlichen Anteil hatte. Sie bekamen eine gut gemachte Zeitung mit Nachrichten aus ihrer Heimat und der großen Welt, sie erfuhren die für sie wichtigen Anfangszeiten ihrer Gottesdienste und konnten aus den immer stärker werdenden Anzeigenseiten ihren Nutzen ziehen. Was sollte sie bewegen, die Fronten zu wechseln und das Naumann'sche Blatt zu abonnieren? Weil sie dann eine ausgesprochen katholische Zeitung bekommen hätten? Trotz des Curt Frenzel anhaftenden Rufs, ein „Roter" zu sein, konnte ihm niemand unterstellen, seine Zeitung sei antikatholisch oder gar antichristlich. Im Gegenteil, er achtete darauf – und ein ausgedehnter Briefwechsel zeugt davon –, mit der katholischen Geistlichkeit im Einvernehmen zu leben, die das auch honorierte und die letztlich kein Interesse zeigte, das Frenzel'sche Blatt aus seinen Festen zu kippen. Auch wenn, wie noch zu beschreiben ist, gelegentlich versucht wurde, ihn mit der Drohung einer Konkurrenzzeitung zu piesacken.

Ursprünglich hatte Johann Wilhelm Naumann wohl gehofft, die Zahl der Abonnenten der *Schwäbischen* einfach zu teilen, was aber nicht gelang, weil Hunderte von Protestbriefen, die im Verlag eingingen, den „gut gemeinten Versuch", wie Curt Frenzel dieses Manöver süffisant nannte, obsolet machten. Frenzel stellte sich am 1. September 1948 seinen Lesern als Alleinherrscher vor, als Verleger und Chefredakteur in einer Person. Bereits sechs Ausgaben vorher, als entschieden war, dass Johann Wilhelm Naumann seine eigene Zeitung herausgäbe, wird im Titelkopf die bloße Aufzählung der Ressorts Politik, Wirtschaft, Kultur, Kunst, Wissen, Sport ersetzt durch die Zeile „Unabhängiges deutsches Organ für Politik • Wirtschaft • Kultur • Sport". Damit war die Richtung der Zeitung vorgegeben – unabhängig. In seinem Gruß an die Leser am 1. September führt Curt Frenzel darin aus: „Die *Schwäbische Landeszeitung* ist frei und überparteilich. Sie bejaht die christlichen Konfessionen. Auch werde sie die Interessen der katholischen Leser berücksichtigen, wie die der evangelischen. Sie wird überkonfessionell sein." Und natürlich beschwor Curt Frenzel immer wieder sein Bekenntnis, nicht das Trennende zu betonen, sondern das Gemeinsame.

Zwei Tage vorher hatte die *Schwäbische Landeszeitung* in einem Beitrag, der direkt neben dem Bericht über die Lizenzierung von Naumanns *Tagespost* platziert wurde, was dieser ganz sicher als einen unfreundlichen Akt, wenn nicht gar als Provokation empfunden haben wird, eine wesentliche Neuerung angekündigt, die ein entscheidender Schritt war, um die Zeitung von Curt Frenzel als eine wirkliche Heimatzeitung für Schwaben zu etablieren. Nach und nach erschienen zahlreiche „Landausgaben" mit je einer örtlichen Redaktion und einer Verlagsgeschäftsstelle, unter anderem die *Dillinger Zeitung*, die *Mindelheimer Nachrichten*, die *Günzburger Zeitung*. Es war dies eine große unternehmerische Entscheidung, die sich bis auf den heutigen Tag im Prinzip bewährt hat und im Laufe der Jahre noch ausgebaut werden wird.

Johann Wilhelm Naumann war, wie alle, die ihn kannten, bezeugen, ein guter Manager und er hatte, so heißt es, bei der Auswahl der Mitarbeiter, die er seinerzeit zur *Schwäbischen Landeszeitung* holte, ein gutes Händchen. Dennoch war ihm sein Gegenspieler Curt Frenzel um einiges überlegen. Während Naumann voller Idealismus sein neues Werk begann und offenbar felsenfest überzeugt war, dass ihm die lesenden Katholiken Schwabens in Scharen zulaufen würden, und wohl auch nicht wahrhaben wollte, dass vielerorts skeptisch abgewartet wurde, was aus dem Projekt wohl werden konnte, blieb Frenzel realistisch und agierte sehr pragmatisch. Er, der bekennende Antinazi, stellte ohne von außen erkennbare Gewissensbisse einen ehemaligen Parteigenossen ein, der bis zum bitteren Ende als Geschäftsführer den Verlag der Augsburger Nazizeitung geleitet hatte. Nun – Friedrich Füger kannte das Zeitungsgeschäft aus dem Effeff und war auf das Beste in der schwäbischen Region vernetzt. Sämtliche Heimatverleger waren ihm von früher bekannt und diese Verbindungen waren für Curt Frenzel von unschätzbarem Wert.

Leicht mag es ihm nicht gefallen sein, den alten Parteigenossen einzustellen, und er war sich seiner Sache wohl auch nicht ganz sicher, sonst hätte er sich nicht an den gebürtigen Augsburger Ernst J. Cramer von der Information Control Division in München gewandt und ihm alle Unterlagen Füger betreffend geschickt. Am 6. August 1948 antwortet ihm Cramer. „Lieber Herr Frenzel! Ich schicke Ihnen anbei die mir überlassenen Papiere von Herrn Friedrich Füger wieder zurück. Offiziell, d. h. dienstlich, braucht unsere Dienststelle ja nicht zu antworten, da Herr Füger von Ihnen nicht als Verlagsleiter, d. h. nicht in einer Schlüsselstellung, angestellt wird, wie Sie uns sagen. Ich habe mir die Papiere genau durchgelesen und stimme mit Ihnen darin überein, dass der Mann beruflich wirklich etwas kann. Man darf allerdings nicht vergessen, dass seine beruflichen Hauptleistungen mit sehr großer Unterstützung parteiamtlicher Stellen erzielt wurden. Ich erinnere mich persönlich noch sehr gut, mit welchen rigorosen Mitteln die *National-Zeitung* in Augsburg vorgegangen ist. Herr Füger war ein ausgesprochener Opportunist und ist es wahrscheinlich auch heute noch. Er ist prompt 1933 in die Partei eingetreten, weil er auf diese Weise eine Stellung bei einer Zeitung haben konnte. Im Jahre 1939 ist er fromm und bieder aus der Kirche ausgetreten, wiederum, weil ihm das einen Vorteil versprach. Ich kann mir vorstellen, dass Herr Füger in Ihrer Zeitung beruflich gesehen ein Trumpf wäre. Aber ich persönlich würde ihn trotzdem nicht nehmen."

Unmittelbar nachdem er Cramers Brief erhalten hatte, stellte Curt Frenzel den Mann mit der braunen Vergangenheit ein. Er sollte Jahre später als erfolgreicher Geschäftsführer der *Augsburger Allgemeinen* das Bundesverdienstkreuz verliehen bekommen.

Auf einer Generalversammlung der DENA verteidigte Curt Frenzel die Beschäftigung von ehemaligen Nazis in Verlagen. „Es gibt wohl fast keine Zeitung", sagte er, „die in der Redaktion nicht diese oder jene Kraft einsetzt, die im Dritten Reich irgendwann einmal journalistisch tätig gewesen ist ... wenn nach Recht und Gesetz Menschen als entlastet erklärt worden sind, dann dürfen wir solchen Menschen, die guten Willens sind, nicht den Weg zur Mitarbeit für alle Zeiten unmöglich machen." Und in einem Rückblick auf fünf Jahre seiner Zeitung schreibt Curt Frenzel, dass man nicht dulden dürfe, dass Millionen wertvollste Kräfte brachliegen sollen, weil sie einmal den politischen Irrlehren eines totalitären Systems verfallen waren. Und weil jeder Mann guten Willens gebraucht werde, fährt er fort, „sind wir in unserer kleinen Verlagsgemeinschaft vereint, ehemalige Soldaten, Kriegsgefangene, Verfolgte des nationalsozialistischen Regimes, aber auch ehemalige PG's, die selbst das bittere Brot der Internierung nach Kriegsende kennenlernten". Johann Wilhelm Naumann hat sich wahnsinnig darüber aufgeregt, dass Frenzel Friedrich Füger engagierte, empfand diese

Aktion wohl auch als eine Art Verrat, zumal noch zwei weitere ehemals leitende Herren des alten Naziverlages von Frenzel eingestellt wurden, alles Berufungen, die unterm Strich aber zum Wohle und zur Expansion des Verlags ganz wesentlich beitrugen.

Johann Wilhelm Naumann blieb auf der Strecke. Die *Deutsche Tagespost* als überregionale Ausgabe seiner *Augsburger Tagespost* existiert in kleiner Auflage in Würzburg zwar bis heute, doch er selbst sagte Augsburg zum Jahreswechsel 1949/50 Lebewohl. Die erwartete Zahl von Lesern war nicht erreicht worden, er musste sich mit illoyalen Verlagspartnern herumschlagen und letztlich fehlte ihm die – auch materielle – Unterstützung der Bischöfe. Was er aber wohl von Anfang an verkannte: Die Zeit einer reinen Gesinnungspresse war längst abgelaufen. Auch konnte der politische Katholizismus, wie er sich noch in der Weimarer Zeit durch das Zentrum repräsentiert sah und durch Zeitungen wie die *Germania* verbreitet wurde, nach 1945 nicht mehr Fuß fassen.

Kurz vor seinem 59. Lebensjahr stirbt Johann Wilhelm Naumann am 1. Mai 1956 in Würzburg. Seine alte Zeitung, die *Schwäbische*, widmet ihm keinen eigenen Nachruf. Sie druckt am 3. Mai auf Seite drei eine einspaltige Würdigung der Katholischen Nachrichtenagentur ab, die Naumann als glaubensfrohen Streiter charakterisiert, der sich für sein Werk verzehrt habe. Auf Seite zwölf erscheinen zwei klassische Todesanzeigen, eine der Familie und eine von Curt Frenzel. In ihr heißt es: „Wenngleich der Verstorbene im Jahre 1948 sich von mir trennte und eigene verlegerische Wege einschlug, haben uns beide in jahrelanger Zusammenarbeit kameradschaftliche Bande verknüpft. Seine mir an seinem Krankenlager wenige Tage vor seinem Hinscheiden übertragenen Wünsche bedeuten für mich Verpflichtung. Das Andenken des Entschlafenen werde ich immer in hohen Ehren halten." Tags darauf erscheint in der Zeitung ein zweispaltiges

Foto, das den Bischof von Würzburg Julius Döpfner zeigt, wie er vier Tage vor dem Tode Naumanns diesem den von Pius XII. verliehenen Orden des heiligen Gregorius überreicht. Welcher Art die Wünsche gewesen sein könnten, die für Curt Frenzel Verpflichtung waren, man wüsste es gern.

Aus Altötting schreibt im Juni 1956 Gertrud Naumann einen anrührenden Brief an Curt Frenzel, in dem sie ihm dankt, dass er ihrem Mann „persönlich die letzte Ehre" erwiesen habe. „Auch Sie kannten ein wenig dieses gütige, menschlich so anziehende und dabei so flammend und kompromisslos himmelstürmende Apostelherz. Wie haben Sie beide zu mancher Tages- und Nachtstunde um die Probleme gerungen ... Bis dann die Zeit gereift war, dass mein Mann zu seiner eigentlichen Aufgabe greifen konnte ... Naumann war kein Pressemann im landläufigen Sinn, er war zuerst und am meisten ein Glühender für das Reich des Herrgotts und ein Beter ... Nun kann keine dumme oder böswillige Gerüchtemacherei von Phantast und Idealist, der vom Geschäft nichts versteht, ihn verwünschen".

Das Kapitel Naumann war für Curt Frenzel aber längst abgeschlossen. Vor acht Jahren schon. Der Sieg über seinen Konkurrenten war schließlich leichter gewesen als befürchtet. Doch Curt Frenzel muss Obacht geben. Immer noch schlägt ihm allenthalben Misstrauen entgegen, nicht nur von der tonangebenden schwäbischen Gesellschaft, nicht nur von der CSU, von der katholischen Kirche ganz zu schweigen, auch seine eigenen Genossen haben große Vorbehalte gegen den erfolgreichen Verleger, der die Position der *Schwäbischen Landeszeitung* als zweitgrößte bayerische Tageszeitung ausbaut. Curt Frenzel hat gute Nerven. Das Misstrauen kränkt ihn zwar, aber es ist kein Grund, sich kleinzumachen.

# Auf dem Weg zur Mitte

Curt Frenzel dachte strategisch. Auf keinen Fall durften die Augsburger und Schwaben das Gefühl bekommen, er krame nach dem Ausscheiden des „Schwarzen" Johann Wilhelm Naumann aus der Zeitung eine rote Ballonmütze aus der Klamottenkiste hervor und mache die *Schwäbische* zu einem Sprachrohr der Sozialdemokraten. In der überwiegend katholisch und konservativ geprägten Region von Neuburg bis Landsberg, von Günzburg bis Aichach, wo der Dorfpfarrer noch das Sagen hat, wo Heimat und Brauchtum allgemeingültige Werte sind, musste Curt Frenzel daran gelegen sein, seine Leser – und Anzeigenkunden – nicht unnötig vor den Kopf zu stoßen. Noch bis weit in die Sechzigerjahre hatte er sich aber immer wieder mit dem Vorwurf auseinanderzusetzen, er sei ein in der Wolle gefärbter „Roter". Ein Priester aus Augsburg schrieb ihm voller Vorurteile ins Stammbuch: „Tenor und Geist Ihrer Zeitung stehen mehr als 90 % auf Seiten der Sozialdemokraten – seit vielen Jahren."

Curt Frenzel blieb bei der von den Amerikanern vorgegebenen Linie – auch dann, als die Lizenzpflicht seit August 1949 nicht mehr bestand –, die *Schwäbische Landeszeitung* als eine strikt überparteiliche und unabhängige Zeitung in der Region zu verankern. Und er betonte immer wieder, fast gebetsmühlenartig, bei diversen Jubiläen der Zeitung sein politisches Bekenntnis, „das Gemeinsame hervorzuheben – nicht das Trennende zu betonen".

Hierauf verpflichtete er die Redaktion, was in der Praxis bedeutete: Keine politische Richtung wird bevorzugt. Dies war nicht eine Wischiwaschi-Haltung. Frenzels Leitartikel und die seiner Kollegen beziehen dezidiert Stellung. „Uns alle", heißt es in einem Beitrag von Curt Frenzel zum fünfjährigen Bestehen der Zeitung, „eint ein gemeinsames Ziel: Wir glauben an Deutschland und an das deutsche Volk, und da wir helfen wollen, Wunden zu heilen, ist der Maßstab unserer redaktionellen Arbeit nur das eine, das Gemeinsame hervorzuheben, aber nicht das Trennende zu betonen. Diese These beherrscht unsere Redaktionskonferenzen, sie leitet uns bei der Auswahl der Aufsätze und Nachrichten. Wir sind geblieben, was wir von Anfang an versprachen, ein unabhängiges Organ."

Curt Frenzel konnte aus seinem sozialdemokratischen Herzen allerdings auch keine Mördergrube machen. Die Zwanziger- und Dreißigerjahre, in denen er sich schreibend und agitierend als der „Fackel-Frenzel" in Sachsen vehement gegen die braune Flut stemmte, hatten bleibende Spuren hinterlassen, genauso wie auch die Jahre der inneren Emigration. Der Name Fackel-Frenzel rührte wie erwähnt von einer Zeitschrift her, *Die Fackel*, die Curt Frenzel in Chemnitz 1932 herausgab und die, wie er selbst erzählt, als „Flugschrift und Kampfschrift" gegen die herannahende braune Terrorwelle geschaffen wurde. Curt Frenzel fühlte sich, da gibt es keine Zweifel, mit seinen Kameraden und Genossen verbunden, die, wie er, von den Nazis verfolgt worden waren. Und ganz sicher hatte er in den zwölf Jahren des Schweigens daran gedacht, nach dem Ende der Naziherrschaft, an deren Niedergang er nie zweifelte, politisch tätig zu werden, vielleicht sogar ein politisches Mandat zu übernehmen. Alle erhaltenen Unterlagen deuten ja darauf hin, dass er nach Kriegsende ursprünglich die Absicht hatte, in seiner sächsischen Heimat, gemeinsam mit Parteifreunden, die die Terrorzeit überlebt hatten, der Demokratie wieder zu ihrem Recht zu verhelfen und zwar an vorderster Front.

Wie wir gesehen haben, konnten die Amerikaner ihn davon überzeugen, nicht nach Sachsen in die sowjetische Besatzungszone überzuwechseln, sondern in Bayern zu bleiben und eine Zeitung herauszugeben. Curt Frenzel hatte sich die Entscheidung für Augsburg und Schwaben nicht leicht gemacht. Doch ganz offensichtlich fühlte er sich von den amerikanischen Nachrichtenoffizieren ans Portepee gefasst, verpflichtet, in Augsburg seinen Dienst anzutreten. Hinzu kam, dass maßgebende Sozialdemokraten in München, die Frenzel zum Teil aus früheren Jahren persönlich kannten oder wenigstens wussten, welch gewichtige Rolle er in der Partei als Redakteur in Chemnitz gespielt hatte, ihn drängten, nun in die Rolle eines Lizenzträgers zu schlüpfen. Zweifellos glaubten auch die Sozialdemokraten mit einem der ihren an der Spitze der *Schwäbischen Landeszeitung* gewiss sein zu können, dass fortan ihr Gedankengut tausendfach verbreitet werde. Curt Frenzel war objektiv in keiner leichten und wohl auch in keiner beneidenswerten Lage. Er hatte sich der amerikanischen Militärregierung gegenüber verpflichtet und stand mit seinem Wort dafür ein, ein über den Parteien und Konfessionen stehendes Blatt zu machen. An dieser Verpflichtung hielt er eisern fest. Schon nach relativ kurzer Zeit wurde diese nach außen hin gegebene Verpflichtung für ihn auch zur inneren Richtschnur, von der er kein Jota abrückte und auf die er seine Redaktion einschwor.

Als Mitglied der Sozialdemokratischen Partei fühlte er sich aber auch seinen Genossen gegenüber verpflichtet und wurde von diesen auch in Anspruch genommen. So schreibt am 18. Februar 1946 aus Hannover der SPD-Vorsitzende Kurt Schumacher an Curt Frenzel, den er zuletzt im Januar in Stuttgart getroffen hatte, er gedenke am 2. März nach Augsburg zu kommen, sich mit dem örtlichen Parteivorstand zu treffen und, wenn gewünscht, abends zu den Augsburgern zu sprechen. „Jedenfalls", so schreibt Kurt Schumacher, „sehe ich diesen Brief an Dich als die offizielle Benachrichtigung an die Augsburger Partei an, die ja mehrfach den Wunsch geäußert hat, mich in ihrem Rahmen auftreten zu lassen." Im Übrigen bittet er um ein Nachtlager und Verpflegung für sich, den Fahrer und seine Sekretärin, „die Genossin Renger". „Ich grüße die Augsburger Parteifreunde", schreibt Schumacher, „mit denen mich manche Freundschaft aus den Kampfjahren und aus dem KZ verbindet, auf das Herzlichste und sei mir selbst recht herzlich gegrüßt ..."

Curt Frenzel antwortete prompt per Telegramm: „Unterbringung und Verpflegung bei mir. Funktionärsversammlung am 20. März festgelegt. ... Stehe 100 % hinter Dir und habe hier entsprechend vorbereitet, sodass Dir einstimmiges Vertrauensvotum ausgesprochen wird. ... Bleibe fest in dieser Haltung; unser alter Kampfgeist ist wieder erwacht und wir haben trotz KZ noch genügend Spannkraft." Es geht um die Frage, wie sich in Berlin die Sozialdemokraten gegenüber den Kommunisten im Ostteil der Stadt verhalten sollen, um nicht vereinnahmt zu werden. „Wir müssen den Kampf gegen die Kommunisten aufnehmen", schreibt Curt Frenzel in einem dem Telegramm folgenden Brief an Kurt Schumacher. In diesem Brief bittet er überdies Schumacher um einen

Beitrag für „Die Fackel". Seine Begründung: „Die Amerikaner haben mich ersucht, eine Zeitschrift herauszugeben, die ich ursprünglich geplant hatte, weil ich eigentlich nicht mehr in eine Zeitung zurückgehen wollte. Nun werde ich gedrängt, endlich mit dieser Zeitschrift ernst zu machen. Sie soll etwa ungefähr so werden, wie früher die ‚Weltbühne' oder das ‚Tagebuch', nur nicht mit der zersetzenden Kritik. Ich will sie nennen ‚Die Fackel' zur Erinnerung an die Zeitschrift, die ich aus Propagandagründen für die Reichspartei im Jahre 1932 redigiert habe, und zur Erinnerung an die Journalisten, die in den Lagern gestorben sind. Ich muss nun einige Mitarbeiter nennen, die bereit wären, und so möchte ich Dich fragen, ob Du zu einer Mitarbeit bereit wärst oder sogar die Zeitschrift mit mir herausgeben würdest."

Das Projekt „Fackel", das für den 1. Oktober 1946 terminiert war, wird letztlich nicht realisiert, es fehlte an ausreichend geeigneten Mitarbeitern. Immerhin hat Curt Frenzel eine Art „Nullnummer" entwickelt, mit einer stilisierten Fackel auf dem Umschlag. In dem Editorial erläutert Curt Frenzel, was die „Fackel" will. Sie soll eine „Brücke schlagen aus der Vergangenheit in die Gegenwart", denn die heranwachsende Generation wisse nichts aus der Zeit vor 1933. Am Schluss schreibt Frenzel: „Sie soll mithelfen das deutsche Volk zur politischen Reife zu führen. Sie erscheint nicht als Selbstzweck, sondern als Mittel zum Zweck." Als ersten Beitrag plante der Herausgeber den Abdruck einer Rede von Stalin, gehalten im Februar 1946 in Moskau. „Sie ist interessant wegen der politischen Analyse." Die folgenden Seiten der Nullnummer sind leer. Aber Frenzels Bitte an den Parteivorsitzenden zeigt, dass er sich als loyaler Parteigänger sah, zudem mit Anregungen und Vorstellungen nicht hinter dem Berg hielt. Er regte beispielsweise in einem Brief an Kurt Schumacher an, eine Konferenz sozialdemokratischer Chefredakteure einzuberufen, einen sozialdemokratischen

Pressedienst herauszugeben und eine sozialdemokratische Journalistenorganisation ins Leben zu rufen. „Lies diesen Brief sehr aufmerksam", vermerkt Gurt Frenzel am Schluss.

Im Parteivorstand der SPD wird mehr und mehr Fritz Heine der Ansprechpartner von Curt Frenzel. Heine, NS-Verfolgter wie Frenzel, ist seit Februar 1946 für die Belange der Presse als Vorstandsmitglied verantwortlich und gleichzeitig Sprecher der Partei. Heine geht es darum, möglichst viele Journalisten mit sozialdemokratischem Parteibuch in der neu entstehenden Medienlandschaft an wichtigen Schaltstellen zu sehen, insbesondere sorgt er sich, ob die SPD Einfluss nehmen könne auf die Nachrichtenagentur DANA in Bad Nauheim, die, noch von den Amerikanern gegängelt und kontrolliert, bald in deutsche Hände übergehen soll. Fritz Heine findet in einem Brief an Curt Frenzel, der bei der Nachrichtenagentur im Vorstand sitzt, klare Worte. Im Juni 1946 schreibt er: „Wir müssen sehen, dass wir einen Sozialdemokraten als Chefredakteur für die DANA gewinnen, selbst wenn das bedeuten sollte, dass wir Dich dadurch als Lizenzträger für die Zeitung verlieren könnten. Mir scheint die DANA wichtiger zu sein als eine einzelne Zeitung." Und etwas später hakt er nach: „Man muss freilich dafür sorgen, dass wir in Augsburg wieder einen qualifizierten Lizenzträger bekommen."

Curt Frenzel geht auf Heines Vorstellung nicht ein, sondern sieht seine Rolle in der Nachrichtenagentur als die des einflussreichen Vorstandsmitglieds, das die Arbeit der Redaktion kontrolliert, den Einfluss der amerikanischen Nachrichtenoffiziere zurückdrängt und im Übrigen den Zusammenschluss der Nachrichtenagenturen in den Westzonen forciert, was ihm schließlich auch gelingen sollte. Er wird zu einem der Väter der dpa in Hamburg, in deren Aufsichtsrat er bis zu seinem Tod eine maßgebende Rolle spielte.

Curt Frenzel ist unter den Journalisten, die im April 1953 mit Kanzler Adenauer in die USA reisen. Bei der Ankunft in Chicago begrüßt ihn Erwin Boll vom Deutschen Generalkonsulat.

Curt Frenzel wurde im Laufe der Jahre zu einem Verehrer des ersten Bundeskanzlers.
Im Juni 1953 besucht Konrad Adenauer Augsburg in Begleitung von Ministerpräsident Hans Ehard.

Einerseits war Curt Frenzel Lizenzträger, der penibel darauf zu achten hatte, dass sein Blatt sich nicht zum Büttel einer bestimmten Partei machte, andererseits verstand er sich als Sozialdemokrat, der sehnlichst wünschte, dass die traditionsreiche Partei in dem entstehenden neuen Deutschland eine herausragende Rolle spielte. Zwei Seelen, ach, in seiner Brust? Curt Frenzel selbst hatte keinerlei Schwierigkeiten, seine persönliche Loyalität zu Kurt Schumacher zu bekunden und gleichzeitig eine über den Parteien stehende Zeitung zu verantworten. Es waren letztlich sozialdemokratische Parteifunktionäre, die den Lizenzträger Frenzel vereinnahmen und ihn mit kleinkarierten Vorhaltungen auf ihre Linie bringen wollten. Sie verstanden nicht, ihn als unabhängigen – ihnen im Prinzip wohlgesonnenen – Kopf zu respektieren, sie wollten ihn gängeln.

Wie hatten sie sich verrechnet! Curt Frenzel war keiner, der nach irgendjemandes Pfeife tanzte. Seine Unabhängigkeit ging ihm über alles und damit auch verbunden die Unabhängigkeit seiner Zeitung, deren aufkeimenden wirtschaftlichen Erfolg er nicht aufs Spiel setzen wollte, indem er die *Schwäbische* auf Linkskurs trimmte.

Hunderte von Schreiben und Anrufen erreichen Zeitungsredaktionen, in denen diese oder jene sich beschweren, weil dieses oder jenes in der Zeitung nicht gewürdigt worden sei, weil es falsch interpretiert oder ungenügend dargestellt worden sei. Das geschieht Tag für Tag und Chefredakteure nehmen in der Regel ihre Leser ernst und antworten höflich. Doch als im August 1946 ein Genosse Fleischer aus der Münchner Parteizentrale dem Chefredakteur Vorhaltungen macht wegen des Leitartikels „Zwei Männer, zwei Welten", wird Curt Frenzel deutlich. In dem Artikel hatte er den bayerischen sozialdemokratischen Ministerpräsidenten Hoegner – „wir wollen wieder unsere eigenen Herren im Gasthaus Zum bayerischen Löwen sein" – Kurt Schuhmacher gegenübergestellt, der ein Bekenntnis für ein geeintes Deutschland ablegt. Und typisch für die Denkweise Frenzels, wenn er als positiv herausstellt, dass Schumacher einen Neuaufbau anstrebe, etwas endgültig Neues wolle, während der Emigrant Hoegner – er erlebte die Nazizeit in der Schweiz – das wiederherstellen wolle, was einmal gewesen ist. Auf die Vorhaltungen, die Genosse Fleischer ihm im Auftrag des Ministerpräsidenten Hoegner machte, antwortet Frenzel ihm – ohne Anrede –, dass sein Schreiben nicht gerechtfertigt sei, zudem einen offenen Verstoß gegen die Bestimmungen der Militärregierung darstelle, da „hier versucht werde, von einer Partei einen Druck auf die Lizenzpresse auszuüben". Frenzel protestierte gegen die Unterstellung, verletzter Ehrgeiz habe zu einer persönlichen Attacke auf den Ministerpräsidenten geführt. „Als Mitglied der Sozialdemokratischen Partei", so beendet er seinen Brief, „habe ich das Recht, von den Parteiinstanzen zu fordern, dass demokratische Grundsätze eingehalten werden."

Die Zugehörigkeit Frenzels zur SPD war die Brücke zur alten Zeit, zu den Jahren vor 1933, zu den Sturm-und-Drang-Jahren, wo der Dreißigjährige glaubte und hoffte, durch Reden und Schreiben die braune Flut eindämmen zu können. Zwölf Jahre später hatte der Zufall, oder nennen wir es das Schicksal, ihm einen neuen, einen anderen Part zugedacht. Auf seiner Lebensbühne spielte jetzt die Zeitung die Hauptrolle, die Partei trat in die Kulissen. So nimmt es nicht wunder, dass er, der Vorhaltungen der bayerischen SPD überdrüssig, am 30. August 1946 in einem Brief an Fritz Heine schreibt: „Ich bin nahezu entschlossen, mich auf eine gewöhnliche Mitgliedschaft bei der Partei zu beschränken, denn ich habe keine Lust, nach dem Furchtbaren, was hinter uns liegt, und nach der schweren Zeit, die ich persönlich durchgemacht habe, mich in solcher Weise behandeln zu lassen, wie es durch die Landesleitung in Bayern geschieht. Ich hätte ein viel bequemeres Leben, wenn ich mich auf meine rein redaktionelle Arbeit beschränke. Es ist bedrückend, dass die Alliierten vernünftiger sind als die eigenen Parteifreunde."

Im Laufe der folgenden Jahre wird die Distanz von Curt Frenzel zur SPD immer größer. Schließlich wirft ihm auch Fritz Heine vor, in einem Leitartikel die Position der SPD zu heftig kritisiert zu haben. „Ich bin als Sozialdemokrat und als Parteivertreter schmerzlich betrübt", schreibt der Sprecher der SPD.

Curt Frenzel hatte das nackte Interessenspiel der Parteien bei der Zusammensetzung des Zweizonen-Wirtschaftsrates in scharfen Worten attackiert. Doch er bleibt bei seiner Linie: Augsburg und die *Schwäbische*, Verlag und Zeitung first! Die Entfremdung wird ihn sicher in stillen Stunden geschmerzt haben. Als infam empfand er schließlich Nachreden, in denen kolportiert wurde, er nähere sich der CDU an, weil er sich von ihr wirtschaftliche Rückendeckung für seinen Verlag verspräche. „Im Übrigen ist bekannt", wird in einer Notiz festgehalten, „dass Herr Frenzel sich außenpolitisch seit Jahren der Linie der Bundesregierung genähert hatte." Anfang der fünfziger Jahre machte das Gerücht die Runde, Curt Frenzel werde aller Wahrscheinlichkeit nach der FDP beitreten. „Durch unseren Gewährsmann in Augsburg erfahren wir", heißt es in einem vertraulichen Schreiben der Frankfurter Union-Druckerei an Fritz Heine, „dass Herr F. engen Kontakt mit dem Justizminister Dehler (FDP) aufgenommen hat. Wir sind mit unserem Gewährsmann übereingekommen, uns über den Fortgang der ‚Bemühungen' Frenzels zu unterrichten." In einer Notiz, die sich im Archiv der Friedrich-Ebert-Stiftung befindet, steht: „Curt Frenzel, *Schwäbische Landeszeitung*, Augsburg, ist nach einer Mitteilung von Valentin Baur seit etwa 1 1/2 Jahren nicht mehr Mitglied der SPD. Er wurde wegen Nichtzahlung von Beiträgen ausgeschlossen. Bonn, 16. 09. 1955, W. Peters".

Die Parteizentrale in Bonn hatte hinnehmen müssen, dass der alte Kampfgefährte sich ihnen entzogen hatte. In dem Nachruf auf Kurt Schumacher, der in der *Schwäbischen Landeszeitung* am 22. August 1952 erschien und ganz offensichtlich, obwohl bemerkenswerterweise nicht gezeichnet, von Curt Frenzel verfasst worden sein muss, Duktus und Einstellung lassen nur diesen Schluss zu, wird deutlich, wie tief der Graben zwischen dem sozialdemokratischen Chefredakteur und seiner Partei geworden war. Curt Frenzel schreibt: „Der schneidende Sarkasmus, mit dem er (Schumacher) seine Kritik vorzubringen pflegte, führte zu Zuspitzungen unserer innenpolitischen Entwicklung auch dort, wo die vernunftgemäße Gemeinsamkeit des nationalen Ziels Opposition und Regierung hätte zusammenführen müssen, und es gab unbestreitbare Augenblicke, in denen die Härte des Zusammenpralls den unbefangenen Beobachter nur mit tiefer Besorgnis erfüllen konnte. Es war vielleicht das Merkwürdigste im Wesen und Temperament dieses Demokraten, dass er das höchste Sinnbild und Mittel des demokratischen Lebens, den Kompromiss, nicht anerkannte." Curt Frenzel erkennt die Größe Schumachers in seinem Nachruf letztendlich an, auch wenn er mit dessen politischer Linie und seiner rigorosen Haltung nicht oder genauer nicht mehr übereinstimmte.

Er zog eine andere Lehre aus der Vergangenheit. Er hatte das Zerbrechen eines Staates an den Gegensätzen der Parteimeinungen und Ideologien nicht nur miterlebt, sondern auch persönlich erlitten. Deshalb wurde er nicht müde, wieder und wieder vor einem Freund-Feind-Denken zu warnen, in den Kategorien nur einer Partei zu denken, verabscheute er. Doch wie es mit Klischees und Vorurteilen so ist, sie kleben an einem wie Pech und Schwefel. Curt Frenzel musste damit leben, ein Roter, ein Sozi zu sein; habe er die Lizenz für die Augsburger Zeitung doch nur bekommen, weil er Sozialdemokrat sei! Dass er sie bekommen hatte, nicht weil er SPD-Mitglied war, sondern weil er als Sozialdemokrat den Nazis Widerstand geleistet hatte, was ja wahrlich nicht viele getan hatten, wurde gerne unterschlagen.

Die Vorbehalte, denen sich Curt Frenzel in Augsburg und Schwaben gegenübersah, waren immens. Er galt ja nicht nur als Roter, er hatte zudem von Beginn an auch damit zu kämpfen, kein Einheimischer zu sein, sondern ein Sachse, ein Flüchtling zudem, ein „Rucksackdeutscher", der nie und nimmer zu einem „Datschiburger", einem Augsburger, werden würde. So wie auch seinem Mitarbeiter der ersten Stunde, dem Kieler Wolfgang Pepper, der für die Berichterstattung des lokalen Geschehens zuständig war, zudem das Parteibuch der Sozialdemokraten in der Tasche hatte (er wird später, von 1964 bis 1972, Oberbürgermeister der Stadt am Lech werden), Vorurteile entgegenschleudern. „Wir in Bayern brauchen keine Nordlichter, ansonsten laufen wir Gefahr, in die Finsternis abzugleiten", fürchtet ein besorgter frommer Schwabe in einem Brief an den Chefredakteur. Mit großem Langmut im Gegensatz zu seiner sonstigen Unduldsamkeit beantwortet Curt Frenzel diese oft hanebüchenen Schreiben mit „höflicher Empfehlung". Der Leser ist König.

In einer aufschlussreichen Auseinandersetzung mit seinem Kollegen Otto Färber, dem späteren Lizenzträger der *Stuttgarter Zeitung*, geht es um die Frage, ob Schwaben nicht den Anspruch habe, eigenes Bundesland zu werden, um sich der „Einbayerung" zu entziehen. Färber argumentiert historisch, schließlich habe erst Napoleon 1805 das östliche Schwabenland den Wittelsbachern zugeschlagen. „Die künftige Gestaltung Deutschlands", schreibt er im September 1946, „verlangt zu ihrem friedlichen Erfolg die Beseitigung der unnatürlichen Grenzen aus dynastischer Zeit und die Schaffung ‚stammesbetonter' Länder." Curt Frenzel ergreift in derselben Ausgabe das Wort – ein vorbildliches Beispiel für Pro und Contra im eigenen Blatt – und wendet sich vehement gegen separatistische Tendenzen. Die Zeit der Kleinstaaterei und der Postkutschenromantik sei vorbei, schreibt er. Er ist sich sicher, dass ein separates Schwaben von den Menschen im Land auch gar nicht gewollt werde. „Damit auch letzten Endes Klarheit herrscht über den Verfasser dieses Aufsatzes, sei vermerkt", schreibt Curt Frenzel über sich, „er wurde nicht in Bayern geboren und nicht in Schwaben und auch nicht in Preußen geboren; er ist somit weder Bayer, noch Schwabe, noch Preuße – er ist mehr: Er ist Deutscher."

Einige Monate zuvor allerdings, Anfang 1946, sah sich Curt Frenzel genötigt, den Bayern kräftig den Marsch zu blasen. In einem Leitartikel schreibt er, offenbar herrsche in Bayern eine gewisse Animosität gegen jene, deren Geburtsort zufällig nicht in Bayern liege und die unterschiedslos „Preußen" geschimpft würden. Allerdings wird der Zorn des gebürtigen Sachsen gegen Preußen auch in diesen Zeilen deutlich, wenn er von den Ostelbiern schreibt, die Anfang jedes neuen Jahres zur Grünen Woche in Berlin einfielen. „Wenn diese Doppelzentner", so schreibt er, „in Berlin aufmarschierten, wurde waggonweise die Halbwelt in die damalige Reichshauptstadt gebracht, damit sich die Krautjunker amüsieren konnten. Niemand mehr will etwas wissen von dem Preußen der Schlotbarone und Industriekapitäne, die an jedem Krieg verdienten." Aber es sei verwerflich, wenn die Flüchtlinge – zu denen er sich ja auch zählte – als Flüchtlingsgesindel bezeichnet würden, die den Bayern alles wegfräßen. „Es geht eine Hetze über das Land, die nicht zu verantworten ist", schreibt er. Und zum Schluss: „In Bayern sollte jeder willkommen sein, dessen antifaschistische Gesinnung einwandfrei ist, ganz gleich, welcher Geburtsort auf seinem Geburtsschein vermerkt ist. Wir sind letzten Endes alle Deutsche."

Also, wenn er schon kein Augsburger ist, kein Schwabe, kein Bayer, dann sollte doch sein klares Bekenntnis, Deutscher zu sein, seine Umgebung mit ihm versöhnen, mag Curt Frenzel gedacht und sicher auch gehofft haben. Als die schweren Aufbaujahre überstanden waren und die Zeitung sich in Stadt und Land gut entwickelte, fühlte er sich auch in Bayern von Jahr zu Jahr heimischer. In seinem Haus in Garmisch-Partenkirchen mit dem Postkartenblick auf die Alpspitze und die Zugspitze fühlte er sich wohl, seine Freunde und Nachbarn waren Bayern und, worüber noch zu berichten sein wird, im Kreis seiner von ihm – heute würde man sagen – gesponserten Eishockeymannschaft blühte er richtig auf.

Curt Frenzel war keiner, der sich in Lederhosen und Trachtenjacken den Bayern anbiederte, aber mächtig stolz war er schon und gefreut hat er sich riesig, als Ministerpräsident Alfons Goppel ihm im Plenarsaal des Landtags am 14. Mai 1965 den Bayerischen Verdienstorden überreichte für „hervorragende Verdienste um den Freistaat Bayern und das bayerische Volk". Die Auszeichnung fand ein überraschend großes Echo im Land und in der Stadt. So als ob die Schwaben irgendetwas gutmachen wollten an Curt Frenzel. Begegneten ihm doch die maßgebenden Leute aus Politik und Wirtschaft, die ihm jetzt mit warmen Worten gratulierten, über viele Jahre mit großer Reserviertheit. Mancher von ihnen neidete ihm wohl auch den Erfolg, den er mit seiner Zeitung hatte, und sie tuschelten untereinander, warum die Amerikaner nach dem Krieg ihn, den Zugereisten, mit einer Lizenz beschenkt hatten, warum nicht einen Augsburger? Waren die Augsburger alle nur Nazis gewesen? Einem fühlt Frenzel sich besonders zu Dank verpflichtet, Dr. Georg Haindl, dem einflussreichen Präsidenten der Industrie- und Handelskammer und Papierfabrikanten. „Dass Du Dich in aller Freundschaft überall zu mir bekannt hast. Das hat meine manchmal nicht einfache Position wesentlich erleichtert und ich schätze mich glücklich, dass uns echte freundschaftliche Gefühle zusammengeführt haben."

Die zahlreichen Gratulationsschreiben ließ Curt Frenzel säuberlich in einem voluminösen Album aufbewahren, ebenso in einem zweiten die Glückwünsche, die er erhielt, als ihm drei Jahre später Alfons Goppel im Namen des Bundespräsidenten das Große Verdienstkreuz des Verdienstordens der Bundesrepublik überreichte. Er hatte lange gezögert, diese Auszeichnung anzunehmen, der bayerische Orden war ihm um vieles wichtiger. Josef Stimpfle, Bischof von Augsburg, gratulierte ihm zu dem Bundesorden mit einem Handschreiben. „Ich darf Ihnen versichern, dass ich meine guten Wünsche für Sie persönlich, Ihre verehrte Familie und Ihr Werk mit dem Gebet begleite." Curt Frenzel ließ seinen Dank „vorerst" durch den Verlagsdirektor Friedrich Füger ausrichten. Der nicht mehr zu übersehende Verleger konnte sich ungeniert seiner dienstbaren Geister bedienen.

Der fünf Jahre jüngere Friedrich Füger war allerdings mehr als nur ein dienstbarer Geist. Er wurde, nachdem er am 9. August 1948 in die *Schwäbische Landeszeitung* eingetreten war, mit atemberaubender Schnelligkeit zum wichtigsten Mitarbeiter von Curt Frenzel. „Er galt als der Mann an Curt Frenzels Seite", heißt es in einem Artikel zu Friedrich Fügers 90. Geburtstag im Oktober 1995, über 25 Jahre habe er die Zukunft des Verlages maßgeblich mitgestaltet. Seine Vergangenheit als Verlagsleiter der nationalsozialistischen Zeitung in Augsburg spielte weder in der Öffentlichkeit noch im Unternehmen eine Rolle. Allein Curt Frenzels ehemaliger Mitlizenzträger Johann Wilhelm Naumann war irritiert und fühlte sich hintergangen, doch seine Interventionen in Sachen Füger bei den Amerikanern blieben folgenlos. Jeder wusste, dass Friedrich Füger Mitglied der Nationalsozialistischen Partei gewesen war, doch drei Jahre nach

Kriegsende schien sich die Auffassung durchgesetzt zu haben, auf Fachleute, mochten sie im Dritten Reich auch das Horst-Wessel-Lied geschmettert haben, nicht verzichten zu können.

Der von Haus aus deutsch-national erzogene Friedrich Füger stammte aus dem Badischen, war 1935 der NSDAP beigetreten und fungierte von 1938 an bis zur letzten Ausgabe im Mai 1945 als Verlagsdirektor der *Augsburger National-Zeitung*. Die Amerikaner steckten ihn ohne viel Federlesens in ein Internierungslager. Drei Jahre später, im Frühsommer 1948, nach Lageraufenthalten in Moosburg, Garmisch und Ludwigsburg, kam er wieder auf freien Fuß. Es war der Betriebsleiter der Druckerei, Julius Zahler, Mitglied der SPD, der seinen Chef Curt Frenzel auf Friedrich Füger aufmerksam machte. Zahler, ein schmächtiges Männchen, das immer gerne eine Fliege anlegte, war schon zu NS-Zeiten unter Füger in der Technik der *Neuen National-Zeitung* beschäftigt gewesen. Ein Gespräch mit Friedrich Füger kam im Juli '48 im Büro von Curt Frenzel zustande. Curt Frenzel nahm ganz sicher Fügers intimes Wissen um die schwäbische Zeitungslandschaft – als Verlagsdirektor in der NS-Zeit hatte er immer wieder mit den schwäbischen Heimatverlegern zu tun gehabt – erfreut zur Kenntnis. Die daraus resultierende persönliche Bekanntschaft Fügers mit den Verlegern, sei es in Neuburg, in Mindelheim oder in Schwabmünchen, die nach Lockerung und Aufhebung der Lizenzpflicht wieder ins Zeitungsgeschäft drängten, war überdies für Curt Frenzel von unschätzbarem Wert. Sie waren für ihn schließlich Konkurrenten und Friedrich Füger schien der Mann, der ihm helfen konnte, seine Zeitung gegen sie abzusichern.

Friedrich Füger, vom Typ her Curt Frenzel nicht unähnlich, engagiert in der Sache, durchsetzungsstark und Freund eines patriarchalisch geprägten Führungsstils, wird mit seinen Vorstellungen, „das Lokale zum verlegerischen Programm zu machen, als für viele Zeitungshäuser die Provinz noch Niemandsland war", wie es in einem Nachruf auf ihn im November 1999 heißen wird, Curt Frenzel überzeugt haben. Wenige Wochen nach dem ersten Gespräch fing Friedrich Füger, 43 Jahre alt, am 9. August 1948 mit Gesamtprokura bei der *Schwäbischen* an. Nach dreijähriger Unterbrechung schlüpfte er damit wieder in die alte Rolle, die er beherrschte. Sein Enkel Bertolt, der im Mai 1997 eine überaus faktenreiche Magisterarbeit über Pressestrukturen in Bayerisch-Schwaben nach 1945 vorlegte, bemerkt nicht ohne Befriedigung, dass sein Großvater „wieder auf einen Posten (kam), dessen Höhe durchaus der entsprach, wegen der er im Mai 1945 arretiert war".

Gut fünf Jahre später wird Friedrich Füger zum allein zeichnungsberechtigten Geschäftsführer bestellt. Nach dem Dienst- und Geschäftsführer-Vertrag übernimmt er die Gesamtleitung des Verlaghauses. Ihm obliegt, so heißt es in dem Vertrag vom 1. Januar 1952, die leitenden Mitarbeiter auszuwählen und zu überwachen, das Unternehmen nach modernen betriebswirtschaftlichen Grundsätzen auszurichten und die „Sicherung einer sparsamen Kostenwirtschaft und Abwehrmaßnahmen gegen konkurrierende Unternehmungen" zu gewährleisten.

# Die Schwäbische wird zur Augsburger und zieht in den Allgäuer Krieg

Curt Frenzels Herz hing an der Außenpolitik. Kein wichtiges Ereignis, sei es der Korea-Krieg im Sommer 1950 oder das Ende des Prager Frühlings 1968, für das er in seinen Leitartikeln nicht klare Worte fand, auch wenn die Zahl der Redakteure im Laufe der Jahre zunahm, die ebenfalls außenpolitische Fragen kommentierten. Frenzel gehörte überdies zu dem überschaubaren Kreis deutscher Chefredakteure, die vom Bonner Bundespresseamt eingeladen wurden, den Kanzler auf seinen Reisen ins Ausland zu begleiten. Er fuhr mit auf der „United States", die Konrad Adenauer im April 1953 zu seinem ersten Staatsbesuch in die Vereinigten Staaten brachte, und er saß in der Lufthansa-Maschine, die 1955 nach Moskau flog, wo Adenauer die Rückkehr der letzten Kriegsgefangenen erreichte.

Doch so sehr die Außenpolitik sein Feld war, so wusste er sehr wohl, dass für seine Leser in Augsburg und in Schwaben die Kirche im Dorf näher und wichtiger war als der Kreml in Moskau. Und er ermahnte seine Mannschaft, beim

Schreiben die einfachen Leser nicht zu vergessen, die das Recht haben zu verstehen, was sie lesen. Ganz gewiss fand Curt Frenzel seine persönliche Befriedigung in der Anerkennung, die ihm die politischen Akteure in Bonn zollten, ob sie nun Adenauer, Dehler oder Brentano hießen, Strauß oder Ludwig Erhard. Sie alle waren Leser seiner Leitartikel und wenn Frenzel von der *Schwäbischen* sie anrief, wurde er mitnichten abgewimmelt. Auch seine Stellung als Aufsichtsrat der dpa gab ihm nicht nur in der Presselandschaft, sondern auch im gesellschaftlichen Leben eine herausragende Stellung, die ihn zu einer unverwechselbaren Figur machte. Bei der *dpa* nahm Curt Frenzel starken Einfluss auf die Besetzung der Auslandsposten – die Korrespondenten, ob in Peking oder Paris, fanden bei ihm stets ein offenes Ohr und hatten während ihrer Deutschlandbesuche in der Regel bei ihm in Augsburg anzutanzen.

Ob er je ernsthaft mit dem Gedanken gespielt hat, sein Blatt zu einer bundesweiten Zeitung zu machen, wie die *Süddeutsche* in München, die *Frankfurter Allgemeine Zeitung (FAZ)* oder die *Welt* – Blätter, welche er sehr schätzte –, lässt sich heute nicht mehr erschließen. Es schrieben allerdings Autoren in seiner Zeitung, die ein über Schwaben hinausgehendes Renommee hatten, wie beispielsweise Erhart Kästner, der spätere Direktor der Wolfenbütteler Bibliothek, der einen anspruchsvollen Literaturteil in der *Schwäbischen* verantwortete. Von Mai 1947 an gab es zwar eine sogenannte Deutschland-Ausgabe, sie wurde im November 1950 eingestellt. Es werden ganz schlicht pragmatische Gründe zu diesem Entschluss geführt haben, denn der Vertrieb einer überregionalen Ausgabe ist nun einmal immens kostspielig.

Curt Frenzel war zwar Journalist mit Leib und Seele, aber er war auch Verleger, zudem alleiniger Gesellschafter. In dieser Doppelrolle, Journalist und Verleger, hat er stets gewusst, wie wichtig für eine Zeitung ihr wirtschaftliches Fundament ist. Er fühlte sich in seiner Rolle als Verleger keineswegs unwohl und wusste mit staunenswerter Sicherheit, gleichsam aus dem Bauch heraus, den Verlag zu führen und auszubauen. Dabei konnte er sich allerdings auch in der Geschäftsführung des Verlages auf Personen stützen, die auf ihrem Gebiet ausgewiesene Experten waren, wie jener Friedrich Füger, der zu einer zentralen Figur im Haus wurde, als Zeitung und Verlag die Konkurrenz hinter sich ließen und ihnen den ersten Platz in Augsburg und Schwaben keiner mehr streitig machen konnte.

Die Versuche von Johann Wilhelm Naumann, neben der *Schwäbischen Landeszeitung* eine tragfähige Konkurrenz unter katholischem Vorzeichen aufzubauen, waren gescheitert. Weder die *Augsburger Tagespost* noch die sie ablösende *Neue Augsburger Zeitung* schafften es, Frenzels Zeitung ernsthaft zu gefährden. Diese, obwohl noch jung an Jahren, hatte es geschafft, mit ihrer überparteilichen Haltung die Leser an sich zu binden und das Angebot an Informationen im Blatt so zu gewichten, dass sowohl über die bestimmenden Ereignisse der großen Politik berichtet wurde, wie aber auch über die Geschehnisse aus der dem Leser vertrauten Umgebung, seiner Gemeinde, seiner Stadt oder seinem Kreis.

Im Mai 1947 waren Verlag, Redaktion und Technik von „An der Blauen Kappe" in die Ulmer Straße in Kriegshaber gezogen – als Untermieter der Michelwerke. Das Platzangebot war hier größer, doch lag der Standort auch ein beachtliches Stück entfernt vom Zentrum der Stadt. In den Fünfzigerjahren schien es nun undenkbar, dass ein Zeitungsverlag auf Dauer seine Geschäfte von der Peripherie der Stadt aus betreiben könne. So war es nur konsequent, dass Curt Frenzel seine Zeitung mit allem drum und dran, inklusive neuer MAN-Rotationsmaschinen, wieder ins Zentrum von Augsburg umtopfte.

Der Verleger strahlte, als er im August 1956 eine illustre Gästeschar im neu erbauten Pressehaus in der Ludwigstraße 2 unweit des Rathauses begrüßte. Die

Fotografien aus jenen Jahren zeigen einen zufriedenen Curt Frenzel, dem man ansieht, dass er auf das, was er in einem Jahrzehnt erreicht hatte, stolz war. 55 Jahre alt ist er nun, noch steht er voll in Saft und Kraft, 460 Menschen sind bei ihm in Lohn und Brot, neben den 1500, die in der Frühe die Zeitung austragen. „Sie können überzeugt sein, dass wir stolz sind, im Zentrum der Stadt nun eine feste Bleibe zu haben. In Kriegshaber haben wir unser Unternehmen so aufgebaut, dass es auf zwei Fundamenten stehen kann. 1949 begannen wir, unsere Druckerei auszubauen. Wir begannen auf unseren MAN-Maschinen den Rotationsbuchdruck auszubauen. Wir waren bald so weit, Bücher billiger, als es bisher üblich war, herzustellen. Bis 31. Juli 1956 haben wir insgesamt fast elf Millionen Bücher gedruckt."

Es war, auch wenn das Wort etwas hochtrabend scheinen mag, eine geniale Idee von Curt Frenzel, seine Rotationsmaschinen so auszulasten, dass sie nicht nur abends bis in die Nacht hinein die Zeitung druckten, sondern tagsüber auch Bücher, Taschenbücher vor allem. Zwar hatte der Rowohlt Verlag in Reinbek bei Hamburg den Einfall, Bücher auf Rotationsdruck herzustellen, als Erster in die Tat umgesetzt, doch Curt Frenzel sagte sich, was die können, kann ich allemal. Und er begann als Erster in Süddeutschland Taschenbücher zu drucken. Es war dann im Sommer 1951 der Direktor der Druckerei, Walter E. Giers, der den Verleger Wilhelm Goldmann im Auftrag Frenzels in München aufsuchte. Frenzel war Goldmann aus seinen sächsischen Zeiten her bekannt. Der war von den Taschenbüchern, die Giers mitgebracht hatte, begeistert. „Dies ist die Firma, die wir gesucht haben und die unsere geplanten Taschenkrimis drucken kann." „Bei den Preisen gings um halbe Pfennige", erinnerte sich Frenzels Druckereidirektor. Die roten Krimireihen von Agatha Christie bis Edgar Wallace wurden ein Verkaufsschlager. Dass die schwergewichtigen Rotationsmaschinen nun auch tagsüber lautstark in Betrieb waren, war Musik in Curt Frenzels Ohren. „Wozu muss ich in die Oper gehen", pflegte er zu sagen, „ich habe doch meine Rotationen." Das damit verdiente Geld konnte er für den ja noch längst nicht abgeschlossenen Ausbau seines Verlages gut gebrauchen.

Und damit auch keiner auf die Idee käme, er nähme Augsburger Druckereien etwas weg, erklärte Curt Frenzel in seiner Eröffnungsrede 1956: „Alle Aufträge, die wir ausführen, haben wir erst nach Augsburg geholt und niemand anderem vorher weggenommen." Vielleicht wollte er damit seinen Mitbürgern indirekt klar machen, dass er, der Flüchtling aus Sachsen, doch ein wenig cleverer war als viele der Alteingesessenen, die staunend feststellten, dass Curt Frenzel mit seiner Zeitung und der großen Druckerei aus ihrer Stadt nicht mehr wegzudenken war. Und noch einmal, wie so oft bei offiziellen Anlässen, wiederholte er sein Credo, nicht das Trennende zu betonen, sondern das Gemeinsame hervorzuheben: „Sachlichkeit ist immer noch die schärfste Waffe", sagte er und fuhr fort: „Der sachliche Ton, den wir anschlagen, das ist das ethische Grundprinzip unseres Blattes. Unsere Zeitung wird so gestaltet, dass sie als Familienblatt von jedermann gelesen werden kann. Die Eltern können unbesorgt ihren Kindern unsere Zeitung in die Hand geben. Wir gehören nicht zu jener Art von Presse, welche die Sensationen in den Vordergrund stellt ... wir haben erfolgreich in den letzten Jahren unser Prinzip hochgehalten und wir werden weiter danach arbeiten."

In einer Sonderbeilage zum Umzug in das neue Pressehaus wird in einer Mitteilung an die Leser eine Besonderheit der Zeitung erklärt, die in der deutschen Presselandschaft bis auf den heutigen Tag einzig und eine Erfindung Curt Frenzels ist. Er hielt nicht viel von Frauen, sein Bild von ihnen war eher ein tradiertes, von Politik verstünden sie nichts, sie läsen das Blatt von hinten, meinte er zu wissen, dort, wo die lokalen Nachrichten angesiedelt sind, während der

Das neue Verlagsgebäude der *Schwäbischen Landeszeitung* im Zentrum der Stadt wird 1956 eingeweiht. Platz für 460 fest angestellte Mitarbeiter.

Mann zur ersten Seite greife, wo die Politik zu Hause ist: „Um diesem Lesebedürfnis Rechnung zu tragen, haben wir unsere Zeitung so gestaltet, dass die letzte Seite immer die Hauptseite des lokalen Teils ist und die vorletzte sozusagen die zweite Seite der lokalen Nachrichten. Wenn der Mann die erste und die Frau die letzte Seite zuerst aufschlagen, dann treffen sie sich gewissermaßen in der Mitte unserer Zeitung." So viel inhaltliche und äußerliche Veränderungen die *Augsburger Zeitung* im Laufe der Jahre erfahren hat, an der Frenzel'schen Seitenaufteilung wird nicht gerüttelt – warum auch? Sie hat sich bewährt.

Den wohl wichtigsten Relaunch – auf Deutsch Neugestaltung – erlebte die Zeitung am letzten Oktoberwochenende 1959, vierzehn Jahre nachdem sie in Augsburg aus der Taufe gehoben worden war. „Unter neuem Namen grüßt Sie heute Ihre altgewohnte *Schwäbische Landeszeitung*". Der neue Name: *Augsburger Allgemeine*.

Viele Gründe haben für die Änderung des Namens gesprochen. Curt Frenzel war der dem Leser lieb gewordene verträumte Titel offen gesagt zu provinziell. Er drückte nicht aus, was er mit seinem Blatt verband: „Unsere Zeitung", so hieß es in dem Leitartikel zur Namensänderung, „soll eine Synthese sein zwischen Großstadtzeitung und Heimatzeitung." In einem Radiointerview erläuterte Curt Frenzel im Oktober 1965 noch einmal die Umbenennung: „Der Name *Schwäbische Landeszeitung* hatte zu gewissen Irrtümern geführt. Auf der einen Seite nahm man an, es würde sich um eine Zeitung für das Land bzw. die Bauernschaft handeln, auf der anderen Seite wurde der Name *Schwäbische Landeszeitung* in Norddeutschland vor allen Dingen so aufgefasst, als handele es sich um ein Organ, das in Württemberg erscheint."

Curt Frenzel griff mit dem Namen *Augsburger Allgemeine* zwar nicht nach den Sternen, aber dennoch sehr hoch. Denn, dies verhehlt er keineswegs, er knüpfte

Der neue Name *Augsburger Allgemeine* noch im Bleisatz. Die Erinnerung an Cottas berühmte Zeitung liegt auf der Hand.

damit an die berühmte *Allgemeine Zeitung* an. Sie wurde 1798 vom Verleger Cotta (1764–1833) gegründet, in Augsburg erlebte sie von 1810 an ihre Blütezeit. Unter Gustav Eduard Kolb (1798–1865), dem mächtigsten und einflussreichsten Journalisten seiner Zeit, mit Heinrich Heine als Pariser Korrespondenten, wurde sie zum Pflichtblatt für Politiker und Intellektuelle in Deutschland; sie wurde auch aufmerksam gelesen in den europäischen Staatskanzleien von Wien bis Berlin. Wie es in einer Enzyklopädie von 1990 heißt, war die *Allgemeine Zeitung* das einzige deutschsprachige Blatt, das im ganzen europäischen Raum Beachtung fand. Die Zeitung beeinflusste und prägte, was nicht übertrieben ist, während zweier Generationen Denken und Handeln fast des gesamten gebildeten Publikums in Deutschland. 1908 wurde sie still und glanzlos eingestellt.

„Solcher Ehrgeiz liegt uns fern", sagte Günter Holland, als er im Januar 1994 im Medienzentrum des Verlags eine Ausstellung über Heinrich Heine eröffnete. Günter Holland, Schwiegersohn von Curt Frenzel, seit 1970 Chefredakteur und schließlich Herausgeber der *Augsburger Allgemeinen*, stellte in seiner ruhigen, aber bestimmten Art dar, dass die *Augsburger* nicht die legitime Nachfolgerin der Cotta'schen *Allgemeinen Zeitung* sei, aber man widerspreche auch nicht, wenn sie in der liberalen Tradition der alten *Allgemeinen Zeitung* gesehen werde. So hat es letztlich wohl auch Curt Frenzel empfunden. In der ersten Ausgabe unter dem neuen Namen heißt es im Leitartikel: „Wir sind es der Pressegeschichte Augsburgs schuldig, den geografischen Standort zu nennen, also die Stadt, in der die Zeitung erscheint, und mit dem Zeitungsnamen *Augsburger Allgemeine* wollen wir zum Ausdruck bringen, dass wir es als oberstes Prinzip betrachten, der Allgemeinheit verpflichtet zu sein, und unsere Unabhängigkeit in jeder Beziehung zu wahren." „Und", so hieß es an anderer Stelle der Ausgabe, der neue Titel darf „als ein Bekenntnis zur ruhmreichen Tradition der alten Pressestadt

Augsburg gewertet werden ... Augsburg braucht sich nicht zu verstecken, auch im Zeitungswesen nicht."

Die Resonanz auf den neuen Namen war durchweg positiv. Unter den zahlreichen Stimmen, die das Pressehaus in Augsburg erreichten, war, so wird überliefert, nicht eine einzige, die die Wahl des neuen Titels nicht begrüßte. Der FDP-Vorsitzende Thomas Dehler meldete sich aus Bonn: „Ich meine es ist gut, dass Sie den in großer Zeit bewährten Namen der *Augsburger Allgemeinen* wieder aufnehmen. Eine verpflichtende Tradition." Ein Zeitungswissenschaftler aus Dortmund meinte: „Es gehört heute gewiss nicht wenig Mut dazu, eine eingeführte Zeitung umzunennen."

Einer allerdings meldete sein Unbehagen an. Dr. Otto Färber, Herausgeber der *Stuttgarter Zeitung*, der für kurze Zeit zu der kleinen Kerntruppe gehörte, die im Herbst 1945 die ersten Ausgaben der *Schwäbischen Landeszeitung* auf den Weg brachte, war stets ein engagierter Kämpfer für die Selbstständigkeit Schwabens. In seinem Brief an Curt Frenzel vom 20. November 1959 heißt es: „Ich habe auf das Tiefste bedauert, dass diese Namensänderung, die zugleich auch mit einer typografischen Änderung verbunden ist (die Fraktur im Titel wurde durch eine Grotesk-Schrift abgelöst, d. A.), vorgenommen wurde ... Persönlich war ich sehr betroffen darüber, dass ich, der ich seinerzeit den Namen *Schwäbische Landeszeitung* mit Erfolg in Vorschlag gebracht habe, so gänzlich überrascht worden bin ... Die Belassung des Titels *Schwäbische Landeszeitung* im Kopf der *Augsburger Allgemeinen* veranlasst mich darauf hinzuweisen, dass ich seinerzeit diesen Namen aus klaren Gründen als Haupttitel zur Verfügung gestellt habe und nicht als Untertitel. Ich bin überzeugt, dass die *Schwäbische Landeszeitung* einen gleichen Erfolg ohne ihren Titel und das damalige Programm nicht erreicht hätte. Ich wäre Dir dankbar, wenn Du aus moralischen Gründen den mir gehörenden

Titel *Schwäbische Landeszeitung* in seiner jetzigen Form zu meinen Gunsten aufgeben würdest." Diese Passage strich Curt Frenzel blau an und schrieb an den Rand des Briefes „Niemals". Und dabei blieb es.

Ein Blick auf die Karte genügt: Augsburg ist nur ein Fleck, ein großer zwar, in Bayerisch-Schwaben. Aber um die Stadt am Lech herum liegen zahlreiche Orte von historischer und wirtschaftlicher Bedeutung, ob sie nun Nördlingen heißen oder Donauwörth, Neuburg oder Dillingen, Wertingen, Landsberg oder Mindelheim, neben den vielen Dörfern und Flecken, wie Hofstetten und Fünfstetten, Ettenhausen und Zusmarshausen – sie alle gehören zum Verbreitungsgebiet der *Augsburger Allgemeinen*. „Die Zeitung bringt die Welt ins Haus / Wer Zeitung liest, der kennt sich aus / Ein jeder braucht sein Heimatblatt / Wohl dem, der unsere Zeitung hat", so hieß die gereimte Auflösung eines aufwendigen Preisausschreibens, das über Wochen mit der Umbenennung der Zeitung einherging, 30.000 Mark wurden insgesamt ausgelobt. Also Heimatblatt – schon von der ersten Ausgabe der *Schwäbischen Landeszeitung* an versuchte die Redaktion den Bedürfnissen der Leser in Schwaben gerecht zu werden, da die vielen alten Heimatzeitungen auf Geheiß der amerikanischen Militärbehörden nicht erscheinen durften und erst von 1949 an wieder ihr Geschäft betreiben konnten. Es war erklärte Politik von Curt Frenzel und seinem Verlagsdirektor Friedrich Füger, der bekanntlich aus Dritte-Reich-Zeiten die besten Verbindungen zu den alten Heimatverlagen hatte, in der Region das Zeitungsfeld selbst zu beackern, die traditionellen Heimatzeitungen möglichst zu schlucken, sie auf jeden Fall eng an sich zu binden.

In einem Beitrag über „Heimatzeitungen einst und heute" in jener Beilage, die 1956 anlässlich des Umzugs in die Ludwigstraße erschien, heißt es: „Die Heimatblätter der *Schwäbischen Landeszeitung* bieten im Gegensatz zu früher dem ländlichen Leser nicht nur aus eng begrenztem Raum das tägliche Geschehen, die Berichte über Stadtrat- und Gemeinderatsitzungen, Meldungen über Unfälle, die Familienchronik und dergleichen, sondern reihen an diese kleine Welt die große an." Der Autor zählt auf, was alles dazugehört, Berichte aus der Wirtschaft, aus dem Kulturleben, Interessantes aus aller Welt – kurz, das heimatliche Blatt wird zu einer Tageszeitung geformt, die den Leser im abgelegensten Winkel mit der großen Welt verbindet. Die Erfahrung in den vergangenen Jahren habe deutlich gezeigt, dass mit dieser Art der neuen Heimatzeitung eine Lücke im Zeitungswesen geschlossen werden konnte.

Die Leser nahmen diese neue Form der Heimatblätter aus dem Hause Frenzel an. Ein Dr. Falk aus Landsberg am Lech schrieb: „Wohl sind die Zeiten der „Gartenlaube" und dessen, was diesen Begriff als Lebensform und Haltung kennzeichnet, vergangen. Aber auch in einer Zeit der fortschreitenden technischen Perfektion, des Unerwarteten und Überraschenden, wohnt im Heimatblatt die Unmittelbarkeit zur regionalen und örtlichen Umwelt. Damit sei nicht gesagt, dass hier das Behäbige, hinterwäldlerisch Abgegrenzte den Vorrang habe, doch ist heute die zeitbewusste Pflege traditioneller Werte, des lokalen Klimas und Kolorits eine ebenso schwierige wie verantwortungsschwere Aufgabe."

Bertolt Füger, Enkel des Verlagsdirektors Friedrich Füger, konnte in seiner Magisterarbeit vom Mai 1997 über die „Pressestrukturen in Bayerisch-Schwaben nach 1945" auf die Erfahrungen seines Großvaters zurückgreifen (Friedrich Füger starb 1999) und es klingt durchaus plausibel, wenn er schreibt, dass Curt Frenzels Zeitung nicht zuletzt die Nase vorn hatte, weil ihr Konzept einer Synthese von einer modernen Großstadtzeitung mit einem ständig auszubauenden Heimatteil voll aufging. Die regionalen Altverleger konnten sich dem Sog, der von dieser Politik ausging, nicht entziehen. Sie mussten wohl oder übel mitspielen. Es war ihr Schaden übrigens nicht. Curt Frenzel machte ihnen Angebote, die sie zwar in der Regel ihrer publizistischen Kompetenzen beraubte, aber ökonomisch durchaus lukrativ waren.

Nachdem sowohl die Naumann'sche *Augsburger Tagespost* wie auch die Nachfolgerin, die *Neue Augsburger Zeitung* in der Stadt nicht hatten Fuß fassen können und Letztere Curt Frenzel ihren Titel überlassen hatte, entschloss sich die große Schwester aus der Landeshauptstadt, in die Stadt am Lech einzufallen. Am 1. März 1951 erschien die *Süddeutsche Zeitung* mit einem Augsburger Lokalteil. Curt Frenzel nahm die Konkurrenz gewiss nicht auf die leichte Schulter. Er hielt, so darf man vermuten, in seiner bekannten ruppigen, aber deutlichen Sprache seine Redakteure an, sich gefälligst anzustrengen. Die Süddeutschen hielten gerade mal ein Jahr durch, dann gaben sie ihre kostspielige Attacke entnervt auf. Die Augsburger blieben ihrer, damals noch „*Schwäbischen*", treu. Viele Jahre später, im März 1990, versuchte die *Münchner Abendzeitung* die Augsburger Festung zu stürmen. Auch sie holte sich eine blutige Nase und blies nach einem halben Jahr zum Rückzug.

Die Politik Curt Frenzels war darauf ausgerichtet, seinen Verlag konsequent auszubauen, aber auch gegenüber möglichen Konkurrenten zu verteidigen, was ihm die Amerikaner 1945 als Lizenznehmer zugestanden hatten. Da regierte er so, wie andere Zeitungsherzöge auch: Cuius regio, eius acta publica. Mit anderen Worten: Augsburg und Schwaben gehörten ihm, eine andere Zeitung hatte hier nichts verloren.

So nimmt es nicht wunder, dass Curt Frenzel aufs Höchste alarmiert war, als sich in den Sechzigerjahren am Horizont eine Veränderung der Zeitungslandschaft im benachbarten Allgäu abzeichnete und sich dort eine vermögensstarke Persönlichkeit ins Spiel brachte. Bislang verlegten in Kempten zwei Lizenznehmer den *Allgäuer*, Hans Falk und Caspar Rathgeb. Doch die beiden konnten auf Dauer nicht miteinander, in politischen Fragen waren sie diametral entgegengesetzter Meinung. Ihr Streit ließ sich nicht schlichten, eine Trennung war die Lösung. Im benachbarten Leutkirch sah Georg Fürst von Waldburg-Zeil, 36 Jahre jung, ehrgeizig, voller Tatendrang, überdies katholisch und konservativ, seine Stunde gekommen. Mit Hilfe seines agilen Generalbevollmächtigten Georg Dazert schlug er zu und erwarb von 1964 bis 1967 sämtliche Anteile am Verlag des *Allgäuers*.

Curt Frenzel konnte in der Übertragung der Gesellschafteranteile keinen normalen Geschäftsvorgang sehen. War dies nicht vielmehr eine Kriegserklärung des Fürsten an den aus Sachsen ins schöne Schwabenland hereingeschneiten Verleger? Schwebte Waldburg-Zeil womöglich vor, eine schwäbische Zeitung zu schaffen, die Bayerisch-Schwaben und Schwaben in Württemberg abdeckte? Und besaß der Fürst nicht Anteile an der *Schwäbischen Zeitung* in Leutkirch, wie auch Anteile am Augsburger Verlagshaus Haas & Grabherr, das 1950/51 die *Neue Augsburger Zeitung* herausgebracht hatte? Curt Frenzel sah, berechtigt oder nicht, Gefahren für seine Zeitung heraufziehen. Bestärkt wurde er von seinem Verlagsdirektor Friedrich Füger, der, wie sein Sohn Bernd sich erinnert, Curt Frenzel geraten haben will: „Angriff ist die beste Verteidigung. Wir müssen ins Allgäu gehen!"

Georg Fürst von Waldburg-Zeil, heute altersmilde und abgeklärt, drückt im Rückblick so etwas wie Verständnis aus, dass Curt Frenzel seine Beteiligung sowohl in Kempten als auch in Augsburg als Bedrohung empfunden hat. „Und so hat er uns in Kempten mit der Konkurrenz der *Augsburger Allgemeinen* überzogen. Das war ein langes Hin und Her. Aber letztendlich hat man sich geeinigt. Herr Frenzel hat die Hälfte und ich die Hälfte übernommen und so ist es bis auf den heutigen Tag."

In der einen oder anderen Arbeit von Zeitungswissenschaftlern wird dieses „lange Hin und Her" der „Zeitungskrieg im Allgäu" genannt. Auch im kollektiven Gedächtnis der *Augsburger Allgemeinen* ist der publizistische Wettbewerb Augsburg – Kempten als „Allgäuer Krieg" gespeichert. Noch gibt es Veteranen dieses Feldzugs, wie den späteren Chefredakteur der *Augsburger Allgemeinen*, Winfried Striebel, der sich an jene glorreiche Zeit erinnert, wie er als junger Kämpfer an die Front in Marktoberdorf abkommandiert wurde, wo er beweisen musste, dass er schneller und fixer war als sein Kollege vom *Allgäuer*, wo er, weil der Pfarrer ihn boykottierte, die Zeiten der Gottesdienste von der Kirchentür abschreiben musste und nächtens die Druckvorlagen in die Druckerei nach Augsburg fuhr. Das ihn lobende Telegramm des Verlagsdirektors war dann der verdiente Pour le Mérite.

Ein erster Versuch der Kriegsparteien, um im Bild zu bleiben, zu einem Ausgleich zu kommen, scheiterte 1964. Von Anfang an machte Curt Frenzel klar, dass er eine globale Lösung anstrebe, eine große Zeitung für Bayerisch-Schwaben unter dem Mantel der *Augsburger Allgemeinen*, dass er den Verzicht des Waldburgers auf jegliche Konkurrenz in Augsburg verlange und auch nicht gewillt sei, ihm eine Beteiligung an seinem Verlag einzuräumen. Ein Gespräch zwischen dem Fürsten und Curt Frenzel am 30. Oktober 1964 verlief im Sande, weil, wie Curt Frenzel in einem Brief an Bischof Stimpfle schrieb, der Waldburger „an den Anfang gemeinsamer Überlegungen unzumutbare Bedingungen stellte". Dr. Dazert, der Bevollmächtigte des Fürsten, verschärfte den Ton. In einem Brief von ihm an Friedrich Füger vom November 1964 heißt es, dass er Projekte ins Leben gerufen habe, „um für eine Konkurrenz-Zeitung in Augsburg über einen schlagkräftigen und leistungsfähigen Betrieb zu verfügen". Und er forderte eine Zusammenarbeit ein, „da die Alternative eben doch der Konkurrenzkampf, und zwar nicht nur im Allgäu ist".

Der Krieg, er zog sich hin. Kenner der Materie sind sich einig, dass die Qualität der im Allgäu konkurrierenden Blätter von beachtlichem Niveau war. Die Kämpfer an der Front überboten sich mit Erfolgen. Wer schießt schneller, wer trifft genauer, wer gewinnt neue Verbündete. Der eingesessene *Allgäuer* verlor zwar nur geringfügig an Auflage, doch die Augsburger gewannen dort, wo sie unter dem Namen *Allgäuer Tagblatt* angetreten waren, neue Leserschichten – gewisse Orte, wo alte Heimatverleger mit Kempten kooperierten, sparten sie aus taktischen Gründen aus. Augsburger Werber zogen über die Dörfer – „es wurde um jedes Dorf gekämpft", erinnert sich Fürst Waldburg-Zeil. Als besonders clever und geschickt erwies sich dabei der jüngste Sohn des Verlagsdirektors, Wolfgang Füger, der in seinen Semesterferien den Vogel abschoss und die meisten sogenannten Jahresscheine ablieferte. „Es war ein Zeitungskrieg, natürlich", erklärte der Fürst, „das hat uns beide eine Menge Geld gekostet, um es mal sehr profan auszudrücken."

Das Protokoll einer Konferenz im allgäuischen Biessenhofen, zu der Curt Frenzel seine Allgäuer Redakteure im Januar 1966 zusammengetrommelt hatte, zeigt, wie wichtig ihm das Allgäu war. Er lobt seine Truppe, fordert gleichzeitig hundertprozentigen Einsatz und gibt die Parole aus: „Wir sind im Allgäu. Wir bleiben im Allgäu. Wir sind aus dem Allgäu nicht mehr wegzudenken. Wir schließen keine Kompromisse!" Er hört sich an, was die kämpfende Truppe an Beschwerden vorzubringen hat, es geht, wie immer in Redaktionen, um mehr redaktionellen Platz, um anzeigenfreie Seiten. Curt Frenzel verlangt von seinen Leuten, sich intensiv um die Frauen zu kümmern, denn sie, die auf den Lokalteil fixiert seien, entschieden über das Abonnement der Zeitung. Und denkt an die „einfachen Leute", hämmert er den Redakteuren ein.

In einem umfangreichen Exposé vom Februar 1966 bittet Helmut Meyer, der im Allgäu für Vertrieb, Anzeigen und Werbung verantwortlich war, um mehr Unterstützung bei PR-Aktionen. Er nennt als Beispiel den Kemptner Presseball der Konkurrenz, der im Februar 1966 bereits zum fünften Mal über die Bühne gehe und das gesellschaftliche Ereignis im Allgäu sei. Helmut Meyer schreibt: „Ich habe am Abend des 12.2. eineinhalb Stunden lang von der gegenüberliegenden Seite aus die Anfahrt der Wagen und der Gäste beobachtet, einschließlich der Anfahrt des Fürsten in seinem Mercedes 600 Pullmann. Was im Allgäu Rang und Namen hat, war gekommen. Es ist dies Kontaktpflege auf höchster Ebene und Dokumentation einer Größe und Leistungsfähigkeit, die imponiert", schreibt er und setzt hinzu: „Mögen wir auch über die tatsächliche Situation besser im Bilde sein."

Die Kriegskassen waren zwar noch gut gefüllt, Fürst Waldburg-Zeil wie Curt Frenzel konnten jederzeit nachladen, doch die Vernunft gebot, den Händeln eine Ende zu bereiten. Es gab bemerkenswerte Versuche der katholischen Kirche, die Kontrahenten zum Ausgleich zu bewegen. Josef Stimpfle, Bischof von Augsburg, war Curt Frenzel ganz offensichtlich zugetan, viele Briefe bezeugen dies. In einem langen Schreiben Stimpfles an den Augsburger Verleger vom 28. August 1966 heißt es: „So sehr ich befürchten muss, dass sich die Vorstellungen der von mir hoch geschätzten Partner nicht vereinbaren lassen werden, so wenig will ich die Hoffnung endgültig begraben, dass eine Erfolg versprechende Zusammenarbeit zwischen Ihnen, sehr geehrter Herr Frenzel, und S. D. Georg Fürst von Waldburg-Zeil zustande kommen werde. ... Wie Sie wissen, habe ich mich in diese recht beschwerlichen und undankbaren Angelegenheiten allein aus seelsorgerlichen Beweggründen eingelassen in der Hoffnung, durch die angestrebte Großraumlösung unserem christlichen Volk zu dienen ... In dieser Gesinnung danke ich Ihnen für Ihr Bemühen, zu einer guten Lösung zu kommen, für die freundschaftlichen Begegnungen, die ich mit Ihnen hatte, und nicht zuletzt für die kirchliche Öffentlichkeitsarbeit Ihrer Zeitung. Mit verehrungsvollen Grüßen – Josef Stimpfle." „In Ehrerbietung" unterzeichnete Curt Frenzel seine Briefe an den Bischof, nachdem er „mit verbindlicher Empfehlung" aus dem Briefentwurf gestrichen hatte.

Im Sommer 1967 schließlich begannen ernsthafte Verhandlungen zwischen Fürst Waldburg-Zeil und Augsburg. Sie zogen sich ein gutes Jahr hin. Am Ende zeigten sich alle Beteiligten zufrieden. Curt Frenzel konnte guten Gewissens behaupten, sein Ziel erreicht zu haben. Seine Zeitung erschien jetzt im gesamten Regierungsbezirk Schwaben. Unter seinem Schirm im bayerischen Allgäu die *Allgäuer Zeitung* mit ihren verschiedenen Lokalausgaben, zum Teil in Kooperation mit alten Heimatverlegern, zusammengeschlossen im Allgäuer Zeitungsverlag, der je zur Hälfte Curt Frenzel und dem Fürsten Waldburg-Zeil gehörte.

Die Auseinandersetzungen hatten an den Nerven aller Beteiligten gezerrt. In einer heftigen, lautstarken Auseinandersetzung zwischen Friedrich Füger und Curt Frenzel ein halbes Jahr nach „Friedensschluss" behauptete Frenzel, er sei über den Tisch gezogen worden und fühle sich hereingelegt. Die Vorwürfe waren objektiv völlig unbegründet, Füger rechtfertigt sich auf fünf Seiten und rekapituliert noch einmal die Anfänge ihrer gemeinsamen Arbeit: „Als Sie mich 1948 engagierten, wo es zunächst darum ging, den unter Einbeziehung der Altverleger in Nord- und Mittelschwaben so sorgfältig hinter Ihrem Rücken gegen Sie vorbereiteten Konkurrenzkampf abzuwehren und Ihrem Verlag festes Fundament zu geben, und wenn ich nun Ihr heutiges Lebenswerk betrachte, für dessen Werden ich mit Ihnen die Hauptverantwortung trug, dann kann ich mich nur verzweifelt fragen, durch was ich mir die herben Vorwürfe verdient habe, mit denen Sie mich seit Monaten überschütten. Infolge Ihrer massiven Vorwürfe bin ich allmählich in den Zustand einer sich immer mehr steigernden

Depression geraten, die mich der akuten Gefahr eines gesundheitlichen Zusammenbruchs aussetzt." Friedrich Fügers „seelische Erschütterung" blieb folgenlos, offensichtlich hatte Curt Frenzel das nicht ganz unbegründete Gefühl, sein Geschäftsführer führe sich auf, als ob er der Herr im Hause sei und die Zügel in der Hand halte. Vieles spricht dafür, dass Frenzel sich von ihm trennen wollte.

„Er hat mich damals sehr beeindruckt. Leute wie er sind eigentlich die Leute, welche die Bundesrepublik groß gemacht hatten", erzählt der heute 80 Jahre alte Fürst Waldburg-Zeil über seinen einstigen Konkurrenten Curt Frenzel. Es ist bemerkenswert, was für ein Bild der Waldburger von Curt Frenzel zeichnet, ein Mensch, der ihm eher fremd vorgekommen sein muss. „Herr Frenzel kam aus einer ganz anderen Ecke als ich. Ich bin ein Sohn eines oberschwäbischen Fürsten, in die ganz behäbige katholisch-konservative Einstellung dieser Landschaft eingebunden; seit meiner Geburt immer am selben Ort gewesen. Und Herr Frenzel kam aus Sachsen. Er war evangelisch, er stand der Sozialdemokratie nahe."

Die Vorurteile des Fürsten bröckelten dahin, als er Frenzel kennenlernte: „Ich saß da jemandem gegenüber, der Gewicht hatte und der, wenn er etwas gesagt hat, gewusst hat, was er gesagt hat. Er war ungemein höflich, er war, wenn man will, auch wohlwollend mit mir. So wohlwollend, wie eben ein älterer Herr einem jungen Anfänger gegenüber ist. Ich habe ihn achten und schätzen gelernt." Und so ist es verständlich, dass es dem Fürsten peinlich war, als er über seinen Kammerdiener Frenzel einmal bestellen lassen musste, er könne ihn wegen einer starken Grippe nicht, wie verabredet, besuchen.

„Herr Frenzel war ein großer Mann, der in sich selbst geruht hat. Ich erinnere mich noch, es gab einen kritischen Punkt in unseren Verhandlungen", erzählt Fürst Waldburg-Zeil. „Ich bin überzeugter Katholik und ich will nicht in einer Zeitung mit dabei sein, die kirchenkämpferische Tendenzen vertritt. Herr Frenzel sah darin keine Schwierigkeiten. Es sei ganz selbstverständlich, dass die Kirchen bei uns auch einen bevorzugten Platz haben müssen. Im katholisch dominierten Allgäu müsse man eine Zeitung machen, die auch dorthin passt."

In § 2 des Vertrages, den Curt Frenzel und Fürst Waldburg-Zeil abschlossen, heißt es dann auch: „Gegenstand des Unternehmens ist der Verlag, die Herausgabe, der Druck und Vertrieb einer parteipolitisch und konfessionell unabhängigen, bewusst demokratischen Tageszeitung auf der Grundlage christlicher Weltanschauung ..."

„Herr Frenzel hat mich gebeten", fährt Fürst Waldburg-Zeil fort, „ich solle Rücksicht nehmen, dass Augsburg eine moderne Großstadt sei und man dort eine andere Zeitung machen muss, als man sie in Kempten machen würde. Aber das war mir selbstverständlich. Herr Frenzel, habe ich gesagt, Sie sind Könner genug, diese beiden Dinge auf einen Leisten zu bringen. Und er war Könner genug. Wenn man heute die *Augsburger Allgemeine* liest, so ist sie in vielem noch heute genau so, wie sie ihr Gründer verfasst hat. Und es ist eine Zeitung, die man in die Hand jedes überzeugten Christen legen kann, ohne dass er genötigt wäre, da Anstoß zu nehmen."

Was wird die Zukunft bringen? „Werden wir bei der jungen Generation noch auf das gebührende Verständnis stoßen mit einer Zeitung, die man umblättern muss?", fragt sich der Fürst, „was da auf uns zukommt – wie gut doch, dass unser guter alter Herr Frenzel das nicht mehr erleben muss!"

Also, wenn der gute alte Fürst sich da nicht irrt. Curt Frenzel konnte so schnell nichts erschrecken. Er hätte sich ganz sicher dem Umbruch im Zeitungsgewerbe gestellt – vielleicht sogar als einer der Ersten –, so wie seine Nachfolger, die Hollands, dann den Verlag zu neuen Ufern führten.

# Vater und Tochter

Curt Frenzel war kein Familienmensch. Frau, Tochter, Mutter, Schwiegermutter und Schwester konnten sich zwar sicher sein, dass er für sie sorgte und, soweit es seinen Vorstellungen nicht widersprach, erfüllte er auch ihre Wünsche. Aber ihre Nähe suchte er nicht zwingend, wenngleich das Verhältnis zu seiner Mutter ein enges war. Die Wärme eines heimischen Herds brauchte er nicht. Sein Leben war die Zeitung und zufrieden war er mit einer Bemme – schlicht einer mit etwas Salz bestreuten Butterstulle. Was an inländischen Blättern, aber auch französischen und englischen Zeitungen ihm unter die Augen kam, verschlang er und als das Fernsehen im Laufe der Jahre immer mehr Raum gewann, ließ er sich politische Sendungen nicht entgehen. Er konnte mit sich allein sein. Ob er sich auch manchmal einsam fühlte? Wahrscheinlich. Das Leben hatte ihn herb und herrisch gemacht, verschlossen und misstrauisch. Die Menschen, die ihn im Verlag umgaben, die dort arbeiteten, in der Redaktion oder in der Rotation, im Vertrieb oder in der Anzeigenabteilung, begegneten ihm mit Respekt, fürchteten ihn bisweilen, doch sie gaben ihm auch zu verstehen, sie fühlten sich zu einer Familie gehörend, deren Oberhaupt er sei. „Mit Papa Curt Frenzel an der Spitze" hieß es in einer Einladung zu einem „Betriebsfamilienausflug" im August 1951 nach Unterschondorf an den Ammersee. Fotografien zeigen das „Familienoberhaupt", wie er dort, ohne Jackett, aber mit Krawatte, konzentriert den Tischtennisschläger schwingt, und sie zeigen ihn, in sich gekehrt in Gedanken verloren, inmitten sich offensichtlich fröhlich amüsierender LZler und LZlerinnen, so nennen sich die Angehörigen der *Schwäbischen Landeszeitung*, mit aufgestützten Armen an der Kaffeetafel.

Die Fotografien jenes Ausflugs an den Ammersee zeigen aber noch etwas anderes: Ein Mitglied der immerhin schon 300 Kopf starken Familie stach heraus. Es war eine strahlend junge blonde Frau, auch schon mal im Badeanzug, immer im Kreis von diversen männlichen Familienangehörigen, die um ihre Aufmerksamkeit zu buhlen scheinen: Ellinor Frenzel, die bald 23 Jahre alte, einzige Tochter des Familienpatriarchen. Ellinor, ein helles Köpfchen, stets präsent, neugierig, fix, unternehmungslustig, kaum zu bremsen, so erscheint sie ihrer Umgebung. Und Ellinor Frenzel wird nicht im Traum daran gedacht haben, dazu war sie zu sehr mit Gegenwärtigem beschäftigt – eine Verlobung stand ins Haus, die dann allerdings nicht lange hielt –, dass sie 57 Jahre später, im September 2008, von einer über tausend Kopf starken Familie in einem großen Zelt auf dem Betriebsgelände gefeiert werden würde. Ihr 80. Geburtstag war der Anlass und sie genoss die Zuneigung, die ihr entgegengebracht wurde. Und stolz war sie, als ihr ein paar Wochen später vom frisch gekürten Ministerpräsidenten

Macht auch an der Platte eine gute Figur – der Chef beim Betriebsausflug in Unterschondorf am Ammersee.

des Freistaates in München der Ehrenpreis des Bayerischen Medienpreises verliehen wurde für ihre Lebensleistung als Verlegerin und Herausgeberin der *Augsburger Allgemeinen*, einer der an Reichweite stärksten Zeitungen in Bayern, für den Ausbau ihres Verlages zu einem modernen Medienunternehmen und nicht zuletzt für das Hilfswerk ihres Hauses, die Kartei der Not. „Sie hat Bayern positiv mitgeprägt", hieß es in der Laudatio, die der Chef der Staatskanzlei Siegfried Schneider hielt, „mitgeprägt als ein Land der Medien, mitgeprägt als ein Land des Unternehmergeistes, mitgeprägt als ein Land des sozialen Miteinander und Füreinander."

Es war ein weiter und wahrlich nicht immer leichter Weg gewesen, der die Hochgelobte und Vielgefeierte vor über 60 Jahren aus Dresden an die Spitze des von ihrem Vater geschaffenen Unternehmens führte. Die Tage werden ihr ein Leben lang präsent bleiben, als ihr Vater von der Gestapo in Chemnitz verhaftet wurde und sie ihn mit ihrer Mutter in der Dresdner Haftanstalt besuchte, ihn durch ein vergittertes Fenster sah, kahl geschoren und in einer gestreiften Hose und Jacke, wie sie gemeinhin Schwerverbrecher tragen mussten – sie war damals noch keine fünf Jahre alt. Und ebenso unauslöschlich bleibt die Erinnerung an jene Bombennächte, als englische und amerikanische Flugzeuge Dresden heimsuchten und die wunderschöne Stadt an der Elbe in einem Flammenmeer versank. Wenig später, sie war 16 Jahre alt, eroberten sowjetische Soldaten die sächsische Hauptstadt. Furcht und Schrecken verbreitend zogen sie durch Straßen, Häuser, Wohnungen und Keller, eine Spur der Gewalt hinter sich lassend – die Erinnerung an jene Tage begleitet Ellinor Frenzel wie ein düsterer Schatten, doch sie wird darüber nicht sprechen.

Sie gehört der Generation an, die den Krieg sehr bewusst erlebt hat. Ausgebombt in Berlin, als der Vater dort eine Arbeit gefunden hatte, Kinderlandverschickung nach Bansin auf Usedom nahe Peenemünde, zurück in Dresden, Schlüsselkind, die Mutter musste als Sekretärin verdienen, die Großmütter nahmen Ellinor unter ihre Fittiche. Sie war nicht jemand, der am Rockzipfel der Mutter hing, das Gegenteil schien der Fall zu sein, sie wusste sehr früh, was sie wollte, heraus aus der kleinbürgerlichen Enge, in der sie aufwuchs. „Wir müssen hier raus!" In der Sandkiste versetzte sie ihre Spielgefährten in Angst und Schrecken, wenn sie sich mit der Schaufel im Kreis drehte und sich diebisch freute, wenn die anderen vor Angst davonstoben. Der Vater war nicht jemand, der mit seiner Tochter tobte oder spielte oder gar sonntagnachmittags mit Frau und Kind durch den Tiergarten oder in den Elbauen spazieren ging. In ihrer Erinnerung bleibt er der Mensch, der stets hinter einer Zeitung verschwand und nicht gestört werden wollte. Aber er schickte, für Sport hatte er ein großes Herz, Ellinor aufs Eis in dem Sportpalast in der Potsdamer Straße. Aus dem sportlichen Mädel sollte eine Eisprinzessin werden. Obwohl durch die Umstände knapp bei Kasse, ließ er sich ihre Trainingsstunden etwas kosten – und Ellinor enttäuschte nicht, sie wurde eine sehr gute Schlittschuhläuferin.

Der Krieg griff in viele Lebensläufe mit aller Brutalität ein. Curt Frenzel verdingte sich zuletzt bei der deutsch-griechischen Warenausgleichsgesellschaft, Frau und Tochter gingen zurück nach Dresden. Mai '45 – Ellinor und ihre Mutter, die beiden Großmütter hatten das Inferno der Bombennächte und das Ende des Krieges überlebt. Schließlich sollte ein Streifband mit einer Zeitung aus Augsburg, das in den ersten Novembertagen im Briefkasten ihrer Dresdner Wohnung lag, das Leben von Ellinor und ihrer Mutter von Grund auf umkrempeln.

Die gerade 17 Jahre alt gewordene Ellinor Frenzel erwies sich nun als die wahre Tochter ihres Vaters. Sie nahm das Heft in die Hand. Augsburg – nie gehört. München – ja. In den Ferien, in die Sommerfrische, fuhren Sachsen gewöhnlich an die Ostsee oder ins Erzgebirge. Aber Augsburg? Nun gut, dann auf in die Stadt am Lech! Das resolute Mädel meisterte die von vielerlei bürokratischen Hürden begleitete Übersiedlung von der sowjetisch besetzten Zone in die amerikanische. Sie besorgte die notwendigen Unterschriften, der erste sächsische Ministerpräsident Rudolf Friedrichs, Freund Curt Frenzels aus schwerer Zeit, half. Auf der abenteuerlichen Reise, es gab ja noch lange keinen geregelten Bahnverkehr, fand sie, ellbogenstark, stets die richtigen Transportmittel, Lastwagen, Güterzüge, die Mutter in ihrem Schlepptau. Über Plauen nach Hof, wo sie sich, horribile dictu, erst einmal einer Entlausungsprozedur unterziehen mussten. Die Amerikaner, hygienebewusst, fürchteten, Neuankömmlinge, zumal aus dem Osten, würden die Pest einschleppen. Schließlich München und Augsburg. Die Mutter bittet vor dem Bahnhof einen Passanten um Münzen, sie wählt im Telefonhäuschen die Nummer ihres Mannes. Der kommt wenig später in einem sportlichen BMW vorgefahren, dahinter ein Jeep. Seine erste Frage mit einem Blick auf die armselige Habe der beiden, Rucksack und Tasche: „Wo ist euer Gepäck?"

Von Dresden nach Augsburg, von der Elbe an den Lech, von den Russen zu den Amerikanern. Es war eine gewaltige Umstellung für die junge Ellinor Frenzel. Und sie spürte, wie die vielen Tausende von Zugereisten und Flüchtlingen, die das Schicksal nach Bayern verschlagen hatte, dass sie hier nicht gerade willkommen war. Da war es auch keineswegs von Vorteil, dass ihr Vater als Chefredakteur der einzigen Augsburger Zeitung eine maßgebende Figur in der Stadt war. Im Gegenteil, Ellinor Frenzel erfuhr, wie ihr Vater gegen die Vorurteile der Einheimischen zu kämpfen hatte. Sie sah aber auch das enorme Pflichtenpensum, das ihm aufgebürdet worden war – nicht nur die Zeitung zu machen und zu verantworten, sondern in Bad Nauheim auch noch die Nachrichtenagentur zu managen. Heiße Ziegelsteine packte die Tochter ihrem Vater ins Auto, wenn dieser sich winters bei eisiger Kälte in den Taunus chauffieren ließ.

Die Amerikaner hatten für Curt Frenzel in der Innenstadt eine geräumige Wohnung requiriert, Ellinor und ihre Mutter fühlten sich dort wohl. Mit der gleichen Bestimmtheit, wie der Vater in der Redaktion seine Entscheidungen traf, entschied er, Ellinor müsse auf das traditionsreiche Maria-Theresia-Gymnasium gehen, eine reine Mädchenschule, zudem stark naturwissenschaftlich ausgerichtet, was der musisch begabten Ellinor arg contre cœur ging. Zudem musste sie auf Geheiß ihres Vaters wieder aufs Eis. Es wurde schließlich ein wenig zu viel. Schule in Augsburg, Trainingsstunden in München – die Zugverbindungen dorthin waren noch eher zufällig – der Direktorin des Gymnasiums blieb nicht verborgen, dass ihre Schülerin überfordert war. Es half nichts, dass Ellinor sich beim Schreiben eines Hausaufsatzes von ihrem schreibkundigen Vater helfen ließ, denn das brachte ihr ein: „Fräulein Frenzel, Sie haben das Thema verfehlt!" Auf Intervention der Direktorin fügte Curt Frenzel sich ins Unvermeidliche, das Abitur sollte Vorrang haben und so sehr es ihn schmerzte, Ellinor hängte ihre Schlittschuhe an den Nagel und sagte den Bayerischen Meisterschaften Ade.

Im Sommer 1947, 18 Jahre alt, bestand Fräulein Frenzel die Reifeprüfung und die Wahl, eine Abiturzeitung zusammenzustellen, fiel zwangsläufig auf sie, auf die Tochter des Augsburger Zeitungsmachers. So offensichtlich, wie es im Nachhinein scheint, war es damals nicht, dass Ellinor Frenzel sich dann auf der Universität in München in das Fach Zeitungswissenschaften einschrieb. Es war dies aber ein Bereich, der keinen Numerus clausus hatte, und es war zudem ihr brüderlicher treuer Freund Fred Hepp, jener begabte erste Volontär der *Schwäbischen Landeszeitung*, der sich des Wohlwollens von Curt Frenzel sicher war und ihr riet, dieses Fach zu wählen, das auch er studierte. „Er hat mich geprägt und geführt", erinnert sie sich.

Noch immer wohnte Ellinor bei ihren Eltern. Curt Frenzel dachte nicht daran, seiner Tochter in München eine kleine Wohnung zu mieten, obwohl die *Schwäbische* so viel abwarf, dass er ihr das Leben getrost etwas einfacher hätte machen können. Aber das genau wollte er nicht. So wenig, wie er in seiner Jugend auf Rosen gebettet war, vielmehr sich hatte mühsam durchbeißen müssen, so wenig mochte er seiner Tochter die Wege glätten. Zumal er streng darauf achtete, dass sie gleichsam ein klösterliches Leben führte. „Mit Freunden und Jungs und so, da war nicht viel drin bei mir", weiß Ellinor Holland zu erzählen. Es waren sittenstrenge Zeiten und allenfalls besagter Fred Hepp fand Gnade vor den Augen des Patriarchen. Schließlich erlaubte er seiner Tochter, tagsüber während der vorlesungsfreien Zeiten ein Zimmer mit Thea Lethmair zu teilen, die in Zeitungswissenschaften promovierte und später in die Kulturredaktion der Augsburger Zeitung eintrat.

Ellinor Frenzel hörte Vorlesungen bei Karl d'Ester (1881–1960), neben Emil Dovifat (1890–1969) in Berlin einer der Väter der deutschen Zeitungswissenschaft. D'Ester war übrigens mit einem großen Aufsatz über „Augsburg als Zeitungsstadt" dabei, als die *Schwäbische Landeszeitung* am 30. Oktober 1945 aus der Taufe gehoben wurde. Er schlug einen großen Bogen von den Fuggerzeitungen über Cottas *Allgemeine Zeitung,* brachte es allerdings fertig, in seinem Beitrag Heinrich Heine, den Paris-Korrespondenten Cottas, mit keinem Wort zu erwähnen. Ellinor Frenzel hätte gerne, wie Fred Hepp, bei dem liebenswerten Professor promoviert, der die Doktoranden in seiner Wohnung prüfte, doch als sie sich im Dezember 1951, 23 Jahre alt, mit dem aus Berlin stammenden gut aussehenden und charmanten Buchverleger-Sohn Franz Joachim Schneider („Kinder

Sehen und gesehen werden – Porträt der Herausgeberin als junge Dame.

lieben Schneider-Bücher") verlobte, hielt dieser eine Promotion für überflüssig, das Staatsexamen reiche aus.

Mit dem Entschluss Ellinors, in München Zeitungswissenschaften zu studieren, stand fest: Die Tochter des Chefredakteurs und Verlegers wird in die Fußstapfen ihres Vaters treten. So sahen es beide, auch wenn ihre Beziehung in den folgenden Jahren vielerlei Spannungen und Belastungen ausgesetzt war. Zwei ähnliche Charaktere stießen aufeinander, der willensstarke und eigenwillige Vater auf eine ebenso geprägte Tochter. Ellinor begann bald, neben ihren Studien und nicht zuletzt um ihr karg bemessenes Taschengeld aufzubessern, in der Zeitung mitzuarbeiten. Mit gutem Grund konnte der Chefredakteur der *Augsburger Allgemeinen*, Rainer Bonhorst, in einem Grußwort zum 80. Geburtstag von Ellinor Holland feststellen: „Sie ist eine von uns." Sie begann unter Willibald Eser in der „Schwabenredaktion", also in dem Teil, der die Nachrichten und Berichte aus der Provinz zusammenstellte. In der Erinnerung war dies eine harte, eher unangenehme Schule. Sie musste klitzekleine Nachrichten verfassen, die vor den Augen des ungeliebten Herrn Eser selten Gnade fanden. Bald wechselte sie – und dies entsprach ihren Neigungen – ins Ressort Unterhaltung.

Hier, unter der Ägide von Georg Joseph Speckner, fängt sie an zu schreiben, Seiten zu gestalten und Themen zu finden. Während ihr Vater auf der politischen Weltbühne die journalistische Klinge schlägt und sich dem christlich-demokratischen Bundeskanzler Konrad Adenauer nähert, nimmt sie sich des menschlich Allzumenschlichen an. Sie trifft, ob in Buchrezensionen oder Filmkritiken, einen persönlichen Ton, ohne dabei das pointierte Urteil zu scheuen. Sie ist mit Beiträgen auch dabei, als die *Schwäbische Landeszeitung* drei Jahre nach ihrem Erscheinen eine Sonntagsbeilage herausbringt, „Der Feierabend". Sie soll, so heißt es in der Ankündigung, „mit dazu beitragen, Unterhaltung für besinnliche Stunden zu geben". Im Übrigen hatte der Entschluss, diese Beilage, ein eher schmalbrüstiges Blättchen, herauszugeben, auch einen geschäftspolitischen Grund. „Der Feierabend" wurde gedruckt bei der Firma Haas & Grabherr, dem traditionsreichen Unternehmen, das in der Pressegeschichte der Stadt einen besonderen Platz einnahm. Mit dem Druckauftrag band Curt Frenzel jenes Unternehmen an sich, das er schließlich, um jede Konkurrenz auszuschalten, Jahre später kaufte. Ellinor Frenzel zeichnete ihre Beiträge im „Feierabend" mit ef, später wird sie aus Paris für die *Augsburger Allgemeine* – der „Feierabend" war mittlerweile eingestellt worden – über die großen Modeschauen berichten, verfasst mit leichter Hand.

Die Verlobung hielt nicht lange. Es war Ellinor, die sie für beendet erklärte, sie fühlte sich zu sehr bevormundet und an die Kette gelegt. Curt Frenzel war's nur recht. Ihn hatte diese Verbindung stets gestört. Und plötzlich zeigte er sich großzügig. Eine anvisierte Mittelmeerreise, um „den Kerl zu vergessen", schlug sie aus, ebenso wie den Pelzmantel – der Vater konnte schon recht unsensibel und arg klischeehaft reagieren. Dafür war er sofort bereit, seiner Tochter einen Aufenthalt in Montreux, in der französischen Schweiz, zu finanzieren. Sie wollte unbedingt Französisch lernen und traf mit diesem Wunsch bei ihrem Vater auf ein geneigtes Ohr. Der, frankophil von Jugend an und ein sauberes Französisch parlierend, war hocherfreut und schenkte ihr, sich selbst übertreffend, ein Volkswagen-Cabriolet, mit dem die junge Dame über die Alpen gen Montreux fuhr, wo sie ein wunderschönes Jahr genoss und sich ein Französisch aneignete, das sie nie wieder verlernen sollte.

Nach diesem Jahr traf sie in Paris ihren Vater. Wenn seine Tochter an ihrem Plan festhielt, den Journalismus zu ihrem Beruf zu machen, was ihn in gewisser Weise stolz machte, so sollte sie aber unbedingt die Arbeit in einer Nachrichtenagentur kennenlernen. Curt Frenzel, wie jeder gute Journalist der puren Nachricht verschworen, arrangierte bei dem Pariser dpa-Büro eine Art Schnupperkurs für sie. Ellinor fand Gefallen an der Arbeit mit harten Fakten. Für den Vater, der beträchtlichen Einfluss bei der Deutschen Presseagentur als Mitglied des Aufsichtsrats besaß, war es schließlich ein Leichtes, zu erreichen, dass die Agentur für vier Wochen seine Tochter in der Hamburger Zentrale schulte und sie dann auf den Weg nach Paris schickte. Hier tummelte sie sich auf vielen Feldern. Einerseits musste sie die französischen Zeitungen auswerten, andererseits ihre Augen und Ohren offen halten, wenn deutsche Politiker Paris besuchten – kurz, sie wurde ins Wasser geworfen und musste sich über demselben halten. Abseits ihrer Arbeit eroberte sie sich – ältere Kollegen nahmen sie gelegentlich an die Hand – die Metropole. So oft wie damals war sie nie wieder im Louvre oder in Versailles.

Eineinhalb Jahre war sie in Paris, sie lebte von dem recht schmalen Gehalt, das die Agentur ihren Anfängern bezahlte, als ein SOS ihrer Mutter aus Augsburg sie erreichte. Im Hause Frenzel hing der Familiensegen mehr als schief, die Ehe drohte auseinanderzubrechen. Ellinor kündigte bei dpa und warf sich in das familiäre Getümmel. Die Ehe war gerettet, doch der Vater nahm die Einmischung seiner Tochter so übel, dass er ein halbes Jahr kein Wort mit ihr wechselte. Bis es in seinem Büro zu einer großen Aussprache kam, die in Ellinor Frenzels Leben zu einer entscheidenden Wende führte. Auf ihr Versprechen, nicht zu heiraten – die junge Frau gab es, ohne viel nachzudenken –, war Curt Frenzel bereit, ihr eine Ausbildung zu garantieren, die sie schließlich befähigte, eines Tages an seiner Stelle den Verlag zu führen.

Über das Haus Axel Springer in Hamburg, wo sich praktisch keiner um die Volontärin kümmerte, setzte Curt Frenzel 1954 seine Tochter in Richtung Essen in Marsch, wo sie sein Freund Erich Brost, Mitverleger der *Westdeutschen*

*Allgemeinen Zeitung (WAZ)*, neben Georg Haindl, dem Augsburger Papierfabrikanten, und dem Ulmer Verleger Karl Ebner einer der wenigen, die er duzte, durch die verschiedenen Verlagsabteilungen schleuste. Bei der Akquirierung von Anzeigen legte sie ein besonderes Talent an den Tag, in der Buchhaltung weniger. Zu einem Eklat kam es, als in einer von der *WAZ* gedruckten Kundenzeitschrift der Konsumgenossenschaft die Lösung eines Kreuzworträtsels hieß: „Die kluge Hausfrau kauft bei Edeka". Die Konsumleute schäumten. Der lukrative Druckauftrag war perdu. Fräulein Frenzel, so hieß es auf den Fluren, habe alles verbockt und den Edeka-Text weitergegeben. Schließlich stellte sich heraus, der Werbeleiter war das Karnickel gewesen, doch für ein Weilchen hieß die Verlagsvolontärin nicht Fräulein Ellinor Frenzel sondern Fräulein Edeka.

Für die Augsburger Verlegertochter war die Zeit im Essener Verlagshaus im besten Wortsinn keine verlorene Zeit. Sie lebte dort auf, wurde umschwärmt und schloss Freundschaften, die ein Leben lang hielten. Da war Wolfram Siebeck, der begabte und originelle Zeichner und Illustrator, der zum unbestrittenen und scharfzüngigen Kritiker der europäischen Küche wurde, mit Erika Vaupel an seiner Seite, einer feinsinnigen Künstlerin. Michael Lentz (1926–2001) gehörte zu dem Kreis, Film- und Literaturkenner, ein heiterer Freigeist, der zu einem anerkannten Drehbuchautor wurde, Günter Müggenburg (1926–2002) mit seiner Frau Erika, politischer Redakteur, dessen Weg zur ARD führte und der als Korrespondent aus Asien und Washington berichtete, Peter Merseburger, der gleichfalls die politische Berichterstattung der ARD mitprägte, gehörte dazu wie auch Emil Bölte, der später als Korrespondent aus Moskau, Washington und Paris berichtete. Wohl auch der politische Redakteur der benachbarten *Neuen Ruhr Zeitung* Jens Feddersen schloss sich dem Kreis an. Es waren wilde Zeiten, man zog nach Redaktionsschluss durch die Kneipen der Ruhrmetropole, zechte und plante das Leben. Der leibesstarke und leicht ins Schwitzen geratende Feddersen schickte der Verlegertochter rote Rosen, was Curt Frenzel, davon in Kenntnis gesetzt, imponierte. Doch Ellinor Frenzel entwand sich dem Werben des späteren Dauergastes in Werner Höfers Frühschoppen. Es war ein junger hübscher Kerl, dunkles volles Haar, mit einer grünen, weißgepunkteten Krawatte, der und kein anderer hatte es ihr angetan. Sie traf auf ihn im Fahrstuhl – es war ein coup de foudre. Auf ihrer Seite hatte es sofort eingeschlagen – doch es dauerte nur ein kleines Weilchen, bis auch er Feuer fing. Man zog zusammen. Ellinor Frenzel setzte sich in den Zug nach Augsburg.

Es war ein hartes Stück Überzeugungsarbeit und dauerte seine Zeit, dem Vater den von ihr Auserwählten schmackhaft zu machen, Günter Holland, politischer Redakteur der *WAZ*. Curt Frenzel bockte und grummelte, das war wider die Verabredung. Doch schließlich entschloss er sich zu dem bemerkenswerten, filmreifen Satz: „Ich bin schon froh, dass Du keinen Zirkusreiter anbringst." Und er fügte drohend hinzu: „Verlange ja nicht, dass ich diesen Menschen je im Leben duze!" Am 15. Juni 1956 heirateten Ellinor Frenzel und Günter Holland standesamtlich in Essen, kirchlich wurden sie wenig später in Augsburg getraut. Curt Frenzel machte dies nicht publik, er ließ doch wirklich während der Trauzeremonie, ein Dutzend Gäste waren dabei, die Kirche absperren, er fürchtete dummes Geschwätz unter den katholischen Honoratioren der Stadt, dass diese noch einen Grund mehr hätten, über den „roten Frenzel" zu lästern, der Schwiegersohn ein Evangelischer, dazu noch von einer sozialdemokratischen Zeitung aus dem Ruhrpott. Da half auch Hollands Beiname „Count" nicht, den ihm seine Freunde verpassten, was ganz sicher mit seiner Liebe zu Count Basie und dem Jazz zu tun hatte, aber wohl auch dem aristokratischen Auftreten Günter Hollands geschuldet war.

Günter Holland ist gut gerüstet für den Beruf des Journalisten. Er hat gerade noch den Krieg als Seekadett heil überstanden, als er in Münster bei Professor Walter Hagemann (1900–1964), neben Dovifat und d'Ester der dritte große Lehrer einer ganzen Journalistenkohorte, zu studieren beginnt. Günter Holland, der später die Leitung der *Augsburger Allgemeinen* übernehmen wird, ist „ein Beispiel, dass das Studium der Publizistik der Karriere nicht im Wege stand", meint Walter J. Schütz, vielfacher Autor von wissenschaftlichen Beiträgen zur Zeitungsgeschichte. „Holland zählt zu den neun Chefredakteuren großer deutscher Tageszeitungen unter den ‚Hagemann-Kombattanten'", schreibt Schütz, der selbst mit Holland in Münster studiert hat.

Noch war die Zeit nicht reif, nach Augsburg zu wechseln, in die Arme des Vaters und Schwiegervaters. Das junge Paar blieb in Essen, die Freunde freuten sich. Doch Ellinor – nun Ellinor Holland – ließ nicht locker, ihr stand der Sinn nach Paris. Curt Frenzel war dies mehr als recht, denn er liebte ja das Land der Franzosen. Sein Schwiegersohn kündigte bei der *WAZ* und nach einer kurzen Einweisung in die Augsburger Zeitungsgepflogenheiten zogen die Hollands 1958 in die Stadt an der Seine, er als Korrespondent für die *Augsburger Allgemeine*, aber auch für die *WAZ* und andere Zeitungen. Der frischgebackene Korrespondent Holland – seine französischen Kenntnisse waren noch ebenso rudimentär wie sein Fußballwissen – musste als Erstes im Oktober '58 nach Augsburg über ein Länderspiel berichten, bei dem Helmut Haller, Sohn der Stadt, leider kein Tor schoss. „In der 18. Minute hatte Deutschland Pech, als Haller mit einem Bombenschuss nur die Latte traf."

Es war die Zeit de Gaulles und des Algerienkonflikts. Günter Holland hatte viel zu berichten und kommentieren, während seine Frau – „unsere Pariser Mitarbeiterin" – schwungvoll und mit erkennbarer Freude von der Modeszene berichtete und feststellte, dass Dior gegen den Strom schwimme, während Yves Saint Laurent das Publikum so fessele, dass es die hohe Politik vergesse. Es waren unbeschwerte Jahre, an die die Hollands später, als sie in Augsburg Verantwortung übernehmen mussten, mit einer gewissen Wehmut zurückdachten. Das Paris der Fünfzigerjahre vibrierte, Sartre, Simone de Beauvoir und die Existenzialisten gaben den Ton an, Bernard Buffet war der Malerstar, die Musik spielte in Paris, die Piaf sang und für die Freunde und Akteure des Jazz war die Stadt ein Mekka. Und noch war Montmartre nicht zu einem Klischee verkommen. Gelegentlich schaute auch der frankophile Vater vorbei, wenn gerade ein größeres außenpolitisches Ereignis bevorstand, und lud ins „Jour et Nuit" ein, ein besseres Lokal in einer Nebenstraße der Champs-Elysées.

Die vier Pariser Jahre nehmen ein abruptes Ende, als 1962 den Hollands aus Augsburg signalisiert wird, ihre Anwesenheit sei vonnöten. Der 62 Jahre alte Curt Frenzel kränkelt, die harten hinter ihm liegenden Jahre haben ihre Spuren hinterlassen. Also adieu Paris – ein neues Kapitel im Leben der Hollands beginnt. Es werden bis zum Tode Curt Frenzels im Jahre 1970 quälende Jahre, die das junge Paar fast verzweifeln lassen. Der Patriarch lässt seinen Schwiegersohn, dem er die Pflichten eines Chefs vom Dienst aufgebürdet hat, fühlen, dass er ein Ungeliebter sei. Er schurigelt ihn – oft auch vor den Augen und Ohren anderer. Objektive Gründe hatte er keine, er war halt schlicht eifersüchtig auf den gut aussehenden, sich beherrschen könnenden Holland. Curt Frenzel hatte im Grunde seines Herzens nicht verwunden, dass sein einziges Kind, das ihm nachfolgen sollte, wofür er seiner Meinung nach alles getan hatte, ihm nicht blindlings folgte, sondern seinen Weg mit einem anderen machte.

So sehr Ellinor Holland ihren eigenen Kopf hatte und ihren eigenen Weg ging, dem Vater Paroli bot, wo immer sie es für angebracht hielt, so wusste sie andererseits auch, dass Tochter des großen Frenzel zu sein ihr auch bestimmte Pflichten abverlangte und Arbeiten auferlegte. Eine dieser Aufgaben, die sie übernahm, die zu ihrer Herzensangelegenheit im wahrsten Wortsinn wurde und die sie mit dem ihr eigenen Elan zu einer Erfolgsgeschichte powerte, war die Weihnachten 1965 als Leserhilfswerk begonnene „Kartei der Not und des Elends in Schwaben", die heute als „Stiftung Kartei der Not" von ihr als Vorsitzende des Kuratoriums geführt wird. Jährlich bringen die Leser der Zeitung rund eine Million Euro auf, bislang wurden über 30 Millionen Spendengelder an Bedürftige – sie müssen im Verbreitungsgebiet der Zeitung leben – verteilt. Das Kapital der Stiftung beträgt über drei Millionen Euro. Dieses in Bayern immer wieder gewürdigte Werk ist, ohne zu übertreiben, allein auf den entschiedenen und professionellen Einsatz von Ellinor Holland zurückzuführen, die sich da ganz als die Tochter Curt Frenzels zeigte: durchsetzungsstark und entscheidungsfreudig.

Die Geschichte dieser Einrichtung reicht weit zurück in die Gründungszeit der *Schwäbischen Landeszeitung*. Als Curt Frenzel nach Kriegsende die Verantwortung für das Blatt übernahm, war die Not in Stadt und Land groß. Hunger und Kälte setzten Kindern und Alten zu. Flüchtlinge hausten ohne Habe in Baracken. War die große Politik auch Curt Frenzels ureigenstes Feld, so fand er, dass die Überwindung der Not, die der Krieg hervorgerufen und hinterlassen hatte, die wichtigste Aufgabe sei, welche die Politik derzeit zu lösen habe. Gelinge dies nicht, könne auch das „Sehnen des Volkes nach einem dauerhaften Frieden nicht sichergestellt werden", schrieb er, als er eine Sozialredaktion einrichtete. Das war damals ungewöhnlich für eine Zeitung, die in der Regel an der klassischen Ressorteinteilung festhielt: Politik, Wirtschaft, Sport und Kultur. Seit 1948 erschien nun regelmäßig eine sozialpolitische Seite, die erste im gesamten

Bundesgebiet. Sie wurde von Bernhard Eichler redigiert. 1956, als der Zeitungsverlag sein neues Gebäude in der Ludwigstraße bezog und aus diesem Anlass eine Sonderbeilage veröffentlichte, schrieb Eichler: „Wir kennen die Not der vergangenen Jahre, wir kennen die Not der Gegenwart. Fast 80.000 Briefe haben sich in unserer Redaktion mit ihrer Abteilung ‚Rat und Auskunft' angesammelt, die diese Not darstellen ... ‚Not ist unsere Aufgabe' wird darum immer unsichtbar über dem Eingang unserer Sozialredaktion stehen." Die Sozialredaktion verstand sich als eine „Brücke des Vertrauens" zwischen der Zeitung und den öffentlichen Behörden. „Für Ihre gütige Mithilfe anlässlich der Erledigung meiner Schadensanträge beim Besatzungskostenamt danke ich herzlich", schrieb ein Leser und ein anderer: „Ihr Rat, beim Arbeitsamt Einspruch zu erheben, war sehr gut. Ich erhielt 154,– DM zurückerstattet."

Die Sozialseite behauptete sich. Siebzehn Jahre später, 1965: Die Bundesrepublik präsentiert sich der Welt als Wirtschaftswunderland. Es geht allenthalben bergauf, es wird konsumiert, doch wer genau hinschaut, sieht Menschen, die am Rande zurückbleiben, Kranke, Invaliden, Junge und Alte, die sich nicht selbst helfen können, Menschen, die arm dran sind, weil ihnen vieles zum Leben fehlt. Curt Frenzel zögert nicht lange. Als ein Mann, dessen Herz auf dem rechten Fleck schlug, und als einer, der sich als sozialer Demokrat verstand, appellierte er zu Weihnachten 1965 an seine Leser, sich großzügig zu zeigen. „Aktion Weihnachtsfreude für Gelähmte" hieß die Überschrift über einem Artikel, in dem der Reporter und spätere Chefredakteur Winfried Striebel das Elend jener beschrieb, die sich ohne fremde Hilfe nicht fortbewegen können. Über 16.000 Mark gingen damals ein und eine Unmenge an Sachspenden. Die Weihnachtsaktionen wurden in den folgenden Jahren fortgeführt, es gelang, sie bald auf Geldspenden umzustellen. Der Kreis derer, die bedacht wurden, wurde ausgedehnt auf alle, denen es schlecht ging und die sich nicht selbst helfen konnten. Im Laufe der Jahre hatte sich das Gesicht der Armut verändert, das alte Mütterchen, das winters einen Mantel braucht, wurde abgelöst von der alleinerziehenden Mutter, die die Heizkosten für die Wohnung nicht aufbringen kann. Die Armut wurde immer jünger.

Als Ellinor Holland nach dem Tod des Vaters 1970 das Leserhilfswerk in ihre Hände nahm, wurde aus dem Weihnachtsaufruf eine sich über das ganze Jahr erstreckende Aktion. Sie erreichte, dass die Lokalredaktionen von Neuburg bis Immenstadt mitzogen. Diese begleiteten örtliche Benefizaktionen mit Beiträgen auf ihren Seiten, vom Rodeoreiten auf wilden Bullen in Aichach bis zu dem Auftritt der drei Galatenöre in Donauwörth, die für die „Kartei der Not" ihre Stimme erhoben. Sie berichten über Schafkopfspieler, die ihren Gewinn nicht in die eigene Tasche steckten, und über Schützen, die für einen guten Zweck ihre Treffsicherheit übten. Und sie setzen immer wieder aus eigener Initiative Aktionen in Gang.

Das nun über 40 Jahre alte Hilfswerk hat neben anderen karitativen Einrichtungen in Schwaben einen festen, nicht mehr wegzudenkenden Platz eingenommen. Es bindet darüber hinaus, beabsichtigt oder nicht, die Leser an die Zeitung, die gewiss sein können, dass ihr Blatt sich sozial engagiert und unbürokratisch hilft, die größte Not in ihrer Nachbarschaft zu lindern.

Ellinor Holland bekommt 1964 ihr erstes Kind, eine Tochter, die nach ihr benannt wird, eineinhalb Jahre später wird Alexandra geboren. Der Großvater, die Jahre bringen es mit sich, wird milder. Auf einem Foto sieht man die kleine Ellinor, Schnuppe genannt, das schüttere Haar Curt Frenzels durchwühlen, was er mit Behagen gewähren lässt. Mehr und mehr ist der Patriarch auf die Hilfe anderer angewiesen, die Krankheit macht ihm arg zu schaffen. Er macht Günter

Holland zu seinem Stellvertreter in der Redaktion. Und bei allen immer wieder aufbrechenden Schwierigkeiten ist es Ellinor Holland, die ihren Mann bei der Stange hält. So schwer es den Hollands mitunter fällt, mit brutaler Geduld harren sie aus. Sie wissen, eines Tages werden sie beide die Zeitung alleinverantwortlich führen.

Am 30. Januar 1970 starb Curt Frenzel, 69 Jahre alt. Seine Erbin, Ellinor Holland, 42 Jahre, trug von nun an die Verantwortung für Verlag und Zeitung. Günter Holland, sechs Jahre älter als seine Frau, übernahm die Chefredaktion und trat wenig später auch in die Geschäftsführung ein. Das Werk, das Curt Frenzel ihnen hinterlassen hatte, war solide, gefestigt und gut verankert im Schwabenland. Doch eine neue Zeit brach an. Altes und Gewohntes mussten neuen, ungewohnten Anforderungen Platz machen. Hollands durften keine Zeit verlieren. Auf ihrem Erbe konnten sie sich nicht ausruhen.

# Der Patriarch

Ein kurzer Blick zurück – Curt Frenzel schickte Leute gern aufs Eis. Mit sichtlichem Vergnügen sah er zu, wie sie ihre Kreise zogen oder den Puck ins Tor schlugen. Mit Ellinor, seiner Tochter, fing alles an. Insgeheim träumte er wohl davon, das sportlich talentierte Mädchen könnte einmal eine Sonja Henie (1912–1969) werden. Die Norwegerin war in den dreißiger Jahren die umjubelte Königin auf dem Eis mit zehn Titeln als Weltmeisterin und drei olympischen Goldmedaillen. Die junge Ellinor wirbelte in Dresden und im Berliner Sportpalast übers Eis und später, als die Familie sich nach dem Krieg in Augsburg wiederfand, trainierte sie in München, bis sie die Schlittschuhe an den berühmten Nagel hängte und der Vorbereitung aufs Abitur den Vorzug gab. Den Vater mag dies mächtig gewurmt haben. Doch seine Liebe zum Eis erkaltete nicht.

Im Gegenteil. Als er Anfang der Fünfzigerjahre in Garmisch-Partenkirchen ein Haus erwarb, ging er gerne ins Eisstadion. Er sah den Eishockeyspielern des SC Riessersee zu und es blieb nicht aus, dass er dort auf Erich Zeller stieß, den Bundestrainer der deutschen Eiskunstläufer. Dieser trainierte den hoffnungsvollen jungen Hans-Jürgen Bäumler aus Dachau, Jahrgang 1942. Curt Frenzel schaute zu und mit intuitiver Sicherheit setzte er aufs richtige Pferd. Er nahm sich des Buben an und wurde sein großzügiger Förderer, den er aus eigener Tasche bezahlte. Als Erich Zeller dann Marika Kilius mit Hans-Jürgen Bäumler zusammenspannte und beide zu Deutschlands erfolgreichstem Eiskunstlaufpaar formte, blieb Curt Frenzel dem Jungen treu. Ein Foto vom Dezember 1959 zeigt den väterlichen Freund mit dem 18-jährigen Bäumler zusammen an einem Tisch sitzend in der damals noch amerikanischen Gaststätte des Garmischer Eisstadions. „Der schönste Abend im Casa Carioca wird mir in ewiger Erinnerung bleiben", schreibt der „dankbare" Hans-Jürgen Bäumler unter das Bild. Und viel später, als er von seinem Wohnsitz in Südfrankreich auf seine Eis-Zeit zurückblickt, erinnert sich Bäumler an Curt Frenzel als eine „Art Pflegevater", der er für ihn und seine Partnerin war. „Er hatte eine große Freude am Sport. Er hat zum Beispiel nachts die Eisbahnbeleuchtung für eineinhalb Stunden bezahlt, damit wir trainieren konnten. Einmal hat er bei unserem Schuster Lammfellüberzüge für die Schlittschuhstiefel anfertigen lassen. So konnten wir länger auf dem Eis bleiben. Sogar nachts um 11 Uhr stand er bei minus 18 Grad in Garmisch an der Bande, wenn wir eine neue Kür einstudiert hatten."

In Garmisch, in dem gemütlich geräumigen Haus, das der in Bayern berühmte Landhaus-Architekt Hanns Ostler (1902–1973) in den Dreißigerjahren gebaut hatte, gewann der Augsburger Verleger von dem aufreibenden Treiben seines Zeitungsgeschäfts Abstand. Hier, am Fuße der Alpen, mit Blick auf die unverrückbaren Berge, hier war er Mensch, hier konnte er es sein. Er durfte mit sich allein sein, was sein Schönstes war, machte – nicht zu weite – Spaziergänge mit dem Pudel Axel, schaute im Hotel Riederer vorbei, wo gegenüber später seine Mutter und Schwester Wohnung nahmen. Und fraß sich ansonsten durch Berge von Zeitungen.

Es ist auffallend, wie entspannt und fast glücklich Curt Frenzel auf Fotos erscheint, die ihn gemeinsam mit Sportlern zeigen. Ob nun mit Erich Zeller bei den Europameisterschaften im Eiskunstlauf in Davos 1959, beide im Smoking, oder ob er mit der Augsburgerin Heidi Schmid im Hotel Drei Mohren plaudert, die gerade aus Rom die Goldmedaille im Florettfechten heimgebracht hat. Die *Augsburger Allgemeine* berichtet am 14. September 1960 davon und verkündet ihren Lesern, dass das goldene Prunkstück für einige Tage in einem Fenster des Verlagsgebäudes in der Ludwigstraße ausgestellt werde. „In der Zeit von 20 Uhr bis 8 Uhr verschwindet das kostbare Stück in einem sicheren Tresor." Den Sieg habe die Augsburgerin nur durch hartes Training erreicht – mit der Betonung auf hart –, weiß der Verleger zu berichten. Mittlerweile hat es sich in der Stadt herumgesprochen, Curt Frenzel sei nicht nur ein durch nichts zu erschütternder Zeitungsmacher, sondern fröne ganz offensichtlich auch einer zweiten Leidenschaft: dem Sport. Dass er Hans-Jürgen Bäumler in sein Herz geschlossen hat und ihn fördert, wissen seine Sportredakteure und es bedarf keiner besonderen Aufforderung, über Pflicht und Kür auf dem Eis wird in der Zeitung in extenso berichtet.

In seiner Jugend hatte Curt Frenzel Fußball gespielt, im selben Dresdener Verein wie der spätere Bundestrainer Helmut Schön, der seinen alten Clubkameraden eines Tages im Verlag besuchte. Es hätte auf der Hand gelegen, wenn sich in den Sechzigerjahren der nun doch schon sehr gesettelte Verleger um den

Fußball in seiner neuen Heimatstadt gekümmert hätte. Die Anekdote will wissen, dass er willens war, dem örtlichen Fußballverein beizutreten und ihn zu unterstützen. Doch ehe es dazu kam, saß Frenzel in einer Runde mit den Spielern zusammen, als einer von ihnen etwas zu flapsig meinte: „Wenn Du bei uns was werden willst, dann gib erst mal eine Maß aus!" Curt Frenzel, dies vernehmend, stand auf, griff Hut und Mantel, verschwand und ward nie wieder gesehen.

Dann also wohl doch lieber aufs Eis. Das kleine Häuflein, das in der Fuggerstadt Deutschlands ältesten, 1878 gegründeten Eissportverein, den AEV (Augsburger Eislaufverein) bildete, wusste weder ein noch aus. Der Verein lag darnieder, hatte Schulden, das Eisstadion am Schleifgraben war marode, eine Kunsteisbahn fehlte, die Eishockeymannschaft spielte in der untersten Klasse und zog über die Dörfer. Sie führte ein Schattendasein. Es war offenbar Robert Deininger, verantwortlich für den Sport in der *Augsburger Allgemeinen,* der sich ein Herz fasste und seinen gefürchteten Chef auf den Verein aufmerksam machte. Curt Frenzel zögerte nicht lange. Am 12. September 1962 ließ er sich im Café Schachmeier zum Vorsitzenden des AEV wählen. Und was nun begann, war eine Erfolgsgeschichte, wie sie nicht oft geschrieben wird. Die Stadt stellte den Neubau des Kunsteisstadions, wie geplant, fertig. Curt Frenzel steuerte aus eigener Tasche 250.000 Mark für den Ausbau der Ränge bei – erst nach seinem Tod wurde offiziell bekannt, dass er der Spender war. Bereits ein Jahr später, am 2. November 1963, wurde die Kunsteisbahn eröffnet. Dank Curt Frenzels Beziehungen zu allen, die sich auf dem Eis tummelten, kam es zu einem großen Schaulaufen mit Kilius und Bäumler, die Weltmeisterin im Eiskunstlauf Sjoukje Dijkstra war dabei und auch der Olympiasieger von 1964 Eiskunstläufer Manfred Schnelldorfer. Hans-Jürgen Bäumler schenkte dem strahlenden Curt Frenzel eine originelle Eislaufkrawatte, die er extra für ihn in

Der Verleger wurde zu einem großzügigen Förderer des Eissports. An dem Eiskunstlaufpaar Marika Kilius und Hans-Jürgen Bäumler hatte er seine besondere Freude. Als Vorsitzender brachte er den Augsburger Eislaufverein (AEV) zu großem Ansehen.
Unten rechts: Frenzel als väterlicher Freund des jungen Hans-Jürgen Bäumler. Der Abend im Casa Carioca bleibt dem Eiskunstläufer in „ewiger Erinnerung", wie er Frenzel dankbar schreibt.

London gekauft hatte. Die französische Pirouettenkönigin Nicole Hassler bekam einen großen Strauß unverwüstlicher Astern überreicht. 8000 Besucher brachten Geld in die Kasse.

Curt Frenzel muss in seinem Element gewesen sein. Er konnte seine Cleverness ausspielen, sein geschicktes, druckvolles Verhandeln, sein Gewusst-wohin, seine keinen Widerspruch duldende, gelegentlich auch einschüchternde Überzeugungskraft und nicht zuletzt auch seine Position als mächtiger Zeitungsfürst in Schwaben und Augsburg, auch wenn der Sieg im „Allgäuer Zeitungskrieg" noch fern war. Er lockte gute Spieler aus anderen Vereinen nach Augsburg, wie beispielsweise den Nationalspieler Paul Ambros aus Füssen, den für Bad Tölz spielenden Garmischer Albert Loibl oder den Trainer Xaver Unsinn.

Die Spieler, selbst keine Seelchen, kräftige Bodychecks gewohnt, mochten ihren kantigen Boss, der im schweren Mantel, mit steifem Hut, manchmal auch mit Pelzkappe und weißem Schal zusah, wenn sie spielten. Er konnte hart und unbequem sein, ihre Ausgaben ließ er nach Pfennigfuchsermanier kontrollieren. Sein ständiges „Ihr könnt es! Ihr schafft es! Putzt den Gegner vom Eis!" verlieh ihren Schlittschuhen Tempo. Sie glaubten an sich, an die Mannschaft, an den Verein und an ihren Boss. Wenn sie gewannen und er ihnen eine Maß ausgab, waren sie zufrieden und seine blauen Augen strahlten, schlicht gesagt, Freude aus. Verloren sie, saß er schweigend, grimmig schauend neben dem Spieler Albert Loibl, der ihn in seinem Volkswagen nach Garmisch mitnahm. Hatten die Mannen gewonnen, wurde in Weilheim im Hotel Volland Station gemacht und Frenzel spendierte ein paar Wiener Würstchen.

Die Augsburger kamen in Scharen zu den Spielen. Gelegentlich wurden Eintrittskarten auf dem Schwarzmarkt gehandelt. Nicht selten waren die Spiele und das Schaulaufen ein gesellschaftliches Ereignis. Es gehörte zum guten Ton, dabei gewesen zu sein. Das Wort war damals noch nicht erfunden, aber war es nicht ein fast ausgefuchstes Marketing, Zeitung und Verein so zu verzahnen, dass Curt Frenzel für beides stand? Es war überdies auch sehr praktisch, dass der Verleger seine Leute für Zwecke des Vereins einspannen konnte, was heute sicherlich unmöglich wäre. Der Personalchef musste schon mal Verhandlungen mit anderen Vereinen führen, wenn es darum ging, Spieler zu engagieren; aus der Buchhaltung wurde der Finanzchef Rudi Puschner zum Schatzmeister des Vereins bestimmt und der Sportchef der Zeitung musste nebenbei den Pressewart des AEV spielen. Der eine oder andere Spieler, die ja alle Amateure waren, wurde im Verlag beschäftigt, anderen wurde adäquate Arbeit besorgt.

Für Curt Frenzel war den Verein zu managen, ihn auszubauen und in der Stadt wieder zu einem Markenzeichen zu machen ganz gewiss eine Herzensangelegenheit, aber gleichzeitig auch eine rationale Aufgabe, die er mit Bravour erledigte, anscheinend mit links, denn im Vordergrund standen weiterhin Verlag und Zeitung. Hier konnte er allerdings sicher sein, dass alles seinen gewohnten Gang nahm. Denn sein Schwiegersohn Günter Holland, seit 1962 im Haus, sorgte unaufgeregt dafür, dass die Redaktion ihren Aufgaben nachkam, und im Verlag war es Verlagsleiter Friedrich Füger, der den Laden zusammenhielt. Curt Frenzel konnte sich auf beide hundertprozentig verlassen. Er sah es natürlich auch gerne, dass Tochter und Schwiegersohn an seinem Verein Anteil nahmen, mochte das Thermometer auch tief im Minus stehen, beide erschienen nolens volens zu den Spielen.

Curt Frenzel hatte erreicht, dass die Zahl der Mitglieder zu seinen Lebzeiten auf 2000 wuchs, der Verein schwarze Zahlen schrieb und ein Plus von 200.000 Mark in der Kasse war. Obwohl Eiskunstlauf und Eishockey nicht viel gemein haben, großes sportliches Können jenes, kämpferisches Spiel dieses, für Curt Frenzel machte das keine großen Unterschiede. Sein Herz hing an beiden Sportarten. Und er wollte für die, für die er sich einsetzte und die er förderte, nur eines: den Erfolg. Dass Kilius und Bäumler zweimal nur olympisches Silber gewannen, ertrug er zwar mit Fassung, aber richtig aus dem Häuschen geriet er, als die beiden ein paar Wochen nach ihrem zweiten Platz in Innsbruck im Februar 1964 in Dortmund an den russischen Olympiasiegern Ljudmilla Beloussowa/Oleg Protopopov Revanche nahmen und sie auf dem Treppchen als Weltmeister im Paarkunstlauf standen.

Nach sechs Jahren hatte Curt Frenzel das gesteckte Ziel erreicht. Der Erfolg war da, die Augsburger Eishockeymannschaft in die Bundesliga aufgestiegen. Manchmal spielt allerdings das Schicksal nicht mit. Wie gerne hätte er erlebt, dass sein Verein einmal die Bundesliga anführte und einmal die Füssener schlug, deren die Mannschaft bis dahin nie Herr wurde. Just als er starb, am 30. Januar 1970, schaffte sie den Sprung an die Spitze der Tabelle und fegte die Füssener mit 4:3 vom Eis. Als die Mannschaft bald nach Curt Frenzels Begräbnis gegen Riessersee antreten musste, hielt der Mannschaftsbus am Friedhof in Partenkirchen und die starken Jungs verharrten an seinem Grab. Der Kapitän der Spieler zeichnete unbemerkt von den anderen Zahlen in den frisch gefallenen Schnee: 4:3.

Drei Wochen nach Frenzels Tod, am 25. Februar 1970, beschließt der Augsburger Stadtrat, die Gemeindeverwaltung der Stadt, einstimmig, das Eisstadion am Schleifgraben in „Curt-Frenzel-Stadion" zu benennen. Die Begründung lautet: „Selten hat eine Sportart durch die Initiative eines Mitbürgers einen Anklang in diesem Ausmaß gefunden, wie dies beim Eislaufsport in Augsburg der Fall war. Die durch Curt Frenzel vor allem bei der Jugend geweckte Begeisterung für diesen Sport war ebenso erstaunlich wie der rasante Aufstieg der Eishockey-

Mannschaft, die Augsburgs Namen im ganzen Bundesgebiet bekannt machte. Dies erreicht zu haben ist ein bleibendes Verdienst Curt Frenzels."

Am Heiligabend 1965 erreicht Curt Frenzel das gesetzliche Pensionsalter. Die Rente des Presseversorgungswerks ist ihm sicher. Doch hätte irgendjemand ihm gegenüber darauf angespielt, wäre Curt Frenzel „ihm an die Brosche" gegangen, wie eine typische Frenzel'sche, schwer zu erklärende Drohung hieß. Der Verleger und Chefredakteur, Alleininhaber der *Augsburger Allgemeinen*, Herr über rund 800 Mitarbeiter, einer der großen Arbeitgeber in der Fuggerstadt, ist auf dem Höhepunkt seines beruflichen Erfolgs. In Augsburg und in Schwaben ist er nicht mehr zu übersehen, geschweige denn zu unterschätzen. Seine über die Landesgrenzen wirkende Stellung im Verband der Zeitungsverleger und in den Kontrollgremien der Deutschen Presseagentur ist unangefochten und respektiert.

Der 65. Geburtstag wird in eher kleinem Rahmen gefeiert, wie es sich für einen Chefredakteur gehört, in seinem Büro. Ein umfangreiches Fotoalbum hält den Tag fest. Curt Frenzel, verhalten strahlend, nimmt die Glückwünsche der Honoratioren der Stadt und Region entgegen. Er trägt wie gewöhnlich einen gut sitzenden, dunklen Maßanzug, weißes Hemd mit einer der Mode entsprechenden glänzenden Krawatte in silbergrau, auf dem Ringfinger der linken Hand seinen ebenso hässlichen wie markanten Siegelring. Wolfgang Pepper, der sozialdemokratische Oberbürgermeister der Stadt, ist erschienen, er war der erste Lokalchef der Zeitung nach dem Krieg und begrüßt herzlich seinen alten Chef, dem er als wohl Einziger lautstark zu widersprechen wagte, wenn der mit Stentorstimme etwas zu kritisieren hatte. Heidi Schmid, die Olympiasiegerin im Florettfechten von 1960, spielt ihm mit Mitgliedern des Bachorchesters die beiden letzten Sätze des Weihnachtskonzerts von Corelli auf der Geige, die Industrie- und Handelskammer erscheint mit dem Zeitungspapier-Magnaten

Der Patriarch ist guter Laune an seinem 65. Geburtstag und sein alter Weggefährte Klaus Pepper, inzwischen Oberbürgermeister von Augsburg, lässt es sich nicht nehmen, persönlich zu gratulieren.

Dr. Georg Haindl an der Spitze, die obere Etage der Deutschen Presseagentur aus Hamburg hat es sich nicht nehmen lassen zu kommen und schenkt eine Stadtansicht der Hansestadt, die ein Augsburger gefertigt hat; der Ulmer Verleger Eberhard Ebner, Freund und Konkurrent in Neu Ulm, gratuliert, der amerikanische Generalmajor Rowny von der in Augsburg stationierten 24. US-Infanteriedivision macht seinen Diener – ob er wohl weiß, dass seine Kriegskameraden vor 20 Jahren das Geburtstagskind in den Sattel gehoben haben? – und schenkt einen bronzenen Löwen, das Wappentier der Division, über den der Jubilar sich sichtlich freut. Der Regierungspräsident ist gekommen, die Spitze des Finanzamtes, alle bringen etwas mit, Bilder, Schalen, Becher. Das originellste Geschenk kommt von einem Heimatverleger, ein Aquarium mit einem großen Fisch (Frenzel) und 18 kleinen (Heimatverleger). Curt Frenzel hatte solchen Spaß an dem Aquarium, dass er sich auch eines nach Garmisch bringen ließ – Fische können nicht widersprechen. Natürlich ist auch die Hohe Geistlichkeit erschienen in Person des Bischofs Josef Stimpfle, der mit einem etwas angespannten Lächeln anhört, was der Verleger ihm mit erhobenem Zeigefinger zu sagen hat.

Eine Flut von Telegrammen geht ein, Willy Brandt betont die Verfolgung, der Frenzel in der Nazizeit ausgesetzt gewesen war, und streicht seine Aufgeschlossenheit gegenüber den Problemen Berlins und der Menschen im geteilten Deutschland heraus. Konrad Adenauer gratuliert, Erich Mende namens der Liberalen und schließlich auch Willi Daume, der Präsident des deutschen Sportbundes, der Frenzel als Förderer des Sports würdigt.

Vom Vormittag bis in den späten Abend zieht sich im Zimmer des Chefredakteurs die Gratulationscour hin bei Sekt und Orangensaft. Und zur Überraschung der letzten Gäste setzt sich Curt Frenzel schließlich ans Cembalo, welches das Bachorchester mitgebracht hat, und spielt Weihnachtslieder.

Die politische Redaktion hat sich anlässlich des 65. etwas Besonderes einfallen lassen. In der Ausgabe vom 23. Dezember druckt sie auf Seite eins Curt Frenzels letzten Leitartikel ab, den er in der Chemnitzer *Volksstimme* am 15. Februar 1933 über „Rundfunk oder Parteigrammophon" geschrieben hatte. „Demokratie muss erkämpft werden", schrieb er damals. Sie falle einem nicht wie eine reife Frucht in den Schoß. Der Abdruck eines Artikels, 32 Jahre nach seinem Erscheinen, ist bemerkenswert. Offensichtlich will die Redaktion damit ihren Lesern sagen, dass die Zeitung unverrückbar auf den Grundüberzeugungen steht, die Curt Frenzel zum erklärten Feind der Nationalsozialisten gemacht haben und zu einem Kämpfer für eine soziale Demokratie.

Sowohl in der *Augsburger Allgemeinen* wie in der Betriebszeitung *Unsere AZ*, die einmal im Jahr erscheint, würdigt Hans Drexler, neben Günter Holland stellvertretender Chefredakteur, den Chef des Hauses. So, als ob er diesem ja nicht zu nahe treten wollte, vermeidet er jedes persönliche Wort, sondern stellt ihn im Stil eines politischen Statements als Mann der inneren Emigration dar, der während der Nazizeit die Kräfte gesammelt hat, um nach 1945 Zeitungsgeschichte zu schreiben, die im ganzen Land Anerkennung fand.

Curt Frenzel dankt in dieser Ausgabe der Betriebszeitung der Belegschaft, insbesondere den „wackeren Zeitungsträgerinnen", für ihre Arbeit im abgelaufenen Jahr und verspricht ihnen eine Weihnachtsgratifikation: „Ich will es offen sagen, es sind mehrere 100.000 Mark. Das spricht sich so leicht hin, aber das Geld ist nicht so schnell verdient, wie es vielleicht den Anschein hat … Wir liefern im Monat durchschnittlich 26 Zeitungen, wenn wir nur rund zwei Pfennig pro Zeitung erhöhen, wären das rund 55 Pfennige. Das ist wohl mehr als bescheiden. Aber vorläufig muss die Presse dafür eintreten, sich ge-

Curt Frenzel wird 1965 mit dem Bayerischen Verdienstorden ausgezeichnet.
Der gebürtige Sachse ist in Bayern angekommen.

gen Preissteigerungen zu wenden, und darum müssen wir noch auf der Stelle treten ... Sie haben die Sorge für sich und Ihre Angehörigen, mir obliegt die Sorge für den ganzen Betrieb. Dass das alles zusammen nicht immer einfach ist, wird jedem einleuchten."

Von Ruhestand kann bei Curt Frenzel keine Rede sein, vielleicht gelegentliches Kürzertreten während kleiner Kuraufenthalte. Die zweite Hälfte der Sechzigerjahre verlangt seine ganze Aufmerksamkeit, im „Allgäuer Zeitungskrieg" ist die letzte Schlacht noch nicht geschlagen, der AEV ist noch mitten im Aufbau, das Eisstadion bräuchte dringend ein Dach, da gilt es der Stadt und ihrem Oberbürgermeister Beine zu machen. Und last but not least muss und will er seine Stimme hören lassen, wenn es gilt, im Blatt die Zeitläufte zu kommentieren. Die Sechzigerjahre haben es schließlich in sich.

Seine Leitartikel, ganz gleich zu welchen Fragen, zeichnen sich nicht durch eine Milde des Alters aus, sie sind meinungsstark, dabei aber nie verletzend. Und nicht selten bürsten sie gegen den Strich der öffentlichen Meinung. Münchens Bewerbung für die Olympischen Spiele sieht Curt Frenzel überaus kritisch, er spielt auf die hohen Kosten an und stellt die Frage: „Können wir als geteiltes Land daran Interesse haben, dass die Deutschen mit getrennten Mannschaften auf deutschem Boden aufmarschieren? Es ist frivol zu erklären, dass das Auftreten zweier deutscher Teams nur ein Schönheitsfehler sei. Wir denken, mit Verlaub zu sagen, wesentlich anders darüber. Das ist unser echtes nationales Problem." Curt Frenzel konnte aus seinem Herzen keine Mördergrube machen. Der gebürtige Sachse litt an der Teilung seines Vaterlandes – und er wäre nicht beleidigt gewesen, hätte man ihn einen Patrioten genannt.

Bei aller Nähe Frenzels zum politischen Kurs Konrad Adenauers mit der Bindung der Bundesrepublik an den Westen kommt er nie auf den Gedanken, die SPD als Volkspartei zu verteufeln. Zum Renegaten wird der ehemalige Sozialdemokrat nicht. Im Gegenteil: „Nur ein Tor kann behaupten, die SPD von heute sei nicht regierungsfähig, mehr noch: Sie ist neben CDU und CSU ein Garant der demokratischen Staatsform. Sie ist ein Bestandteil der Bundesrepublik, der nicht wegzudenken ist!", heißt es in einem Leitartikel vom März 1968. Im April 1968 versucht Curt Frenzel der revoltierenden Jugend nach dem Attentat auf Rudi Dutschke Gerechtigkeit widerfahren zu lassen. Er setzt sich mit der Springer-Presse auseinander („es muss auch gesagt werden, dass die Seriosität der *Bild-Zeitung* sehr viel zu wünschen übrig lässt"), doch die Grenze ist für ihn überschritten, wenn die Studenten zu Pflastersteinen greifen, um ihre Forderungen durchzusetzen. „Gewalt und Terror sind keine Mittel, um bestehende Zustände zu ändern ... Hier gibt es keinen Kompromiss", heißt es in dem Leitartikel, überschrieben mit „Unteilbare Freiheit".

Es blieb nicht aus, dass Curt Frenzel als Verleger und Chefredakteur einer großen bayerischen Regionalzeitung um ein gutes Verhältnis zu denen bemüht sein musste, die in der Region den Ton angeben. Und dazu gehört nun einmal in Bayern zuvörderst die CSU. In den Sechzigerjahren, als der Verleger mit allen Mitteln kämpfte, um seine Zeitung vor unliebsamer Konkurrenz zu schützen, fand er die Nähe zu Franz Josef Strauß, dem Vorsitzenden der CSU, der anfangs noch schwer an den Blessuren trug, die er sich selbst in der *Spiegel*-Affäre zugezogen hatte, als er 1962 auf Druck der Liberalen als Verteidigungsminister zurücktreten musste. Am 17. Juli 1964 schrieb Curt Frenzel Strauß einen Brief, in dem er ihm mitteilte, er werde seine Ausführungen, die er im Radio gehört habe, als Leitartikel abdrucken. „Ich nehme an", schrieb er, „dass Ihnen die Veröffentlichung einige Freude bereiten wird." Der Leitartikel erschien am 18. Juli und war überschrieben „Um die Zukunft Europas". Gaullisten und Atlantiker war das Thema. „Wir Deutsche sollten nicht vergessen, dass die politische und moralische Kraft Frankreichs überall auf der Welt größer ist als unsere. Ein enges Zusammengehen mit Frankreich würde die politische Kraft und das moralische Gewicht der Bundesrepublik verstärken." Das war wohl auch Frenzels Meinung.

Dies war an sich nichts Ungewöhnliches, denn immer wieder druckte Curt Frenzel Beiträge vor Politikern als Leitartikel ab, was sicher zeigen sollte, wie unabhängig und überparteilich sein Blatt sei. Zwischen Frenzel und Strauß entwickelte sich zudem eine persönliche Beziehung. Sie mögen aneinander Gefallen gefunden haben, beide in ihren Charakteren nicht unähnlich, willens- und durchsetzungsstark, wenig zimperlich, beide ausgeprägte homines politici, die intellektuelle Freude hatten, die Zeitläufte zu diskutieren und zu analysieren. Einmal schreibt Strauß an Frenzel: „Aus Gründen der persönlichen Wertschätzung wie aus Gründen der politischen Zusammenarbeit besteht bei mir der Wunsch, Sie bald zu sehen." Ein anderes Mal schreibt er: „Ich freue mich sehr darüber, dass zwischen uns beiden sowie zwischen Ihrer Redaktion und der CSU ein gutes Verhältnis zustande gekommen ist. Ich bin nicht sehr glücklich darüber, dass Ihr Münchner Korrespondent das Gras wachsen hört und zu allen möglichen Spekulationen und Entwicklungen innerhalb der CSU in einer Ausführlichkeit berichtet wird, die sonst nur weltpolitischen Ereignissen gewidmet wird. Ich schreibe diese Worte nicht in gereizter Stimmung, sondern in gelassener Ruhe und mit der freundschaftlichen Einstellung, die ich Ihnen gegenüber habe." Frenzel wiederum beklagt sich, wie die CSU-Korrespondenz seine Zeitung durch irreführende Wiedergabe eines Zitats in ihrem Pressespiegel behandele. „Ich bedauere, dass mir von der CSU eine unseriöse Behandlung zuteil wird, die vermutlich auf Initiative des Generalsekretärs Jaumann zurückzuführen ist. Diejenigen in der Lazarettstraße (Sitz der CSU, d. A.) möchte ich gar nicht treffen, denn nach einem Wort von Kurt Tucholsky kann ich gar nicht so tief schießen." Im Postscriptum: „Wann werden wir uns einmal sehen oder sprechen?" Strauß war es natürlich nicht unbekannt, welchem politischen Lager Curt Frenzel ursprünglich entstammte, er wusste aber auch, dass Frenzel die Politik der Westanbindung der Bundesrepublik vorbehaltlos unterstützte und sich als Patriot verstand, dem die Einheit Deutschlands am Herzen lag.

War es nun nur so dahingesagt oder steckte mehr dahinter, als Strauß am 31. Juli 1964 in seiner Münchener Wohnung den Augsburger Verleger fragte, ob er bei den nächsten Bundestagswahlen 1965 für die CSU in Augsburg-Stadt kandidieren wolle? Curt Frenzel schrieb ein paar Wochen später an Strauß einen langen Brief, in dem es heißt: „Ich habe Ihnen erklärt, dass Sie bitte nicht überrascht sein sollen, wenn ich dieses ehrenvolle Angebot ablehnen würde, weil ich der Meinung bin, dass ich als Publizist viel mehr sagen kann als ein parteigebundener Politiker. Nach reiflicher Überlegung muss ich Ihren Vorschlag, für die CSU in Augsburg-Stadt zu kandidieren, ablehnen." Im weiteren Verlauf des Briefes beklagt sich Frenzel bitter, dass die CSU in der Stadt über seine politische Haltung Falsches verbreite, und er schließt sein Schreiben: „Ich wünsche Ihnen und Ihrer Familie einen recht erholsamen Urlaub in Südfrankreich. Es ist gut, wenn Sie jetzt einige Wochen ausspannen, nachdem es in den letzten Tagen wieder eine Reihe von Affären gegeben hat, in deren Mittelpunkt Sie gerückt sind. Das tut mir ausdrücklich leid." Und er fügt hinzu: „Geduld und Zurückhaltung ist besser als zu schnelles Vorprellen. Darum sollten Sie sich ausruhen."

Über das Angebot von Strauß, für die CSU zu kandidieren, hat Curt Frenzel offensichtlich nur mit seinem Freund Georg Haindl, von ihm Schorschi genannt, gesprochen. „Hättest du nicht Lust, für Augsburg-Stadt für den Bundestag zu kandidieren?", fragt er ihn in einem vertraulich-persönlichen Brief und erläutert ihm seine Sorgen, dass die Erhöhung der Telefongebühren der CDU/CSU teuer zu stehen kommen würde. „Ich bin der Meinung, dass Stücklen als Postminister nicht zu halten ist. Da aber dieses Ministeramt ein bayerisches Privileg bedeutet, muss in Bayern Umschau gehalten werden, wer dieses Amt übernehmen könnte. Würde das nicht Dich interessieren?"

Als sich am 1. Dezember 1966 in Bonn unter Kurt Georg Kiesinger die Große Koalition bildete, wurde Strauß Bundesminister der Finanzen. Frenzel gratulierte ihm, wir brauchen „tatkräftige und unverbrauchte Männer", schrieb er. „Die *Augsburger Allgemeine* wird Ihnen bei der Lösung Ihrer schweren Aufgabe jederzeit hilfreich zur Seite stehen. Bitte verfügen Sie über meine Zeitung und mich." Strauß dankt und fragt sich, inwieweit die Presse aus staatspolitischer Verantwortung heraus bereit sei, Regierung und Parlament in ihren Bemühungen um äußeren Frieden und stabile Ordnung im Inneren zu unterstützen. „Umso mehr weiß ich Ihre Versicherung als Verleger eines so großen Blattes wie der *Augsburger Allgemeinen* zu schätzen, mir bei meiner sehr schwierigen und undankbaren Aufgabe Ihre Unterstützung zuteil werden zu lassen."

Nun, aus der Zeitung in der schwäbischen Metropole ist kein Amtsblatt von Strauß geworden, geschweige denn ein Parteiorgan der Christlich-Sozialen. Aber sicher war der intensive Flirt der beiden, mag er in den Sechzigerjahren auch nur ein Intermezzo gewesen sein, nicht völlig zweckfrei. Suchte der eine publizistische Unterstützung für seine Politik, setzte der andere auf eine indirekte Rückendeckung im Konkurrenzkampf mit anderen Zeitungen. Denn den mächtigen Parteivorsitzenden auf seiner Seite zu wissen konnte im katholischen Schwabenland nur von Vorteil sein. Frenzel ordnete an, dass sein Briefwechsel mit Strauß abzulegen sei in der Akte „Wichtiger Schriftverkehr".

Ein Verleger muss, zumal wenn er in Personalunion noch Chefredakteur ist, gelegentlich, in der Regel aber immer öfter, je länger er im Amt ist und je größer die Auflage seiner Zeitung ist, diversen Pflichten in der Öffentlichkeit nachkommen – mit anderen Worten, er muss repräsentieren. Auch Curt Frenzel blieb dies nicht erspart. So sieht man ihn auf Staatsempfängen, die für ausländische Potentaten gegeben werden, die persische Kaiserin lächelt ihm zu und reicht ihm die Hand, die Augsburger Faschingsprinzessin küsst ihn, auf der Jakober Kirchweih ist er anzutreffen und in der Münchener Staatsoper, als zu Ehren der englischen Königin der „Rosenkavalier" aufgeführt wird. Ob Franz Josef Strauß oder Bundeskanzler Kiesinger, oft zeigen Fotografien, wie er mit dem typisch für ihn ausgestreckten Zeigefinger auf sein Gegenüber einredet.

Curt Frenzel ist wahrlich kein „Adabei", aber er weiß, was sich gehört. So erscheint er denn im Dezember 1963 zu einem Höflichkeitsbesuch bei dem neuen Bischof zu Augsburg Josef Stimpfle. Der Verleger wird begleitet von Günter Holland und den Direktoren aus der Verlagsabteilung. Die Kaffeetafel ist gedeckt, mit einem Geist prosten die Herren sich zu. Der Besuch bezweckt in den Augen des Verlegers noch etwas anderes. Ihm muss daran gelegen sein, das Verhältnis der *Augsburger Allgemeinen* zur katholischen Geistlichkeit in Stadt und Land störungsfrei zu halten. Ihm ist ja nicht verborgen geblieben, dass viele Schwaben ihn immer noch für den „roten Frenzel" halten und nicht zuletzt deshalb von einer katholischen Zeitung träumen, gerüchteweise soll sogar Franz Josef Strauß einem solchen Projekt nicht ablehnend gegenüberstehen. Umso wichtiger ist es für Curt Frenzel, die *Augsburger Allgemeine* so zu positionieren, dass diese der Kirche keinerlei Angriffsfläche bietet.

Es gelingt ihm. Die Berichterstattung über kirchliche Vorgänge ist letztlich von der Kirche nicht zu beanstanden. Schließlich kommt auch der Bischof selbst

Ein Chefredakteur muss auch repräsentieren –
Curt Frenzel kann es und ist bei der Inthronisation der Faschingsprinzessin bester Laune.

in der Zeitung über die Folgen des Vatikanischen Konzils zu Wort. Es gibt darüber hinaus ein Feld, das für das Innenleben der Kirche, jedenfalls in den Fünfziger- und Sechzigerjahren, ungeheuer wichtig war. Mit allen Mitteln möchte sie verhindern, dass über etwaige Verfehlungen ihrer Hirten, Priester, Schwestern und Mönche etwas in den Zeitungen zu lesen ist. Die interne Anweisung Curt Frenzels ist klar: Behutsamer Umgang mit diesem heiklen Thema, berichten, wenn auch andere berichtet haben, keine Sensationshascherei. Im Prinzip verfährt die Zeitung danach von Anfang an.

Nicht selten muss Curt Frenzel selbst entscheiden. „Pfarrer K. hat sich wegen § 175 zu verantworten. Es ist mit Sicherheitsverwahrung zu rechnen. Ich bitte um Ihre Entscheidung, ob wir diesen Fall aufgreifen wollen", fragt ein Lokalredakteur. „Besonderen Dank möchte ich Ihnen sagen für die vornehme Art, in der Ihre Zeitung die Verurteilung des Herrn Kaplans berichtet hat", schreibt der Generalvikar Dr. Vierbach an den Chefredakteur. Dieser, und das zeigt, welche Bedeutung er dem Verhältnis der Zeitung zur katholischen Kirche beimisst, lässt sich jeden die Kirche betreffenden Vorgang vorlegen und antwortet auf die meisten Beschwerden persönlich. Als eine Leserin droht, die Zeitung abzubestellen, weil über einen „Kaplan vor der Anklage" berichtet wurde („Musste denn der Name des Kaplans unbedingt genannt werden?"), antwortet ihr Curt Frenzel ausführlich und begründet die Handlungsweise der Zeitung: „Wir würden das Vertrauensverhältnis der Leserschaft zur Zeitung erschüttern, wenn wir einen solchen Fall verschweigen würden, von dem überall in der Stadt gesprochen wird." Zumal der Kaplan über Jahre hinweg sich an rund 50 Kindern vergangen haben soll.

Im Laufe der Jahre hat Curt Frenzel erreicht, dass das Verhältnis zur Kirche sich entkrampfte. Die Briefe, die Bischof und Verleger einander schreiben, zu Festtagen, Geburtstagen oder wenn einer mit einem Orden dekoriert wurde, haben etwas wunderbar aus der Zeit Fallendes, zwei Herren, die sich in der denkbar höflichsten Form mit Schmeicheleien umgarnen. Im Juni 1966 gratuliert Curt Frenzel dem Bischof zum Bayerischen Verdienstorden: „Im Besonderen freue ich mich, dass Ew. Exzellenz dieser Ordensgemeinschaft angehört, in die ich vor ungefähr Jahresfrist berufen wurde." Im Februar 1968 bedankt sich Curt Frenzel für einen Kartengruß von einer Afrika-Reise: „Seien Sie überzeugt, dass ich dieses Gedenken als eine besondere Auszeichnung betrachte." Zum Geburtstag Frenzels gratuliert der Bischof am 20. Dezember: „Ich verbinde damit den geziemenden Dank für das von Ihnen angebotene und im vergehenden Jahr bekräftigte ‚gentlemen agreement' sowie insbesondere für die vornehme Haltung Ihrer Zeitung in der Berichterstattung über unliebsame Vorkommnisse des innerkirchlichen Umbruchs." Curt Frenzels Antwort auf dieses handschriftliche Schreiben am 24. Dezember 1969 sind die letzten Zeilen, die er an den Bischof sandte: „Ich darf mit meinen Wünschen zum Weihnachtsfest und zum Jahreswechsel den Dank verbinden für die reibungslose Zusammenarbeit zwischen dem Ordinariat und meiner Zeitung. Es entspricht meinem Grundsatz, das Gemeinsame zu betonen, aber nicht das Trennende hervorzuheben. So haben Kirche und Zeitung verpflichtende Aufgaben zu erfüllen und eine gegenseitige Unterstützung dient letzten Endes den großen Zielen, die sich die Kirche gesetzt hat und die eine Zeitung dem Staatsbürger gegenüber zu übernehmen verpflichtet ist." Diese Zeilen können auch als eine Art Testament gelesen werden. Fünf Wochen später starb Curt Frenzel.

# Die Ära Holland

Günter Holland atmete tief durch. Der Schwiegersohn des Patriarchen trat in der großen Halle mit den Rotationsmaschinen vor die Mitarbeiter des Hauses. Sein Gesichtsausdruck war ernst, die innere Anspannung konnte er nicht verbergen. „Ich brauche Ihre Hilfe", sagte er mit klarer und warmer Stimme, „Ihr Vertrauen, Ihre loyale Mitarbeit. Ich habe Vertrauen zu Ihnen und bitte um Ihr Vertrauen!" Der Tod von Curt Frenzel lag drei Tage zurück.

Ellinor Holland, Curt Frenzels einzige Tochter und seine Erbin, zögerte keinen Augenblick. Es war selbstverständlich, dass sie die Chefredaktion und die Geschäftsführung des Verlages an ihren Mann, den sie stets „Holland" nannte, übergab. Er sollte von Stund an das Haus führen, nach innen wie nach außen.

Diese Entscheidung von Ellinor Holland ist auch im Nachhinein nicht hoch genug einzuschätzen. Sie schaffte damit klare Verhältnisse, die sich für die Zukunft des Verlages segensreich auswirkten. Die Kurve, ob sie nun die Auflage der Zeitung betraf oder den Umsatz des Unternehmens, führte in den kommenden Jahren stetig nach oben. Ellinor Holland blieb als Gesellschafterin und Geschäftsführerin im Hintergrund, ganz bewusst überließ sie „Holland" das Feld. Er selbst bezeichnete sich mit leicht ironischem Unterton als den „ersten Angestellten" des Verlages, was einschloss, dass er auf Gesellschafteranteile nicht reflektierte.

Neun Monate nach Curt Frenzels Tod im Oktober 1970 stand ein Ereignis ins Haus, das Günter Holland in den Mittelpunkt der Aufmerksamkeit rückte. Vor einem Vierteljahrhundert war die Zeitung aus der Taufe gehoben worden. Dieses Jubiläum musste öffentlichkeitswirksam begangen werden, Anlass, Rückschau zu halten und einen Blick in die Zukunft zu werfen. Fünf Jahre zuvor, als die Zeitung ihren 20. Jahrestag feierte, hatte Curt Frenzel in einem größeren Beitrag noch einmal die schweren Anfangsjahre beschworen und mit dem ihm eigenen Pathos die Rolle der Zeitung beschrieben: „Wir versuchen, unser Bekenntnis zu unserem Volk und zu unserem leidgeprüften Deutschland mit dem Griffel zum Ausdruck zu bringen; denn die Liebe zum Vaterland soll immer auch die Liebe zur Sprache sein."

Günter Holland nun war – charakteristisch für ihn – sehr viel zurückhaltender im Ton. Nabelschau in eigener Sache lag ihm nicht, aber eine Botschaft wollte er dennoch unters Volk bringen: „Wir sind", so schrieb er in einem Editorial der großen Jubiläumsausgabe, „weder eifernde Weltverbesserer noch Erziehungsberechtigte unserer Leser. Das Schlimmste, was uns passieren könnte, wäre der Vorwurf, sie bevormunden zu wollen." Jahre später variierte er diesen Satz und notierte auf einem Zettel: „Wir sind keine Weltverbesserer! Wir wollen nicht missionieren! Wir sind keine Pädagogen! Wir werden sagen, was ist, wie es ist oder war, nach gutem Gewissen und Wissen, nach sorgfältiger Prüfung."

Es wurde ein glanzvolles Geburtstagsfest. Die Mitarbeiter hatten sich in Schale geworfen, Honoratioren aus Stadt und Land waren erschienen, Parkett und Ränge des Stadttheaters reichten kaum aus für die Metteure und Minister, Staatssekretäre und Sekretärinnen, Richter und Redakteure, als Generalmusikdirektor Hans Zanotelli den Taktstock hob und die Intrada des schwäbischen Komponisten Johann Caspar Seyfart (1697–1767) dirigierte. Das Organisationskomitee des Verlages listete penibel auf, wie viele Gäste bei einem Fassungsvermögen des Theaters von 1010 Plätzen wohl zu erwarten waren: 33 Persönlichkeiten aus der Regierung und Politik, 18 Landtagsabgeordnete; Augsburger Prominenz 40, sonstige Ehrengäste 47, Vertragspartner 47, Gehaltsempfänger 342 Personen, Lohnempfänger 458, Teilzeitbeschäftigte 95 und schließlich 80 Pensionisten.

Günter Holland, der neue Chef, begrüßte von der Bühne „die Betriebsversammlung", ging kurz auf Curt Frenzel ein und versprach, man werde getreu dessen Grundsätzen die Zeitung überparteilich und unabhängig führen. Die Zeitung werde, so kündigte Günter Holland an, einen Musikförderpreis stiften für junge Künstler des Leopold-Mozart-Konservatoriums und zur Überraschung aller bat er eine junge Dame auf die Bühne, deren Eltern in der ersten Ausgabe der Zeitung ihre Geburt angezeigt hatten. Viele Reden wurden an diesem Samstagvormittag gehalten, die bemerkenswerteste war sicher die des Oberbürgermeisters von Augsburg, Wolfgang Pepper. „Wir waren damals", so erinnerte sich der Stadtchef an 1945, „alle erfüllt von idealistischen Träumen; wir wollten mithelfen an einer Welt ohne Furcht und Hass, einer Welt allein getragen von den Prinzipien der Gerechtigkeit und Freiheit. Wir waren wirklich so, wie unsere kritische Jugend glaubt, dass wir heute sein müssten", und er reflektiert mit ironischem Unterton die Wertschätzung einer freien unabhängigen Zeitung im lokalen Bereich. Sie würde hochgeschätzt, solange sie nur Gutes über die Betroffenen berichte, aber rasch verurteilt, wenn sie Abträgliches – was ja nur falsch sein könne – verbreite. Alles in allem sei die Zeitung für den Kommunalpolitiker ein notwendiges Übel. Dass er, der Oberbürgermeister, solches vor dieser Festversammlung sage, sei nur entschuldbar, weil er mal selbst Journalist gewesen sei.

In einem freundschaftlichen Brief dankte Günter Holland dem Alt-Kollegen Pepper für diese Rede, die „das" Gesprächsthema in der Redaktion gewesen sei. „Wir sind beeindruckt und unserem alten Redaktionskollegen, der mit so viel Sachkenntnis und auch so viel Herz über Verständnis und Selbstverständnis einer Zeitung gesprochen hat, sehr, sehr dankbar."

Die bayerischen Hausfrauen gratulierten Günter Holland zum Zeitungsjubiläum, auch die Deutsche Bundesbahn: „Ich verbinde mit meinen Wünschen auch den Dank für die Aufgeschlossenheit Ihrer Zeitung gegenüber den Belangen der Bahn." – „Als ein Zeuge der Pionierzeit" telegrafierte der Schriftsteller Hans Habe aus Ascona, der Direktor der Landespolizei schrieb: „Wir von der Polizei wissen sehr, wie wertvoll für die Erfüllung unserer Aufgaben die unvoreingenommene und korrekte Berichterstattung der *Augsburger Allgemeinen* mit ihrem großen Verbreitungsgebiet ist." „Perlachia", die Augsburger Faschingsgesellschaft, beklagt, dass es manchmal nicht leicht sei, die Augsburger für den Humor zu gewinnen. Doch „der große Raum, den Sie in Ihrer Zeitung für den Fasching gestellt haben in Verbindung mit den guten Einfällen Ihrer Redakteure, war uns aber immer eine große Hilfe". Und Josef Ertl, der bayerische Bundesminister für Landwirtschaft, weiß, dass „diese große angesehene liberale Zeitung aus der Entwicklung Bayerns und Schwabens nach 1945 nicht wegzudenken" ist. Günter Holland hat alle Hände voll zu tun, um den Gratulierenden zu danken. Und dabei wird ihm wieder einmal klar, zu welch einer wichtigen Institution die *Augsburger Allgemeine* in den 25 Jahren geworden ist. Politik und Gesellschaft in der Region rechnen mit ihr und sie rechnen mit ihrem neuen Chefredakteur und Verleger.

Er mag es immer geahnt haben und in schlaflosen Nächten, wenn Fragen ihn quälen, wird es ihm mehr und mehr bewusst, welche Verantwortung ihm seine Frau aufgebürdet hat. Zwar steht sie als Gesellschafterin hinter ihm, teilt mit ihm die Last der Verantwortung und sie weiß ihren unverbildeten gesunden Menschenverstand einzusetzen, wenn es gilt, knifflige Fragen oder Probleme zu lösen. Doch noch streicht der Geist Curt Frenzels durch die Verlagsräume. Die von Frenzel eingesetzte Verlagsmannschaft mit Friedrich Füger an der Spitze, deren Verdienste um den Auf- und Ausbau des Verlages unbestritten sind und vielfach gewürdigt wurden, bildet eine Seilschaft, die, fast konspirativ, versucht, Verlag und Redaktion zu beherrschen. „Mit dem jungen Mann aus dem Ruhrpott werden wir schon fertig", raunen die alten Männer. Doch so leicht machte es ihnen der „junge Mann", immerhin 42 Jahre alt, nicht.

„Die Geburt eines gesunden Jungen, Günter, zeigen hocherfreut an Heinrich Holland u. Frau Helene geb. Vicler" hieß es in einer Kleinanzeige der *Dortmunder Zeitung* im November 1923. „Ich wurde in Lünen-Brambauer als zweites Kind des Stadtrentmeisters Heinrich Holland geboren", schreibt Günter Holland in seinem Lebenslauf. „Hier verlebte ich meine erste Kindheit, besuchte die evangelische Volksschule. Nach dem Tod des Vaters 1931 zogen meine Mutter und meine drei Jahre ältere Schwester nach Dortmund, wo ich 1934 in die Sexta der Oberrealschule eintrat. Wenig später wurde ich Mitglied des Jungvolks, bei dem ich es bis zum Fähnleinführer brachte. Als Primaner erhielt ich im Juni 1942 meine Einberufung zur Kriegsmarine." Noch als Schüler, so war es damals Usus, verdingte er sich während der Ferien für vier Wochen als „Schlepper unter Tage" in einer Hammer Schachtanlage und als „jgl. Arbeiter" ein Jahr später bei der Glückauf-Bau AG in Dortmund. So verzeichnet es sein „Arbeitsbuch".

Während seiner Dienstzeit bei der Marine wurde er zum U-Boot-Ingenieur ausgebildet. Eingesetzt wurde er im Fronteinsatz auf einem Sperrbrecher, geriet als Oberfähnrich und Zugführer einer Pioniereinheit in Norddeutschland in Gefangenschaft, aus der er im September 1945 entlassen wurde. 1946 machte er sein Abitur nach und schrieb sich auf der Universität in Münster als Student der Publizistik, Germanistik und Kunstgeschichte ein. 1953 schloss er sein Studium ab, das er vorher für zwei Semester unterbrochen hatte, um in der *Westdeutschen Rundschau* zu volontieren.

Das Zeugnis, das ihm zum Abschluss seines Volontariats ausgehändigt wurde, zeigt einen jungen Journalisten, der zu allen Hoffnungen berechtigt. Leichte Auffassungsgabe, gute journalistische Veranlagung, politisches Verständnis, „das auf einer zuverlässigen Kenntnis der historischen Grundlagen beruht". Guter Beobachter und flotter Stilist sei er. „Er ist umbruchsicher." Günter Holland ist dann fünf Jahre Redakteur der *Westdeutschen Allgemeinen Zeitung* in den Ressorts Wirtschaft und Politik. Im letzten Zeugnis, das er erhält, bevor er 1958 mit seiner Frau für die *Augsburger Allgemeine* nach Paris wechselt, bescheinigt ihm der Chefredakteur der *WAZ*, Erich Brost, Lizenznehmer wie Curt Frenzel, eine schnelle Auffassungsgabe und ein „sicheres Gefühl für die besonderen Erfordernisse einer Großstadtzeitung".

Günter Holland besaß ein ausgeprägtes Gefühl für einen guten Stil. Seine Freundschaft zu Fred Hepp, dem Streiflichtschreiber der *Süddeutschen Zeitung*, beruhte nicht zuletzt auch auf beider Liebe zur deutschen Sprache mit allen ihren Feinheiten und Möglichkeiten bis hin zur Kalauerei, die beide in extenso beherrschten. „Besonderen Anteil hatte Herr Holland", so bezeugt Erich Brost, „an der Entwicklung unserer Glosse, die täglich auf Seite 2 erscheint. Die über 100 Glossen, die Herr H. in den letzten drei Jahren verfasste, zeichneten sich durch einen prägnanten Stil, gute Pointierung sowie dadurch aus, dass es ihm gelang, auch wenig gewichtige Themen allgemeingültig zu behandeln. Seine Mitarbeit hat zweifellos dazu beigetragen, dass die Glosse von einer sehr großen Mehrheit unserer Leser bei einer in diesem Sommer durchgeführten Meinungsbefragung ausgesprochen positiv beurteilt wurde." Es sind mit leichter Hand dahingegossene Randbemerkungen, stets mit einer hübschen Pointe, sie erfüllen den beabsichtigten Zweck, den Leser zwischen den gewichtigen Meldungen „NRW-Etat erreicht Rekordhöhe" und „DGB verteidigt Lohnerhöhung" mit einer Glosse „Die Stadt voller Eierwärmer" – es geht um den Strick-Topfhut – zu erfreuen. Erich Brost bedauert den Weggang seines Redakteurs, zumal „wir gehofft hatten, ihm eine verantwortlichere Tätigkeit" zu übertragen.

Den Entschluss, nach Paris zu gehen, hatten Ellinor und Günter Holland gemeinsam gefasst. Es war dies für beide die Möglichkeit, fernab des übermächtigen Vaters sich an der Seine ihr eigenes Reich zu schaffen. Für beide wurden es Jahre, an die sie ihr Leben lang gerne zurückdachten. Dennoch war die Zeit in Paris kein Zuckerschlecken, von einem Leben wie Gott in Frankreich konnte nicht die Rede sein. Curt Frenzel dachte nicht daran, Tochter und Schwiegersohn fest anzustellen, sie bekamen keinen Redakteursvertrag, Günter Holland wurde als Korrespondent geführt mit entsprechender Honorarpauschale. Ellinor lieferte ihre Berichte auf schlichter Honorarbasis – Renoirhaus wird Malschule 20,– DM, Weihnachten in Paris 30,– DM; Bernard Buffet 20,– DM; Madame im Frühling 10,– DM. „Meine Frau schickt Ihnen eine kleine Spesenrechnung von der Modewoche. Leider sind die Taxis in die Vorstädte sehr teuer", schreibt Günter Holland nach Augsburg. Beide arbeiten nicht nur für die *Augsburger Allgemeine*, die *WAZ* gehört ebenfalls zu den Abnehmern ihrer Artikel.

Immer wieder muss Ellinor Holland in Augsburg anmahnen, die fälligen Überweisungen zügig vorzunehmen. „Wir würden Sie bitten", schreibt sie einmal an den Kaufmännischen Direktor Carl Riedle, „es bald zu tun, damit wir wieder aufatmen können, denn wir sind etwas in Bedrängnis geraten. Wir haben uns, wie der Vater es bewilligt hat, einen Fernsehapparat gekauft. Er ist hier fast doppelt so teuer wie in Deutschland." Einmal schaltet sich der Vater ein und bittet „um etwas sorgfältigere Angaben, damit unnötige Schreibereien vermieden werden". Die Rüge war unberechtigt, doch eine Entschuldigung erwarteten die Hollands nicht. „Vielen Dank für das Geld. Somit haben Sie uns vor dem Hungertod gerettet", meldet Ellinor Holland an Direktor Riedle.

Die Hollands genießen in Augsburg wahrlich keine Vorzugsbehandlung. So sehr Ellinor Holland im Briefwechsel mit dem Verlag einen persönlichen Ton anschlägt, so bürokratisch-formell fallen die Schreiben aus Augsburg aus. „Mit dieser freiwilligen Weihnachtszulage (100,– DM) verbinden wir den Dank für Ihre wertvolle Mitarbeit an unserer *Schwäbischen Landeszeitung*", schreibt im Dezember 1958 Direktor Riedle an Günter Holland. Zögerlich wird die Pauschale von Günter Holland auf „Anweisung von Herrn Frenzel" erhöht. „Mit dieser Verbesserung", schreibt Direktor Riedle, „verbinden wir den Wunsch nach einer weiterhin guten Zusammenarbeit im Sinne der gestellten publizistischen Aufgaben. Wir begrüßen Sie und Ihre Frau Gemahlin mit vorzüglicher Hochachtung." Nein, als ein Familienmitglied des Hauses haben die Augsburger Verlagsoberen Günter Holland nicht behandelt. Später, als er als Chef vom Dienst in der Augsburger Zeitung arbeitete, teilte ihm Curt Frenzel mit, sein Gehalt werde zum 1. Januar 1963 erhöht. „Ich hoffe, Ihnen damit eine Freude bereiten zu können", schrieb der Schwiegervater. Der Brief war adressiert an *Günther* Holland, Günter mit „h". Missachtung oder Versehen?

Günter Holland war ein fleißiger, sehr gewissenhafter und gründlicher Korrespondent. Wer heute seine Berichte liest, erlebt ein Stück Geschichte. De Gaulle war das große Thema jener Jahre, Algerien und immer wieder das Verhältnis der Bundesrepublik zu Frankreich, Konrad Adenauer und der General. Es sind durchweg klare Analysen, klar auch in der Diktion und entschieden im Urteil. Günter Holland tat sich beim Schreiben nicht leicht, er feilte lange an den Sätzen und wog sorgfältig ab, bevor er ein Urteil fällte. Seine Arbeiten fielen auf. Die ARD machte ihm in den Sechzigerjahren, als er bereits in Augsburg war, das Angebot, als Korrespondent des Fernsehens nach Paris überzusiedeln. Holland lehnte ab und Curt Frenzel war plötzlich stolz wie Bolle auf seinen Schwiegersohn, dem ein solches Angebot gemacht worden war, und verkündete dies in der Redaktionskonferenz.

Viereinhalb Jahre lebten und arbeiteten Hollands in Frankreich. Die Arbeit machte ihnen Freude, aus vielen Kollegen wurden Freunde. „Uns geht es gut", schrieb Ellinor Holland im April 1960 nach Augsburg an Direktor Carl Riedle, „wir sind froh, dass Chruschtschow weg ist. Dieser Kerl hat doch viel Wirbel und Arbeit gemacht. Wir freuen uns sehr auf Ostern, auf ein paar ruhige Tage, die wir diesmal in der Normandie in einem kleinen Dorf verbringen wollen". Ellinor

Holland, frankophil wie ihr Vater, hatte nicht lange gebraucht, um ihren Mann vom Bleiben zu überzeugen. Er fand schnell Gefallen an der französischen Lebensart, die Liebe zum Nachbarland hielt sein Leben lang an und mit der ihm eigenen Gründlichkeit eignete er sich überdies eine exzellente Kennerschaft in französischen Weinen an.

Als 1962 die Signale auf Rückkehr nach Augsburg standen, war es für Günter Holland, dem die Stadt fremd war, ein Neubeginn, wie er radikaler nicht sein konnte. Curt Frenzel war 62 Jahre alt. Die Zeitung stand zwar gut da, doch am Horizont zogen dunkle Wolken auf. Der Verleger sah das Verbreitungsgebiet seiner Zeitung von Konkurrenten umzingelt, der „Allgäu-Krieg" hatte zwar noch nicht begonnen, doch die Bataillone bezogen schon Stellung. Curt Frenzel muss gefühlt haben, dass er nicht mehr der Allerstärkste war. Fast 20 Jahre stand er jetzt auf der Kommandobrücke der *Augsburger Allgemeinen*, die aufreibenden Jahre des Aufbaus hatten an seinen Kräften gezehrt. Er brauchte Verstärkung an Deck. Was lag da näher, als Tochter und Schwiegersohn heimzubeordern.

Curt Frenzel muss sich dies sehr genau überlegt haben. Der Entwurf eines Testaments, verfasst, als Hollands noch in Paris lebten, zeigt dies. Darin wird Ellinor Holland als seine Alleinerbin eingesetzt und bestimmt, dass der Schwiegersohn in die Firma eintreten soll als Chefredakteur und Geschäftsführer mit Entscheidungsbefugnis „im Namen der Inhaberin des Unternehmens". Minutiös beschreibt der Entwurf, dass auf die „wichtigsten" Mitarbeiter Füger, Giers und Riedle besondere Rücksicht zu nehmen sei. Ihnen wird eine Art Vetorecht eingeräumt, das allerdings von der Inhaberin aufgehoben werden kann. „Meine Tochter trifft die endgültige Entscheidung", heißt der letzte Satz in dem Entwurf des Testaments.

Günter Holland war voll guter Hoffnung, als er am 1. April 1962 seinen Dienst als Chef vom Dienst in der Redaktion antrat. Er war letztlich kein Einzelkämpfer, deshalb fiel ihm der Abschied von seiner Rolle als Korrespondent weniger schwer als der Abschied von Paris, wo die Hollands sich so wohlfühlten, nicht zuletzt, weil sie eine sehr hübsche Wohnung in St. Cloud bezogen hatten, am Rande der Stadt.

Günter Holland unterschrieb einen Dienstvertrag, der seine Aufgaben festlegte und in dem er verpflichtet wurde, bestimmte Richtlinien, die Haltung der *Augsburger Allgemeinen* betreffend, zu befolgen. Die Zeitung dürfe in ihren Artikeln und Kommentaren keinerlei Tendenzen Vorschub leisten, „sondern sie dient nach bestem Vermögen aller ihrer Mitarbeiter dem allgemeinen Wohl des deutschen Volkes durch die Pflege des sozialen Ausgleichs, der politischen Verständigung und der geistigen und körperlichen Erziehung".

Es bestand kein Zweifel, die beherrschende Figur sowohl in der Runde der Verlagsleitung wie am Konferenztisch in der Redaktion war immer noch Curt Frenzel. Er gab den Ton an, wies die Richtung und Günter Holland hatte es nicht leicht, sich einzubringen. Beide waren so verschieden, wie verschiedener zwei Menschen nicht sein können. Der Schwiegervater ließ jeden, aber auch jeden seine Dominanz spüren, schon die amerikanischen Presseoffiziere wussten seinerzeit ein Lied davon zu singen. Er war wenig rücksichtsvoll im Umgang mit seinen Mitarbeitern, unbarmherzig, auf viele einschüchternd wirkend, der Schwiegersohn dagegen behutsam, fair, konziliant. Einerseits war Günter Holland privilegiert, verheiratet mit der einzigen Tochter und Erbin des Verlages. Gleichzeitig war dies aber auch eine Hypothek, denn diese Rolle erlegte ihm eine besondere Verantwortung auf. Privileg und Hypothek – ein gewöhnlicher Redakteur der *Augsburger Allgemeinen* war er beileibe nicht.

Anfangs schien Curt Frenzel erleichtert, Günter Holland um sich zu wissen. Er band ihn auch in wichtige Verhandlungen ein, die der Konkurrenzkampf mit sich brachte, und machte ihn 1964 zum Stellvertretenden Chefredakteur. Doch je mehr der gut aussehende junge Mann mit den tadellosen Manieren im Haus an Ansehen gewann, die Kollegen ihn respektierten und seine Art als wohltuend empfanden, umso ungehaltener gebärdete sich Curt Frenzel seinem Schwiegersohn gegenüber. Einwendungen, die dieser in der Redaktionskonferenz vorbrachte, konnte jener mit einer verächtlichen Handbewegung beiseitewischen. Es schien gelegentlich, als ob Curt Frenzel mit seinen Ausbrüchen und ungerechten Vorwürfen seinen Schwiegersohn provozieren wollte, was gelegentlich bis zur Schikane ging, doch der bewahrte Haltung. Oft diente er als Blitzableiter, wenn Curt Frenzel sich über die Redaktion geärgert hatte und seine gefürchteten Eruptionen die Redakteure die Köpfe einziehen ließen. Zwar erlebt er die Geburt seiner beiden Enkelinnen, Ellinor 1964 und Alexandra 1965, doch die Freuden eines Großvaters stellten sich bei ihm nur selten ein.

Es wurden für Hollands keine leichten Jahre. Zwei- bis dreimal schien Günter Holland so weit, die Brocken hinzuschmeißen. Doch dann waren es Freunde aus der Zeit in Essen, die den Hollands zu bleiben rieten. Durchhalten, ausharren, war die Botschaft, die sie ihren Freunden in Augsburg ans Herz legten. Denn es war offensichtlich, dass die Kräfte des Patriarchen nachließen. Ausgebrannt wirkte er auf viele. Zwar verfolgte er immer noch mit unglaublicher Energie das eine oder andere Projekt, wie beispielsweise den Aufbau des Eishockeyclubs in Augsburg, doch mehr und mehr war er auf die Hilfe anderer angewiesen. In seinen letzten eineinhalb Jahren war es sein Schwiegersohn, der ihm buchstäblich beistehen musste. Curt Frenzel konnte nicht mehr. Er brauchte Günter Holland. Als Curt Frenzel am 30. Januar 1970 starb, erschütterte sein Tod den Verlag. Den großen Alten soll es fortan nicht mehr geben? Doch gleichzeitig ging ein hörbares Aufatmen durchs Haus. Der Alte ist weg. Es kann jetzt nur besser werden. Der König ist tot. Es lebe der König.

Die Königskrone trug nun Günter Holland. Trotz der Bürde, er war erleichtert. Die vergangenen acht Jahre hätte er wohl gern aus seiner Erinnerung gestrichen. Er sprach öffentlich ganz selten darüber. „Das war nicht immer eine leichte Zeit", sagte er einmal – und dies war die Ausnahme – in einer Rede auf Hans Drexler, den stellvertretenden Chefredakteur, der im Juni 1974 mit 75 Jahren das Haus verließ. „Sie haben mir in all diesen Jahren sehr geholfen. Ohne Sie, das darf ich heute sagen, hätte ich den Einstieg in Augsburg, hätte ich vor allem die ersten Jahre kaum geschafft. Ich werde gerade diese Zeit nie vergessen". Als 35 Jahre später ein Fotograf ihn gemeinsam mit seiner Frau ablichten sollte und er beide unter ein Foto Curt Frenzels platzieren wollte, das im Büro von Frau Holland hing, wehrte Holland vehement ab: „Kommt überhaupt nicht in Frage." Wie tief verletzt muss er sich damals gefühlt haben.

Der Laden lief. Die alten Männer, Friedrich Füger, 65 Jahre alt, Stellvertreter von Curt Frenzel in der Geschäftsführung mit weitreichenden Kompetenzen, Carl Riedle, 60 Jahre alt, Kaufmännischer Direktor, bildete zusammen mit Leo Hintermayer, 64 Jahre, seines Zeichen Hauptwerbeleiter, ein Triumvirat, das sich seine eigenen Gestaltungsspielräume geschaffen hatte und auch nach außen sehr selbstbewusst auftrat. Günter Holland spürte, dass er sich von der alten Garde trennen musste, wollte er die Zukunft des Verlages in die eigenen Hände nehmen. Und das wollte er, genauso wie Ellinor Holland. Es war dann eher ein Zufall, dass Günter Holland auf einer Reise in die USA, veranstaltet vom Verlegerverband, auf Hans-Georg Walter stieß, promovierter Historiker, 52 Jahre alt, der in verantwortlicher Stellung im Verlag des *Handelsblatts* arbeitete.

Hollands wurden mit ihm einig, am 1. Januar 1974 schied Friedrich Füger aus, Walter wurde sein Nachfolger.

Und Walter handelte entschlossen. Er hatte am Schreibtisch seines Vorgängers noch nicht Platz genommen, als er das große eingerahmte Foto von Curt Frenzel, das über demselben hing, abhängen ließ und es auf Nimmerwiedersehen in eine Rumpelkammer verbannte. Der Übervater sollte ihm nicht über die Schulter schauen. Dann veranlasste er, dass Friedrich Füger die ihm im Juni 1969 gleichsam als Bonus für die erfolgreichen Friedensverhandlungen im „Allgäuer Zeitungskrieg" geschenkten fünf Prozent Anteile am Allgäuer Zeitungsverlag wieder an die Augsburger zurückübertrug. Friedrich Füger biss in den sauren Apfel, der allerdings versüßt wurde, weil die Augsburger gemäß dem Übertragungsvertrag den Füger'schen Anteil finanziell ablösen mussten. Die Rangeleien um die Höhe des Preises – man einigte sich schließlich – nervten Günter Holland und der Ärger darüber nagte lange an ihm. Jedenfalls weigerte er sich 1999, immerhin fast ein Vierteljahrhundert später, als Friedrich Füger 94-jährig starb, auf ihn die Trauerrede zu halten. Diesen Part musste Fügers ehemaliger Assistent und jetziger Geschäftsführer Werner Mittermaier übernehmen. Die Todesanzeige, die in der Zeitung erscheinen sollte, redigierte Günter Holland eigenhändig. Die Bedeutung Fügers wollte er nicht schmälern, doch auf das rechte Maß zurechtstutzen. Dass er in der Region ein Stück Zeitungsgeschichte geschrieben habe, ging Günter Holland zu weit, allenfalls „mitgeschrieben". Auch leuchtete ihm nicht ein, dass Fügers Fähigkeiten „den Erfolg der Zeitung geprägt" haben sollten. Er strich das Wort „Erfolg". „Die Zeitung geprägt" musste reichen. Curt Frenzel und seine alte Garde, sie hatten ihm viele Jahre das Leben schwer gemacht und ihm fast die Freude am Journalismus vergällt – das konnte er nicht vergessen.

Dabei war Günter Holland durch und durch Journalist. Er liebte Zeitungen und er identifizierte sich mit seiner *Augsburger*. Und er liebte die deutsche Sprache. Zeitlebens war es ihm ein Gräuel, wenn er in seinem Blatt auf sprachliche Schludereien stieß. In den Sechzigerjahren als Chef vom Dienst und stellvertretender Chefredakteur schrieb er nicht viele, aber doch sehr eindrucksvolle Artikel. Eine preiswürdige Arbeit erschien im März 1966. Damals reiste er nach Uganda. „Risse in Afrikas schwarzer Perle" hieß seine umfassende, anschauliche und gleichzeitig analytische Reportage, auf einer von Anzeigen freien Seite, aus dem einstigen afrikanischen Musterländle, die beschreibt, wie am Horizont Ugandas sich Stammesrivalitäten abzeichnen und das einst blühende Land in Unruhe versetzen werden. Qualitätsjournalismus at its best, wie er heute wohl nur noch in überregionalen Zeitungen erscheinen könnte – die regionalen meinen, ihren Lesern solche Beiträge nicht mehr zumuten zu dürfen. Andere Zeiten, andere Lesergewohnheiten.

Günter Hollands bevorzugtes Thema in jenen Jahren blieb die Außenpolitik, insbesondere Frankreich. Immer wieder taucht bei ihm General de Gaulle auf, „der letzte aktive große alte Mann des Westens, ein verblüffend pragmatischer und moderner Staatsmann, doch gleichzeitig mit Hirn und Herz ganz dem 19. Jahrhundert verhaftet".

Zum Jahresausgang 1965 schreibt er einen großen Leitartikel. „Es gibt keine richtige oder falsche Politik", heißt es da, „sondern nur eine gute oder schlechte. Sie wird daran gemessen, was sie für uns, die Bürger, und für unser Land bewirkt hat." In demselben Artikel räsoniert er auch über den Krieg in Vietnam, der „kein gerechter Krieg ist. Er ist das Ergebnis einer schlechten Politik, von Macht und falsch verstandener Prestigepolitik". Zum ersten Mal unternahmen in dem Jahr ein sowjetischer Kosmonaut und ein amerikanischer Astronaut unabhängig voneinander einen Spaziergang im Weltraum. „Im Weltraum", schreibt Günter Holland, „klappte alles auf das Beste. Liegt unsere Zukunft in den Sternen? Auch im Jahre 1965 starben jeden Tag 30.000 Kinder an Hunger und Elend. Wir wünschen, dass endlich die Zukunft auf der Erde beginnt."

Im September 1970 führt er mit dem Bundeskanzler Willy Brandt ein bemerkenswertes Interview. „Haben Sie gelegentlich Angst, Herr Bundeskanzler?", lautet die erste Frage von Günter Holland. „Endlich habe einmal jemand", so äußert sich später Willy Brandt gegenüber dem Pressesprecher der SPD, Jochen Schulz, „nicht die üblichen Nullachtfünfzehn-Fragen gestellt, sondern einmal etwas andersherum interviewt."

Günter Holland war ohne Zweifel ein großer Journalist, der mit Leitartikeln, Kommentaren und Glossen sein Blatt hätte prägen können. Doch er begriff seine Aufgabe anders. Seine Vielfachrolle als Verleger, Geschäftsführer und Chefredakteur verlangte seine Präsenz und Aufmerksamkeit an verschiedenen Orten. Hätte er sich allein aufs Schreiben und Zeitungsmachen konzentriert, wären zwangsläufig die verlegerischen Obliegenheiten ins Hintertreffen geraten. Und gerade diese verlangten in den Siebzigerjahren mit ihren revolutionären Umbrüchen im Zeitungsgewerbe – Abschied vom Bleisatz, Einzug elektronischer Systeme – den ganzen Einsatz des Verlegers. Schließlich mussten auch Fragen und Probleme gelöst werden, die mit der Gebietsreform in Bayern auftauchten. Dass diese unter Umständen die bisherige Struktur der Heimatblätter infrage stellte, war für den Verlag ein eminent wichtiger Vorgang.

Trotz seiner Vielfachrolle verstand Günter Holland sich sehr wohl als Chefredakteur und er füllte diese Rolle aus, wie auch die als Herausgeber, ohne in die Tasten der Schreibmaschine oder des Computers zu greifen. Nie haben die

Willy Brandt im Pressehaus –
Günter Holland empfängt den ersten sozialdemokratischen Bundeskanzler in Augsburg.

Redakteure der *Augsburger Allgemeinen* und ihrer Heimatblätter seine journalistische Kompetenz angezweifelt. Er blieb für sie, auch ohne als Autor zu glänzen, die Autorität, die die Richtung der Zeitung vorgab, Maßstäbe setzte und ihnen journalistische Qualität abforderte.

Für die Redakteure, die Curt Frenzel noch in lebhafter Erinnerung hatten, war Günter Holland eine Befreiung. Er gab jedem von ihnen, aber auch jedem Mitarbeiter im Verlag, ob Bote oder Sekretärin, ob Maschinensetzer oder Buchhalter, das Gefühl, ihn oder sie ernst zu nehmen und wertzuschätzen. Seine gleichbleibende Freundlichkeit, von der jeder spürte, sie war nicht aufgesetzt, seine Aufmerksamkeit, seine Fähigkeit zuzuhören, abzuwägen, schafften einen Klimawandel im Haus, der von allen als wohltuend empfunden wurde. Die Redakteure, mit denen er naturgemäß mehr zu tun hatte als mit anderen im Haus, wussten sehr wohl, dass er bei aller Zuvorkommenheit und Höflichkeit ein strenger Präzeptor war. Er las mehr als jeder andere, war stets informiert über das aktuelle Geschehen, las bis spät in den Abend den Andruck seiner Zeitung und konnte ungehalten werden, wenn dieser nicht pünktlich erschien, tauschte sich mit seiner Frau intensiv darüber aus und regte sich maßlos über Ungenauigkeiten und Unsauberkeiten auf.

Er konnte aber auch mit scheinbar leichter Hand seine Redakteure korrigieren und kritisieren, ohne sie zu verletzen. „Bin neugierig, wie Sie davon wieder runterkommen", beschied er einem Leitartikler, dessen Haltung zu einem bestimmten Vorgang ihm fragwürdig erschien. Oder zu einem jüngeren, dessen kleiner Kommentar wohl ein wenig zu heftig ausgefallen war: „Nehmen Sie nicht den Säbel, das Florett tut es auch." Seine Hinweise auf Themen, die zu behandeln sich lohnen könne, waren, wie es sich für einen Chefredakteur gehört, zahlreich. Sie kamen nie als Direktiven daher, allenfalls als Signale, die aber sehr wohl verstanden wurden. Als die Kulturredaktion plante, aus dem gerade erschienenen Buch „Harun und das Meer der Geschichte" von Salman Rushdie die Auszüge abzudrucken, entschied Günter Holland, nachdem er mit sich zu Rate gegangen war und auch Rat eingeholt hatte, dies zu unterlassen. Die vom iranischen Revolutionsführer Ayatollah Khomeini gegenüber dem Autor und all denen, die ihn übersetzten oder verlegten, verhängte Fatwa wegen Beleidigung des Propheten Mohammed stand im Raum. „Jetzt können Sie sagen, der feige Holland", meinte Günter Holland zum Chef des Kulturressorts. Der jedoch hätte keinen Grund gehabt, so zu reagieren. Schließlich waren mehrere Übersetzer getötet worden und ein Verleger schwer verletzt.

Günter Holland hatte eine glückliche Hand in der Auswahl von Journalisten, die ihm in der Chefredaktion zur Seite standen. Bereits 1971 stieß Gernot Römer zu ihm, den er aus seiner Ruhrgebietszeit her kannte und den er als Ausnahme von der Regel duzte. Römer fand sehr schnell seine Rolle als Chef vom Dienst und von Beginn der Neunzigerjahre an als Primus inter Pares in der Runde der Chefredakteure, bis ihn 1994 Rainer Bonhorst, ebenfalls aus dem Ruhrgebiet kommend, zuletzt stellvertretender Chefredakteur der *WAZ*, als alleiniger Chefredakteur ablöste. Gernot Römer zog in Augsburg eine professionelle Journalistenausbildung auf, nicht zuletzt, um mit dem eigenen Nachwuchs die frei werdenden Stellen in den Lokalredaktionen der sich in den Ruhestand verabschiedenden älteren Kollegen zu besetzen. Er trieb die Regionalisierung der Zeitung voran, galt in der Redaktion als strenger Lehrmeister, der Texte bis auf das Komma genau las, der nichts durchgehen ließ und schon mal dem oder jenem gegenüber unangenehm werden konnte, sodass die Betroffenen, auf eine kleine Größe reduziert, sein Zimmer verließen. Wie anders, wenn man ins Büro von Günter Holland gebeten wurde. Die fällige Kritik kam verpackt, oft fragend, gelegentlich ironisch daher, nie verletzend, der oder die so Gerüffelte verließ vielleicht nicht gerade beschwingt, aber doch nie verstört das Zimmer und fühlte sich nie kleingemacht.

Zu den Schwerpunkten, die Gernot Römer in der Zeitung setzte, gehörte die vorbildhafte Aufbereitung der nationalsozialistischen Zeit in der Region. Andere, wie der aufrechte Haudegen Winfried Striebel, Urgestein noch aus dem „Allgäuer Zeitungskrieg", zogen ebenfalls in die Chefredaktion ein. Mit Striebel verband Günter Holland eine besonders herzliche, auf gegenseitigem Respekt und Zuneigung basierende Beziehung. Auch den feinsinnigen und musischen Erich Tröndle verstand er in die Chefredaktion einzubinden.

In einem Papier beschrieb Günter Holland die Rolle eines Herausgebers, der nicht gleichzeitig Chefredakteur ist (er zeichnet im Impressum von 1979 bis 1990 für beide Positionen), wie er sie selbst seit 1990 innehatte. Er beansprucht die Richtlinienkompetenz, wirkt maßgebend bei der Publizierung von Beiträgen mit und entscheidet gegebenenfalls über ihre Veröffentlichung, nimmt an Konferenzen teil, tritt als Schlichter auf, wirkt gegenüber den Heimatverlegern bei Meinungsverschiedenheiten ausgleichend, unter Umständen entscheidend. Der Chefredakteur wiederum ist an die Weisungen des Herausgebers gebunden, trägt die Verantwortung für die redaktionelle Redaktionsarbeit und übernimmt Planungsaufgaben. Als Geschäftsführer behielt sich Günter Holland vor, in personellen Angelegenheiten, insbesondere die Redaktion betreffend, den letzten Entscheid zu treffen.

Auch im Verlag hatten die Hollands – der Einfluss, den Ellinor Holland aus den Kulissen ausübte, ist nicht zu unterschätzen und als Geschäftsführerin wurde sie zudem über alle wichtigen Vorgänge informiert – eine glückliche Hand in der Auswahl ihrer leitenden Mitarbeiter. Von Hans-Georg Walter (bis 1990) über Peter Block, der Ende der Achtzigerjahre in die Geschäftsführung eintrat (bis 2000) bis zu Werner Mittermaier (bis 2005), der im Haus groß geworden war und manches schwierige Projekt mit nie versagendem Optimismus mühelos stemmte.

In den Siebzigerjahren zeichneten sich gravierende Umwälzungen im Zeitungsgewerbe ab. Das Zeitalter Gutenbergs ging mit Macht rapide seinem Ende zu. Die Augsburger mussten handeln. Und sie handelten entschlossen, konsequenter überdies als andere Verlage in der Bundesrepublik. Sie übersiedelten mit Sack und Pack – und viel neuem Pack – auf die grüne Wiese an den Rand der Stadt nach Lechhausen, wo sie eine neue Technik auf die Beine stellten: rechnergesteuerte Satzsysteme, Lichtsatz, eine moderne Offset-Rotation, ein vollautomatisches Versandsystem. Vier Jahre hatten die intensiven Vorbereitungen gedauert, in verschiedenen Projektgruppen übten die Mitarbeiter Einfluss auf die zu treffenden Maßnahmen – als „Augsburger Modell" eingegangen in die Geschichte des Zeitungswesens. „Steuerung durch Information, nicht durch Anordnung".

Günter Holland, der alles Abwägende, vorsichtig Agierende, hin und wieder Zögernde und Zweifelnde, tat sich nicht leicht, dem gewaltigen Unterfangen zuzustimmen. So war es dann Ellinor Holland, die mit unternehmerischem Mut, den sie von ihrem Vater geerbt zu haben scheint, ihr „Macht mal" gab, wenn es galt, diese oder jene Investition von erheblichem finanziellen Umfang zu tätigen. Sie war es auch, die in letzter Instanz entschied, die leistungsstarke Rotation aus der Schweiz zu kaufen, was die einheimische MAN, die auf ihre Maschinen schwor, in Rage brachte. Sie stilisierte den Kauf zum Politikum und mobilisierte den bayerischen Wirtschaftsminister Anton Jaumann. Günter Holland musste sein ganzes diplomatisches Geschick aufwenden, um ihm klar zu machen, dass nur das Beste zählte. Hollands blieben allen Pressionen zum Trotz bei der Stange und nahmen eher belustigt zur Kenntnis, dass die MAN ihre Abos der *Augsburger Allgemeinen* kündigte, um das Blatt dann doch klammheimlich am Kiosk zu kaufen.

Es war nur natürlich, dass viele Mitarbeiter den kommenden Dingen kritisch gegenüberstanden, eine ungewohnte Technik, veränderte Organisationsformen, völlig neue Berufsbilder. Es kam zu Streiks. Günter Holland entschied und er nahm damit viel Dampf aus dem Kessel, dass keiner der Redakteure gezwungen werden dürfe, am Bildschirm zu arbeiten, die Arbeit daran sei freiwillig. Es dürfe aber auch keiner gehindert werden, die neue Technik zu benutzen, war Werner Mittermaiers Petitum, der das gewaltige Projekt von Anfang an vorantrieb.

Am 1. September 1981 begann die neue Ära in der Geschichte der *Augsburger Allgemeinen* in Lechhausen in der Curt-Frenzel-Straße. Acht Monate später luden Hollands zur offiziellen Begehung des neuen Hauses ein. „Wir mussten ein Druck- und Verlagshaus verlassen, das vor 25 Jahren modern war und für die Ewigkeit gebaut schien", brachte Günter Holland in diesem Zusammenhang zu Papier. „Dort ging nichts mehr. Und zurücklassen mussten wir teure Maschinen, völlig intakt, aber ohne Chancen für die Zukunft. Sie werden jetzt verschrottet. Die elektronische Revolution hat uns erreicht und um von ihr nicht gefressen zu werden, haben wir sie ‚integriert'." Holland konnte das Kalauern nicht lassen und fuhr fort: „Wer nicht mit der Zeit geht, geht mit der Zeit ..."

Der bayerische Ministerpräsident Franz Josef Strauß wurde nach Besichtigung des Hauses und der Rotationsmaschinen bei dem abendlichen Essen mit Brätstrudelsuppe eingerahmt von Hollands, an Günter Hollands linker Seite saß Dr. Josef Stimpfle, Bischof von Augsburg, der wegen Firmspendung anfangs abgesagt hatte, dann doch in einem Handschreiben zusagte, weil er erfahren hatte, sein Fernbleiben könne missdeutet werden. „Um jedem Missverständnis vorzubeugen", schreibt er, „und um vor allem meine Verbundenheit mit Ihnen zum Ausdruck zu bringen, habe ich mich entschlossen, allen Schwierigkeiten zum Trotz den 7. Mai von allen anderen Aufgaben frei zu machen." Der Augsburger Oberhirte hatte mit dem Blatt Curt Frenzels, das katholischen Hardlinern wohl immer noch ein roter Dorn im Auge war, längst seinen Frieden gemacht, wissend, dass seine Kirche in dem unabhängigen Blatt eher einen Freund denn einen Feind hatte.

Franz Josef Strauß lobte den unternehmerischen Mut der Hollands, in wirtschaftlich schwierigen Zeiten in die Zukunft zu investieren. Die Druckpresse sei nicht zu ersetzen, „die Verblödung der Menschheit würde Fortschritte machen, würde nicht mehr gelesen", polterte Strauß, denn „das Lesen kann nicht durch Glotzen ersetzt werden". Und Günter Holland ergänzte: „Wir haben investiert, um weiterleben zu können. Das hat uns schrecklich viel Geld gekostet. Wir haben modernste Maschinen angeschafft. Ich meine, überzeugender kann nicht demonstriert werden, dass wir an die Zukunft des gedruckten Worts, an die Zukunft der Zeitung glauben."

Günter Holland bezeichnete sich selbst einmal als Preußen. Das heißt, er nahm die Verantwortung für das ständig wachsende Unternehmen mit seinen mittlerweile über 1200 Mitarbeitern höllisch ernst. Deswegen hatte er kein, aber auch gar kein Verständnis, wenn seine Setzer, Drucker oder Redakteure die Arbeit niederlegten, um einem Streikaufruf der Gewerkschaft zu folgen, und das geschah in den Siebziger- und Achtzigerjahren öfters. Günter Holland wie auch seine Frau Ellinor nahmen solche Arbeitsverweigerungen sehr persönlich und waren tief verletzt. Gleichwohl wussten sie, dass tarifliche Auseinandersetzungen gesetzlich sanktioniert sind und die *Augsburger Allgemeine* die ausgehandelten Tarifverträge erfüllen würde. Die Eigentümerin, ihr Mann und mit ihnen die Geschäftsleitung fühlten sich der sozialen Tradition des Hauses seit seiner Gründung aus den Zeiten Curt Frenzels verpflichtet und sahen in Arbeitsniederlegungen eine Missachtung ihrer Haltung und ihres Engagements den Mitarbeitern gegenüber. In einem Brief Ende der Siebzigerjahre an einen deutschen Freund in New York schreibt Günter Holland über die zunehmenden Warnstreiks. „Wie sollen wir der Öffentlichkeit klar machen, dass es genügt, ein halbes Dutzend Rotationer von 21 bis 23 Uhr diskutieren zu lassen, um auf einen Schlag Hunderttausende von Mark Schaden zu verursachen. Und ich sage das, ohne mich zu beklagen. Geschieht uns ganz recht, dass die Redakteure nicht an die Bildschirme sollen. Das müssen, wenn die IG-Druck obsiegt, künftig die armen Maschinensetzer machen – statt der fürchterlich giftigen Bleidämpfe also die augenvernichtende Röntgenstrahlung. Womit Sie endgültig wissen, dass ich mir eine stramme Arbeitgeber-Mentalität zugelegt habe." Das Stilmittel der Ironie war Günter Holland nicht fremd.

Er mag oft gestöhnt haben, wenn die Geschäftsleitung und die Geschäftsführer, ob die Herren Walter, Block oder Mittermaier hießen, ihm ein Zahlenwerk vorlegten, Investitionspläne und Analysen. Er fraß sich durch die Zahlen und Papiere, Ellinor Holland ließ sich die Kernpunkte erklären und hat dann, so erinnert sich Werner Mittermaier, „wahnsinnig schnell gesagt: ,Und das machen wir!' Das hat die Arbeit hier in diesem Haus so schön gemacht, das hat die Arbeit erleichtert und hat auch das Haus immer so schnell nach vorne gebracht, diese zügigen Entscheidungen." Das Unternehmen entwickelte sich dank der entscheidungsfreudigen Eigentümerin, ihrer sehr betriebsamen Mitarbeiter und der innovativen Geschäftsführung weiter. Großes Augenmerk wurde auf die

Beziehungen zu den Heimatverlegern gelegt und auf den Aufbau der elektronischen Medien, der zur Gründung von RT.1, einem lokalen Radiosender, führte.

Hollands sind mit der Wahl ihrer ältesten Tochter zufrieden. Als Ellinor Holland am 15. Juni 1991 – auf den Tag genau 35 Jahre zuvor waren die Eltern in Essen vor den Standesbeamten getreten – den 28 Jahre alten Andreas Scherer heiratet, ausgewiesener Betriebswirt, der im Verlag WEKA sich seine ersten Sporen verdient hat, ist ausgemachte Sache, dass er als neues Familienmitglied eines Tages Mitverantwortung in der Führung des Hauses tragen wird. Andreas wird bald Mitglied des Beirats, der von Peter Block initiiert wurde und dem die Mitglieder der Familie angehören, die Geschäftsführer und der Chefredakteur. Am 1. September 1997 betritt der Schwiegersohn die Kommandobrücke, seine Hand am Steuer ist sehr bald zu spüren. Aus dem zentral geführten Unternehmen wird eine Firmengruppe, in der die Zeitung zwar weiterhin die Hauptrolle spielt, aber Geschäftsfelder wie die Logistic Factory der alten Frenzel-Gründung ein neues Gesicht geben.

Auch Hollands jüngste Tochter Alexandra hat sich nicht dem Familienunternehmen entzogen. Sie übernahm von Werner Mittermaier das elektronische Feld und machte zusammen mit ihrem Geschäftsführer, Felix Kovac, die RT.1-Gruppe zu einer erfolgreichen und gewinnträchtigen Tochter des Hauses. Schon viel früher hatte sie die Unternehmenskommunikation und den Eventbereich übernommen. Alexandra Holland ist immer schon ein Mensch der Inhalte gewesen. Sie hat die Liebe zur Sprache und zur Zeitung geerbt. Ihr Vater Günter Holland hat dieses Feld bis ins Alter geprägt. Jetzt widmet sich Alexandra Holland diesem zentralen Unternehmensbereich. Im März 2009 tritt sie in die Firmengruppen-Geschäftsführung ein und wird neben ihrer Mutter Herausgeberin der Zeitung.

Die Hollands konnten sich einigermaßen beruhigt aus dem aktiven Geschäft mehr und mehr zurückziehen. 1994 verlässt Günter Holland die Geschäftsführung, vier Jahre später auch Ellinor. Beide fungieren fortan als Herausgeber, sichtbares Zeichen sich nicht vollends aufs Altenteil begeben zu haben. Einmal Verleger, immer Verleger, weiß Günter Holland, einmal Zeitungsmann, immer Zeitungsmann. Trotz mancher Beschwernisse, die das Alter mit sich bringt, erscheint er täglich in seinem lichten, großen Arbeitszimmer im fünften Stock des Pressehauses, gleichsam in Hörweite zur Redaktion ein Stockwerk tiefer. Fast täglich macht ihm Rainer Bonhorst seine Aufwartung, Günter Holland redet mit dem Chefredakteur, der sein volles Vertrauen und seine Zuneigung besitzt, über Personalien, Politik, die Freuden und Leiden eines Zeitungsmachers. Denn nie ist das Blatt so, wie es sein müsste, wenn es könnte.

Von rundem zu rundem Geburtstag werden die Aktenordner umfangreicher, in denen die Gratulationen abgelegt sind. Günter Holland, der von seiner Person nie öffentliches Aufsehen machte und Publizität eher scheute wie der Teufel das Weihwasser, musste sich dennoch gefallen lassen, dass in sehr ehrenvoller, herzlicher bis liebevoller Weise an ihn gedacht wurde. Ihm wurde der Bayerische Verdienstorden angeheftet, der nach ihm auch seiner Frau verliehen wurde – das einzige Ehepaar in Bayern, bei dem jeder der Partner diese höchste Auszeichnung des Freistaates bekam.

Hollands waren längst angekommen in der Stadt am Lech. Der Westfale Günter Holland war im Schwabenland heimisch geworden und fühlte sich an seinem Garmischer Stammtisch unter gestandenen Oberbayern durchaus wohl. Auch wenn aus dem einstigen Flüchtlingsmädel Ellinor aus Sachsen keine schwäbische Dirndl-Trägerin wurde, so wurde das Verbreitungsgebiet der Zeitung doch zu ihrer neuen Heimat. Die Töchter wuchsen hier auf, hier schloss sie Freundschaften und wurde zur intimen Kennerin schwäbischer Besonderheiten. Hochwürdige Prälaten waren ihr so wenig fremd wie rotwangige Milchbauern. Kurz, die Hollands und ihre Töchter waren hier heimisch geworden.

Deshalb lag es Ellinor Holland am Herzen, zum Andenken an ihren Vater Curt Frenzel, dessen Geburtstag sich am 24. Dezember 2000 zum hundertsten Mal jährte, sich in der Stadt für die Stadt zu engagieren. Dass diese wohlbedachte Geste in einer Provinzposse „dumpfbackiger Augsburger Spießer" unterging, wie Wilfried Scharnagl, der ehemalige Chefredakteur des *Bayernkuriers*, anmerkte, gereichte nicht zur Ehre der traditionsreichen und kulturbeflissenen Fuggerstadt und zerstörte nachhaltig das Verhältnis der Hollands zur Stadt.

Ellinor Holland entschied aus den Vorschlägen, die der Oberbürgermeister ihr unterbreitete, sich an der Neugestaltung der sogenannten Kaisermeile zwischen Dom und St. Ulrich zu beteiligen. Sie war bereit, die Kosten der Brunnenfigur zu übernehmen, die am Ulrichsplatz aufgestellt werden sollte. Vorgesehen war eine „Aphrodite" aus der Werkstatt von Markus Lüpertz, dem international anerkannten Künstler aus Düsseldorf. Ellinor Holland übernahm die Kosten für Lüpertz' Arbeit und überwies eine Million Mark.

Als das Kunstwerk im Dezember 2000 Augsburg erreichte und im Rathaus der Öffentlichkeit vorgestellt wurde, geriet eine Vielzahl von Augsburgern außer sich. Aphrodite, eine leicht in sich gedrehte, zu tanzen scheinende, eher bescheiden daherkommende Göttin, provozierte Volkes Seele, die eine alte Heiligenfigur wohl bevorzugt hätte. Die *Augsburger Allgemeine* kam nicht umhin, in ihren Spalten dem Protest Raum zu geben. Die heftig geführte Auseinandersetzung wurde in den kommunalen Wahlkampf gspült, der neu gewählte SPD-Oberbürgermeister entschied, das Projekt „Kaisermeile" und mit ihr „Aphrodite" auf Eis zu legen.

Mittlerweile war die Göttin wieder in den Schoß des Künstlers zurückgekehrt und es bedurfte langwieriger Verhandlungen mit der Stadt, bis „Aphrodite" in das Eigentum der Familie Holland zurückübertragen wurde. Im Mai 2004 wurde die Göttin vor dem Pressehaus auf einen schlanken Sockel gehoben. „Sie ist nicht genau dort angekommen, wo sie eigentlich hingehört hätte. Aber ich meine, sie hat einen schönen Platz gefunden", sagt die Stifterin Ellinor Holland. Ihren Ärger aber vergisst sie nicht. Als die Bamberger fünf Jahre später den Lüpertz'schen „Apoll" erwerben, ist sie mit einer hochherzigen Spende dabei.

Auch für Günter Holland war das letztlich feige Kneifen der Stadt vor Volkes Stimme ein starkes Stück und es ärgerte ihn maßlos. Doch mit 80 Jahren versuchte er, die Dinge gelassen zu sehen und zu nehmen. Auf seinem Schreibtisch lag ein großer Aufsatz von Robert Gernhardt aus der *FAZ*. „Warum sich Leiden und Schmerz so gut in Versform bringen lassen". Er liebte diesen Frankfurter Verseschmied, der so hintergründig dem Alltäglichen nachspürte. Aber auch ein Gedicht von Jorge Luis Borges (1899–1986) lag auf dem Schreibtisch: „Wenn ich mein Leben noch einmal leben könnte, im nächsten Leben würde ich versuchen, mehr Fehler zu machen. Ich würde nicht so perfekt sein wollen ..."

Günter Holland liebte das Spiel mit doppeltem Boden, was heißt, er machte anderen weis, sich seiner Sache nicht immer so ganz sicher zu sein. „Auch das Gegenteil könnte richtig sein", schien er mit Fontane sagen zu wollen. Die leichte Melancholie, die er nicht zu verbergen vermochte, seine Lust am Wortspiel machten Günter Holland zu einem liebenswerten Menschen. Als er am 13. August 2006 starb, war die Trauer im Pressehaus an der Curt-Frenzel-Straße tief. „Ein Journalist und ein Gentleman" überschrieb Rainer Bonhorst seinen Nachruf. „Die liberale Hand, mit der Günter Holland seine Redaktion führte, ließ eine Atmosphäre entstehen, in der kreativer Journalismus besonders gedeiht", heißt es darin. Zu der Trauerfeier in der Basilika St. Ulrich und Afra versammelten sich über tausend Menschen, Freunde, Weggefährten, Mitarbeiter, Politiker. „Er war ein wunderbarer Mensch", sagte der ehemalige Finanzminister Theodor Waigel, ein enger Vertrauter der Familie, der auch davon sprach, dass Holland ohne seine Frau Ellinor nicht hätte vollbringen können, was er tat. „Sie hielt ihm den Rücken frei und brachte sich im gemeinsamen Werk mit der ganzen Kraft ihrer Persönlichkeit ein."

Die Redakteure hängten ein paar Tage später in ihrem neuen Desk-Raum ein Foto auf, das ihren alten Chef zeigt, wie er leicht lächelnd, leicht ironisch auf sie schaut und gleich, frei nach Theodor Heuss, sagen wird: „Na, denn schreibt mal schön!"

Journalist und Gentleman – Günter Holland, gestorben im August 2006, bleibt gegenwärtig. Sein Foto hängt im Desk-Raum der Nachrichtenredaktion.

# Ausblick ins XXI. Jahrhundert

Die Weichen waren gestellt. Schon zu Lebzeiten Günter Hollands schulterte die dritte Generation nach Curt Frenzel die Aufgabe, das Haus so auszurichten, dass es auch in Zukunft als Familienunternehmen bestehen kann.

Günter Holland stand für Seriosität, Respekt und Glaubwürdigkeit. „Bei ihm", so schrieb seine Tochter Alexandra in der Mitarbeiterzeitschrift nach dem Tod ihres Vaters, „galt das Wort. Es wird auch weiterhin gelten – in der Zeitung wie in der Mediengruppe. In seinem Sinn weiterarbeiten heißt, die Unternehmenskultur, die er geschaffen hat, zu bewahren und weiterzuentwickeln. Im Sinne meines Vaters weiterzuarbeiten heißt aber auch, seinen Qualitätsanspruch auf alle anderen Bereiche der Mediengruppe zu übertragen – und dabei immer den wirtschaftlichen Erfolg im Auge zu behalten."

An das Management wird deshalb die Anforderung gestellt, dem spezifischen, oft sehr ausgeprägten Charakter eines Familienunternehmens gerecht zu werden. Das bedeutet insbesondere, den Wert einer über Jahre gewachsenen Unternehmenskultur anzuerkennen und nach dieser das eigene Handeln auszurichten. „Unsere Führungskräfte müssen den Geist des Haus verinnerlichen", verlangt Alexandra Holland, „nicht nur respektieren. Ich wünsche mir vom Management ein ‚gern dabei sein', nicht nur eine ‚das nehme ich so als gegeben hin'-Haltung. Gerade in einem mittelständischen Familienunternehmen, wie wir es sind, muss jemand sagen: ‚Ja, ich fühle mich in solchen Strukturen auch wohl. Mit einer aktiven Unternehmerfamilie.' Das muss man wollen."

Als Ellinor Holland im Kreis der Mitarbeiter im September 2008 ihren 80. Geburtstag feierte, bekannte sie expressis verbis „den traditionellen Charakter unseres Familienunternehmens zu erhalten." Und sie fügte hinzu: „Das ist heutzutage ein kleines Kunststück geworden." Ihr Schwiegersohn Andreas Scherer wusste ihr zu danken: „Heute steht das Unternehmen, das vor 63 Jahren einmal als Zeitungsverlag begann, als moderne Mediengruppe da, die die Herausforderungen der neuen Medienwelt angenommen hat und in der Branche als eines der führenden Häuser überhaupt gilt. Dies alles konnte geschehen, weil Du Deinen Mitarbeiten und Deinem Management vertraust."

Das Vertrauen von Günter und Ellinor Holland in Andreas Scherer war von Anfang an groß, als er im September 1997 in die Geschäftsführung des Verlags eintrat. Der studierte Betriebswirt kam aus einem Fachverlag und musste sich erst einmal auf einen Verlag mit Tagesproduktion umstellen. Er fand die Zeitung vor und das Tochterunternehmen RT1, das einen lokalen Radiosender betrieb und Fernsehdienstleistungen anbot. Schritt für Schritt begann Andreas Scherer nach eingehender Analyse des Vorgefundenen dem Haus ein neues Kleid zu schneidern. Kernpunkt seiner Strategie: neue medienorientierte Geschäftsfelder zu kreieren, alle ausgerichtet auf ein Ziel, so effizient wie möglich dem Kunden

Seit März 2009 gibt sie die *Augsburger Allgemeine* mit heraus – Alexandra Holland hat die Zukunft im Blick.

zu dienen. Sei es Leser oder Hörer, Zuschauer oder User oder jemand, der Werbebotschaften an den Mann bringen will.

Das Zauberwort in Andreas Scherers Strategie heißt „kundenorientiert". So wurden beispielsweise unter seiner Ägide aus den alten Verlagsgeschäftsstellen, die Kleinanzeigen einsammelten oder Abonnements verkauften, moderne Zentren, die Dienstleistungen aller Art anbieten. Ob nun ein großes Callcenter geschaffen wurde, um mit ihm unter anderem auch Direktmarketing zu betreiben, oder eine Agentur für Internetauftritte, online in der *Augsburger Allgemeinen*, schließlich eine Servicegesellschaft, die sämtliche Dienstleistungen vom Bereich Personal bis zum Fuhrpark für die gesamte Gruppe zusammenführt – sie alle machen aus der alten Lizenzzeitung eine Mediengruppe von rund 30 Firmen, die in allen Mediengeschäftsfeldern aktiv ist. Die anschließende Chronik gibt einen Überblick.

Nicht nur das Familienmitglied Andreas Scherer verdient sein eigenes Brot im Unternehmen, auch die jüngste Tochter Alexandra Holland. Sie begann 2000 die interne und externe Kommunikation im Haus zu betreuen, wozu unter anderem die Herausgabe des Mitarbeitermagazins gehört, und verantwortete die Organisation von Firmenkundenevents und Großveranstaltungen der Mediengruppe Pressedruck, wie den beliebten Presseball in Augsburg. Schließlich machte sie Radio und Fernsehen zu ihrer Hauptaufgabe, holte einen talentierten jungen Manager an ihre Seite, mit dem sie Hit Radio RT.1, das lokale Radio, aus den roten Zahlen brachte und den Sender zum Marktführer in der Stadt am Lech machte. Zu ihrem Verantwortungsgebiet gehört auch rt1.tv, ein modernes und innovatives Produktionsunternehmen im Bereich Fernsehen, Film und mobile TV-Übertragung, das bundesweit – unter anderem in den Städten Berlin, Köln und München – vertreten ist. Darüber hinaus hat die rtl.media group unter ihrer Führung die Beteiligungen im lokalen Hörfunk und Fernsehen konsequent aufgestockt. Seit März 2009 ist Alexandra Holland neben ihrer Mutter Herausgeberin der Zeitung und neben Andreas Scherer und Edgar Benkler Geschäftsführerin der Mediengruppe Pressedruck mit dem Verantwortungsbereich Redaktion und elektronische Medien.

Bei allen geschäftlichen Aktivitäten der Mediengruppe ist und bleibt seit Frenzels Zeiten die Zeitung der Kern des Unternehmens. Die Frage, wie ihre Zeitung für die Zukunft aufgestellt sein muss, bewegt die Verantwortlichen in Verlag und Redaktion. In einem längeren Gespräch mit Alexandra Holland und Andreas Scherer skizzieren beide ihre Vorstellungen. „Der Fokus richtet sich heute und in Zukunft sehr stark auf das Lokale. Das ist unser Alleinstellungsmerkmal", sagt Andreas Scherer und fügt hinzu: „Die regionale Tageszeitung ist das einzige Medium, das lokale und regionale Berichterstattung in einer strukturierten Form erzeugt. Die Mantelredaktion erklärt die Themen, die überregionale Relevanz haben, für die Region. Das muss qualitativ hochwertig gemacht sein. Aber das Hauptthema ist für uns das Lokale."

Auf die Frage, braucht eine Regionalzeitung überhaupt noch einen Mantel, einen überregionalen Teil, weiß Alexandra Holland eine klare Antwort: „Auf den Mantel kann nicht komplett verzichtet werden. Was eine regionale Zeitung ausmacht ist gerade ihre Filterfunktion: Was kann aus der großen Welt für die Region von Interesse sein, was für das Lokale? Ich glaube, dass das immer wichtiger wird. Und ich denke, darin liegt unsere Zukunft: dass wir uns gerade im lokalen und regionalen Bereich besonders kleinteilig aufstellen. Im Online-Bereich sowieso und – soweit es möglich ist – auch im Print-Bereich."

Zum kollektiven Gedächtnis in der *Augsburger Allgemeinen* gehört die von Chefredakteur Gernot Römer erfundene Bäuerin aus Döpshofen, die verstehen

Die dritte Generation führt heute das Familienunternehmen: Der Schwiegersohn Ellinor Hollands,
Andreas Scherer, ist seit September 1997 Geschäftsführer der *Mediengruppe Pressedruck*.

soll, was sie in der Zeitung liest. „Sie steht wohl noch immer ein Stück prototypisch für unsere Kundenstruktur", meint Andreas Scherer und Alexandra Holland ergänzt: „Ich glaube, dass sie ein Sinnbild für die Regionalität ist, für die Bodenhaftung, dafür, geerdet zu sein und dafür, interessiert zu sein an dem, was um sie herum passiert. Und das ist entscheidend für unsere Zeitung. Sie muss nah dran bleiben an den Menschen. Das ist wichtig. Aber", so fragt sie, „gibt es diese ländlichen Strukturen überhaupt noch in dieser Form? Oder sind es nicht auch jene jungen Familien, die in die an die Dörfer angedockten Neubaugebiete gezogen sind und wissen wollen, was der Supermarkt im übernächsten Ort anbietet, oder die wissen wollen, was der Sportverein macht, ob die Ergebnisse in der Zeitung stehen, wenn der Bub dabei war?"

„Leute, die hier zu der Region sagen, es ist meine Heimat. Das ist unsere Kernzielgruppe!", meint Andreas Scherer. „Genau", stimmt ihm Alexandra Holland zu, „Heimat. Ich liebe das Wort: Heimatzeitung."

Hans Högel, der agile Verleger der *Mindelheimer Zeitung*, einer typischen, sehr erfolgreichen schwäbischen Heimatzeitung, die auf eine 125 Jahre alte Geschichte zurückblicken kann und die seit Curt Frenzels Zeiten, seit über 55 Jahren, in enger Kooperation mit der Augsburger Mediengruppe erscheint, bringt es auf den Punkt: „Wir verstehen uns als Dienstleister unserer Leser, aber auch als starker Partner für die heimische Wirtschaft."

Ein erfolgreicher Verlag steht immer wieder vor der Frage, wo und wie er noch wachsen kann. Sowohl Andreas Scherer als auch Alexandra Holland sind sich einig, dass sie momentan an einer Schwelle stehen und einen Blick über die Grenzen wagen sollten: „Wir haben unsere Hausaufgaben in Bayern und Schwaben gemacht", stellt Alexandra Holland fest. Und Andreas Scherer fügt hinzu: „Wir haben in neue Druckmaschinen investiert, unsere Weiterverarbeitungsstrecken auf den neuesten Stand gebracht. Gleichzeitig haben wir im Verlag und in den anderen Unternehmensbereichen der *Mediengruppe Pressedruck* die Arbeitsabläufe optimiert. Damit sind wir gut aufgestellt für die rasanten Veränderungen in der Medienlandschaft."

„Für unsere Generation kann ich sagen", erklärt Alexandra Holland: „Wir möchten beides – unternehmerisch denken und gleichzeitig nie die Qualität unseres Kernproduktes, der *Augsburger Allgemeinen* und ihrer Heimatzeitungen, aus den Augen verlieren. Der Qualitätsanspruch unserer Zeitung hat auch in allen anderen Bereichen der Mediengruppe Pressedruck unsere Professionalität geprägt. Ich denke, darin liegt ganz viel unserer Glaubwürdigkeit und damit unseres Erfolges begründet. Um auch in Zukunft in unserer Region erfolgreich, das heißt, der führende Mediendienstleister zu sein, werden wir alles dafür tun, sowohl die Zeitung als auch alle weiteren Geschäftsbereiche der Mediengruppe Pressedruck kraftvoll weiterzuentwickeln."

Das letzte Wort soll die Seniorin des Hauses haben, die nicht ahnen konnte, was auf sie zukam, als im November 1945 in Dresden eine Zeitung aus Augsburg sie erreichte und sie 62 Jahre später als älteste Mitarbeiterin der Zeitung und ihre Chefin an ihrem 80. Geburtstag den Mitarbeitern versichert: „Es ist nicht leichter geworden, ein Familienbetrieb zu sein. Aus der Unternehmerfamilie ist eine Unternehmensgruppenfamilie geworden. Also eine sehr, sehr große Familie. Um eine so große Familie zu führen, muss man klare Ziele vor Augen haben. Wir müssen uns immer wieder für die Zukunft rüsten. Wenn wir das nicht tun, setzen wir alles aufs Spiel. Und das wäre das Schlimmste für uns alle. Einerseits also: weiter wachsen, modernisieren und gedeihen. Andererseits: den traditionellen Charakter unseres Familienunternehmens erhalten."

Und sie lässt keinen Zweifel: „Wir schaffen das!"

Unternehmenschronik
1945 – 2009

Jahrgang 1, Nummer 1 – Die *Schwäbische Landeszeitung* erscheint zum ersten Mal. Nach der langen, weitgehend nachrichtenfreien Zeit hat Augsburg wieder ein eigenes Blatt.

# 1945

**AB 28. APRIL** — Verbände der 7. US-Infanterie-Division marschieren in Augsburg ein und bestellen Wilhelm Ott (1886–1969) zum kommissarischen Bürgermeister. Rund 106.000 Menschen leben in der Stadt; 2760 Wohngebäude mit 12.400 Wohnungen, 72 öffentliche Gebäude, 380 Wirtschafts- und Industriebauten sind zerstört, mehr als 1,1 Millionen Kubikmeter Schutt türmen sich auf. Zu den mehr als 6000 Gefallenen und während der alliierten Luftangriffe gestorbenen Augsburgern kommen etwa 3500 Vermisste. Die *Augsburger National-Zeitung*, unter der Nazi-Herrschaft zum reinen Propaganda-Instrument verkommen, stellt ihr Erscheinen bereits zwei Tage zuvor ein. Bis auf zwei Seiten geschrumpft, hält sie bis zum Schluss das Banner der Nazis hoch.

**8. MAI** — Kriegsende – Johann Wilhelm Naumann und Curt Frenzel sind zu diesem Zeitpunkt längst noch nicht in Augsburg. Jener sitzt im Schwarzwald, dieser in Bad Reichenhall.

**13. JULI** — Der *Augsburger Anzeiger* erscheint. Das von der 12. amerikanischen Heeresgruppe herausgegebene Blättchen kann das Informationsbedürfnis aber nicht befriedigen und stellt Ende August sein Erscheinen wieder ein.

**11. SEPTEMBER** — Die Amerikaner lösen Wilhelm Ott (1886–1969) ab und ernennen Dr. Ludwig Dreifuß, SPD (1883–1960) – noch im Februar 1945 war er von den Nazis ins KZ Theresienstadt deportiert worden – zum kommissarischen Bürgermeister.

**10. OKTOBER** — In Augsburg beginnt die erste Nachkriegsschauspielsaison mit Goethes *„Vorspiel auf dem Theater"* und Kleists *„Zerbrochenem Krug"*.

**30. OKTOBER** — Im Laufe des Sommers werden die Amerikaner auf ihrer Suche nach gestandenen, unbelasteten Journalisten fündig. Mit der Lizenz Nr. 7 erscheint die *Schwäbische Landeszeitung (LZ)* erstmals in Augsburg. Zunächst kommt das Blatt zweimal wöchentlich (dienstags und freitags) mit einer Auflage von 160.000 Exemplaren. Die *LZ* macht mit der Gründung der Vereinten Nationen auf und titelt *„Neues Weltgesetz in Kraft"*. Redaktion und Verlag (damals ungefähr 25 Beschäftigte) sind an der Blauen Kappe in einem von Bomben entstellten Gebäudekomplex des ehemaligen Realgymnasiums untergebracht. Als Lizenzträger zeichnen Curt Frenzel und Johann Wilhelm Naumann verantwortlich. Der monatliche Bezugspreis für die *Schwäbische Landeszeitung* beträgt 1,60 Reichsmark.

**13. DEZEMBER** — Im südlichen Bereich Schwabens haben die Besatzungsmächte mit der Lizenz für den *Allgäuer* eine weitere Zeitung in Bayern etabliert. Die *Schwäbische Landeszeitung* bekommt Konkurrenz.

Das Gebäude an der Blauen Kappe, beherbergt die ersten Verlags- und Redaktionsräume der *LZ*.
Man richtet sich ein, auch zwischen den Trümmern.

# 1946

Die erste eigene *LZ*-Landausgabe für das direkte Augsburger Umland erscheint. Sie wird noch einige Male spezifiziert und unterschiedlich aufgeteilt werden, bis die heutige Struktur erreicht ist. — 1. JANUAR

Die ersten Stadtratswahlen in Augsburg: Die CSU holt die Mehrheit der Stimmen. Mit den Wahlen für die Stadträte in den großen Städten, so kommentiert Curt Frenzel, sei die erste Etappe des demokratischen Wiederaufbaus Deutschlands erreicht worden. — 26. MAI

Otto Weinkamm, CSU (1902–1968), wird vom Stadtbeirat zum Oberbürgermeister gewählt. Er tritt aber bereits am 10. Juli wieder zurück, weil ihn die Militärregierung nicht bestätigt. — 4. JUNI

Dr. Heinz Hohner, CSU (1907–1967), wird zum Stadtoberhaupt von Augsburg gewählt. — 17. JULI

Urteilsverkündung im Nürnberger Prozess gegen die Hauptkriegsverbrecher. Die *LZ* titelt mit der Zeile „*Vollstreckung der Urteile in Nürnberg – Hinrichtungen wahrscheinlich am 16. Oktober – Österreich verlangt Papen und Schirach*". — 1. OKTOBER

Die *Schwäbische Landeszeitung* spezifiziert ihr Angebot mit eigenen Ausgaben für den mittelschwäbischen und nordschwäbischen Raum. Diese Maßnahme hat den Vorteil, zumindest etwas ausführlicher berichten zu können und den mehr oder minder trockenen, regionalen Nachrichtenstoff durch Zweispalter etwas auflockern zu können. Von dem, was man heute unter einer Heimatzeitung versteht, waren diese Ausgaben aber noch weit entfernt. In Zeiten knappen Papiers war einfach zu wenig Platz, um das lokale Geschehen adäquat darzustellen.

Nach einem Jahr *LZ* zieht Chefredakteur Frenzel Bilanz. „*Wir haben unsere Unabhängigkeit als freie deutsche Zeitung gewahrt und sind weder eine Zeitung der Besatzungsbehörden geworden noch der Staatsregierung, noch der Stadt Augsburg, sondern sind lediglich eine Zeitung unserer Leser. Verschiedene politische Richtungen arbeiten an der Schwäbischen Landeszeitung. Das uns Trennende haben wir zurückgestellt in der Arbeit für unser gemeinsames Ideal. Jeder soll seine politische Weisung haben, seinem Glauben dienen, sich zu seiner Heimat bekennen, ob sie nah ist oder fern. Über allem steht aber das eine, das wir lieben, an das wir glauben und auf das wir hoffen: unser neues Deutschland.*" — 30. OKTOBER

Die Lizenzträger Johann Wilhelm Naumann und Curt Frenzel.
Der *LZ*-Fuhrpark im zweiten Verlagsgebäude, im Kriegshaberer Gebäude der Michel-Werke.

# 1947

Aus Platznot ziehen Verlag und Redaktion von der „Blauen Kappe" nach Kriegshaber in die Ulmer Straße in das Gebäude der Michel-Werke, eines Elektrogeräteherstellers. — MAI

Curt Frenzel unterstreicht die überregionale Bedeutung des Blattes mit einer „Deutschland-Ausgabe" der *Schwäbischen Landeszeitung*. — 1. MAI

Mit einer Ausgabe für den Allgäuer Raum bemüht sich die *Schwäbische Landeszeitung*, auch den Bedürfnissen der Allgäuer Leser besser gerecht zu werden und sich zur Konkurrenz des *Allgäuer* in Position zu bringen. *L-Süd* wird diese Ausgabe genannt. — 4. NOVEMBER

Dr. Klaus Müller, CSU (1892–1980), wird zum Oberbürgermeister von Augsburg gewählt. Müller, der viermal wiedergewählt werden wird, bescheinigt Curt Frenzel zum Ende seiner Amtszeit *„verdienstvolles Wirken"* und schreibt: *„Nach Ludwig Börne ist nur das unterdrückte Wort gefährlich, das ausgesprochene aber niemals vergebens. Wir haben darum immer gesagt, was die Bevölkerung wissen musste. Bei der Anwendung dieser Spielregeln einer echten Demokratie haben Sie wesentlich mit beigetragen, der Presse ihre unterrichtende Tätigkeit zu erleichtern. Das auszusprechen ist uns ein besonderes Bedürfnis."* — 12. NOVEMBER

# 1948

Rose und Walter Oehmichen eröffnen ein Puppentheater, später besser bekannt als die Augsburger Puppenkiste. *„Geschnitzte Köpfe mit reizender und eigenwilliger Mimik, Seiden- oder Flachshaaren in nachahmenswerten Frisuren, bewegliche Gliedmaßen, die zum Teil durch Blei beschwert sind, prächtige Kostüme in den geschmackvollsten Farbenzusammenstellungen und aus den erlesensten Stoffen – man könnte in unserer armen Zeit ganz neidisch werden"*, schreibt die *LZ*. Als erstes Stück wird „Der gestiefelte Kater" gegeben. — 26. FEBRUAR

Die *LZ* titelt mit: *„Währungsreform in den Westzonen – Sonntag Auszahlung von 40 Deutsche Mark als erste Rate der Kopfquote – Altes Geld ab 21. Juni ungültig – Kleingeld bis zu einer Mark behält vorläufig ein Zehntel seines Wertes – Einzahlung alten Geldes bis 26. Juni – Endgültige Abwertung noch nicht bekannt"*. — 19. JUNI

Curt Frenzel und Johann Wilhelm Naumann trennen sich aus weltanschaulichen Gründen. Er bringt eine eigene, rein katholische Zeitung, die *Augsburger Tagespost*, auf den Markt. Ein Konkurrenzkampf beginnt. — JULI BIS ZUM 28. AUGUST

Gründung der BRD –
Die Zeitung wirbt um die „ehrliche Zustimmung aller Deutschen" für das Verfassungswerk.

| | |
|---|---|
| Die *Schwäbische Landeszeitung* erscheint nicht nur zweimal, sondern von nun an dreimal wöchentlich (montags, mittwochs und freitags). | 31. AUGUST / 1. SEPTEMBER |

Curt Frenzel gründet als Rechtsnachfolgerin der *Schwäbischen Landeszeitung GmbH* die *Presse-Druck GmbH*. — 1. SEPTEMBER

Die Landausgabe erscheint unter dem Titel *Rund um Augsburg*. Im Titel wird schon bald ein *L* angezeigt, bevor er in *Augsburger Landkurier* umgeändert wird.

Unter eigenem Titel erscheinen erstmals Heimatausgaben in Dillingen *(Dillinger Zeitung)*, Donauwörth *(Donauwörther Zeitung)*, Günzburg *(Günzburger Zeitung)*, Mindelheim *(Mindelheimer Nachrichten)*, Neu-Ulm *(Neu-Ulmer Nachrichten)*, Nördlingen *(Rieser Nachrichten)*, Illertissen *(Illertisser Zeitung)*, Wertingen *(Wertinger Zeitung)*, Landsberg *(Landsberger Nachrichten,)*, Krumbach *(Mittelschwäbische Nachrichten)* und Neuburg *(Neuburger Nachrichten)*. Teilweise kooperiert *Presse-Druck* vor Ort mit den jeweils ansässigen Heimatverlegern, teilweise wird das Unternehmen mit eigenen Ausgaben zu ihnen in Konkurrenz treten. — IM LAUF DES SEPTEMBER UND OKTOBER

Der *Feierabend* erscheint als Sonntagsbeilage der *Schwäbischen Landeszeitung*. Er soll, so erklärt die Zeitung ihren Lesern, „mit dazu beitragen, Unterhaltung für besinnliche Stunden zu geben". — 29. OKTOBER

# 1949

Die *Schwäbische Landeszeitung* erreicht in diesem Jahr eine Gesamtauflage von 210.000. Ihr Verbreitungsgebiet unterteilt sich in eine süd-, mittel- und nordschwäbische Ausgabe. Außerdem gibt es die Deutschland-Ausgabe.

Der *Augsburger Landkurier* wird in zwei Landausgaben geteilt, in *L1* und *L12*. — 2. MÄRZ

Gründung der BRD – Die *LZ* titelt „*Grundgesetz mit 53:12 Stimmen angenommen – CSU, KPD, DP und Zentrum stimmten dagegen – Ratifizierung durch Landtage – Rasche Zustimmung der Alliierten erwartet*". Hans Drexler schließt seinen Leitartikel mit den Worten: „*Das Ziel, das alle vor Augen haben, die an der Bonner Verfassung mitgearbeitet haben, sie für richtig und notwendig halten, erreichen wir nur, wenn aus dem Ja der Bonner Vertreter eine ehrliche Zustimmung aller Deutschen wird, allen parteipolitischen und weltanschaulichen Meinungsverschiedenheiten zum Trotz.*" — 9. MAI

Die direkte Konkurrenz, die Naumann'sche *Tagespost*, kann sich nicht halten.

| | |
|---|---|
| Die US-Militärregierung hebt die Lizenzpflicht für Bayern auf und gibt damit den bis dahin von der Lizenzverteilung ausgeschlossenen Altverlegern freien Raum. Die *LZ* bekommt zusätzliche Konkurrenz. | 22. AUGUST |
| Der Aichacher Heimatverleger Fritz Mayer jun. gründet die *Aichacher Zeitung* neu, die für eine kurze Zeit im Verlag von Frenzels *LZ* erscheint. | |
| Als Nebenausgabe der *Südpost* (aus München) kommt die wieder gegründete sozialdemokratische *Schwäbische Volkszeitung* auf den Markt. Ihre Auflage bleibt aber zu gering, als dass sie zur Gefahr für die *LZ* werden könnte. | 1. SEPTEMBER |
| Die *Neue Kaufbeurer Zeitung* erscheint als Heimatausgabe der *LZ*. | 16. SEPTEMBER |
| Das *Buchloer Anzeigeblatt* erscheint als Heimatausgabe der *LZ*. | 7. OKTOBER |
| Die *Neu-Ulmer Nachrichten* werden in *Neu-Ulmer Zeitung* umbenannt. | 1. NOVEMBER |
| Aus den zwei Landausgaben sind vier geworden: Aus der *L1* wird der *Friedberger Kurier* und der *Lech- und Paartalbote*. Aus der der *L12* werden die Ausgaben *Augsburger Landbote* und *Schwabmünchner Kurier*. | 2. DEZEMBER |
| Naumanns *Augsburger Tagespost* kann sich in der Stadt nicht durchsetzen und stellt ihr Erscheinen ein. Nur die überregionale Ausgabe hält sich, wird Anfang des Jahres 1950 in *Deutsche Tagespost* umbenannt. Im Februar '51 droht ihr der Konkurs. Sie kann nur durch Verlegung nach Regensburg und später nach Würzburg gerettet werden. Johann Wilhelm Naumann verlässt Augsburg. | ENDE DES JAHRES |

# 1950

| | |
|---|---|
| Die *Neue Augsburger Zeitung*, verlegt und gedruckt von Paul Haas, erscheint als Nachfolgerin der eingestellten *Augsburger Tagespost*. | 1. JANUAR |
| Die *Dillinger Zeitung* wird in *Donau-Zeitung* umbenannt. | |
| Ein Stück Normalität kehrt im Westen ein: Die Lebensmittelmarken werden abgeschafft, der Schwarzmarkt verschwindet. 197.000 Menschen flüchten in diesem Jahr aus der DDR, im Westen sind insgesamt neun Millionen Flüchtlinge und Vertriebene zu versorgen. | 1. MAI |
| Der *Lech- und Paartalbote* stellt sein Erscheinen ein. | 31. MAI |

Ein Bild aus harmonischen Tagen – alte Leidensgenossen, vom Schicksal hart geprüft: Curt Frenzel und Kurt Schumacher. Im Laufe der Fünfzigerjahre entfremdet sich der Chefredakteur von seiner SPD.

| | |
|---|---|
| Die *Neue Kaufbeurer Zeitung* wird wieder eingestellt. | 1. JULI |

Die *Schwäbische Landeszeitung* erscheint auf Wunsch der wachsenden Leserzahl viermal wöchentlich (montags, mittwochs, freitags, samstags): „*Immer stärker äußerten sich in den letzten Monaten die Wünsche unserer Leser nach einem häufigeren Erscheinen der Zeitung. In einer Zeit der politischen Hochspannung und neuer kriegerischer Verwicklungen, deren weltweite Bedeutung uns trotz aller räumlichen Entfernung vom Schauplatz des Ringens in ihren Bann schlägt, stellt das erhöhte Verlangen des Lesers nach rascher, zuverlässiger und umfassender Unterrichtung über den Stand und Ablauf der Ereignisse eine selbstverständliche Erscheinung dar.*" — 1. NOVEMBER

Die Deutschland-Ausgabe der *LZ* wird eingestellt. — 25. NOVEMBER

Die Bezeichnung der *L-Süd*-Ausgabe der *Schwäbischen Landeszeitung* wird in *S* abgeändert. — 27. NOVEMBER

# 1951

Die *Neue Augsburger Zeitung* von Paul Haas erscheint zum letzten Mal. — 28. FEBRUAR

Aus den *Mindelheimer Nachrichten* wird die *Mindelheimer Zeitung – Bad Wörishofer Rundschau*. Curt Frenzel und der Mindelheimer Heimatverleger Hans Högel kooperieren. — 1. MÄRZ

Die *Süddeutsche Zeitung* bringt eine eigene Augsburger Ausgabe auf den Markt.

Aus den *Neuburger Nachrichten* wird die *Neuburger Rundschau*. Curt Frenzel kooperiert mit Heimatverleger Martin Loibl. — 2. MÄRZ

Die *Schwäbische Landeszeitung* erscheint im Stadtgebiet Augsburg von nun an täglich (immer werktags). Nach eineinhalb Jahren wird die *LZ* alle Leser im gesamten Verbreitungsgebiet täglich erreichen. — 1. APRIL

Der Aichacher Heimatverleger Fritz Mayer jun. löst sich von *Presse-Druck*. Die *Aichacher Zeitung* erscheint als Nebenausgabe des *Donau-Kurier*. — 1. AUGUST

Eröffnung des Rosenaustadions in Augsburg – Bis zur Eröffnung des Münchener Olympiastadions wird es aufgrund seiner Größe und Modernität eine große Bedeutung für den deutschen Fußball und die internationale Leichtathletik besitzen. Es umfasst ein Fußballfeld und eine Leichtathletikanlage mit Flutlicht. Rund 32.000 Zuschauer finden Platz. — 16. SEPTEMBER

Oben: Die *LZ* interessiert ihre Leser, genauso wie die erste Werkszeitung, genannt: „*Die Schwäbische*".
Unten: Staat, Kirche, Zeitung – Kanzler Adenauer, Weihbischof Zimmermann und Chefredakteur Frenzel.

*Presse-Druck* bringt eine Hauszeitschrift *Unser Zeitungsausträger* heraus. Inhaltlich beschäftigt sich das Magazin damit, *„was zu froher und ernster Stunde sich im dienstlichen und familiären Dasein der großen Trägerfamilie ereignet. Nichts ist dabei an Wort und Bild übersehen, was die treue und pünktliche Mitarbeit der Träger (deren Zahl nicht weniger als 1500 beträgt!) liebevoll zu zeichnen vermag."*

OKTOBER

# 1952

Die *Süddeutsche Zeitung* nimmt ihre Augsburger Ausgabe vom Markt. Davon übrig bleibt eine jeweils am Samstag erscheinende, auf Augsburg bezogene Seite im *SZ*-Regionalteil.

ENDE FEBRUAR

Zum ersten Mal erscheint die Werkszeitung für die *Presse-Druck*-Mitarbeiter: *Die Schwäbische* – Der Aufmacher der Erstausgabe: *„Unterstützungsverein gegründet"* – Geraten Mitarbeiter in wirtschaftliche Not oder werden sie berufsunfähig, unterstützt sie das Unternehmen. Außerdem von Interesse für die *LZ*-Familie: Ein „Institut für Demoskopie" hat herausgefunden, dass sich der Leser der *Schwäbischen Landeszeitung* täglich eine Dreiviertelstunde mit seinem Blatt beschäftigt. Als 147. Neuerwerbung steht Ernest Hemingways „Schnee auf dem Kilimandscharo" im Regal der *LZ*-Werkbücherei. Die Schriftsetzer der *LZ* haben ihre Kollegen von *Il Gazettino Venezia* besucht. Nach der Rückkehr ist man sich einig: Es war ein *„mächtiges Erlebnis"*.

MAI

Das *Buchloer Anzeigeblatt* wird in *Buchloer Zeitung* umbenannt.

2. MAI

Adenauer treibt die Politik der Westintegration voran. Der Deutschland-Vertrag wird durch die Außenminister Deutschlands, Großbritanniens, Frankreichs und der Vereinigten Staaten unterzeichnet. Das völkerrechtliche Werk zwischen der Bundesrepublik und den westlichen Siegermächten regelt das Ende des Besatzungsstatutes und entlässt die BRD in die (eingeschränkte) Souveränität. Der Vertrag wird erst 1955 in abgeänderter Form in Kraft treten. Hans Drexler, später Mitglied der *AZ*-Chefredaktion, kommentiert in der *LZ* zwiespältig: *„Der leidenschaftliche Kampf der deutschen Parlamentsopposition von rechts und links, aber auch von unseren östlichen und westlichen Nachbarn, von der Sowjetunion nämlich und den weiten Kreisen Frankreichs, unterstreicht aber doch nur die wirkliche Bedeutung, die dieser Vertrag tatsächlich hat, und wenn er in vielen Einzelheiten kein Anlass zur Freude ist, ja zu ernsten Bedenken Anlass gibt, so sollte doch die historische Stunde nicht unterschätzt werden, welche mit seiner Unterzeichnung zusammenfällt."*

26. MAI

Friedrich Füger wird zum weiteren Geschäftsführer von *Presse-Druck* bestellt. Zusammen mit Curt Frenzel vertritt er künftig das Unternehmen.

15. JULI

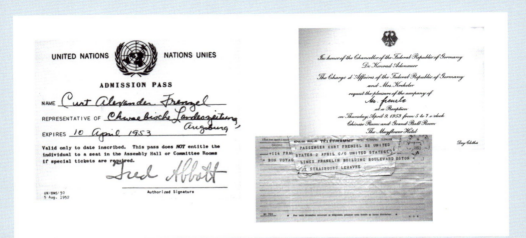

Als einer der wenigen Chefredakteure darf Curt Frenzel Bundeskanzler Adenauer auf seiner ersten USA-Reise begleiten.

Das erste Deutsche Mozartfest der in Augsburg gegründeten Deutschen Mozartgesellschaft wird eröffnet. Bürgermeister Magnus Bunk grüßt in der *LZ*: *„Augsburg ist stolz, dieses Fest der Musik in seinen Mauern beherbergen zu dürfen, und entbietet den Festgästen ein herzliches Willkomm!"*

23. AUGUST

Startschuss zum regelmäßigen Fernsehprogramm im Westen mit „Stille Nacht, heilige Nacht" und nur wenigen Tausend Zuschauern.

25. DEZEMBER

# 1953

Die Vorführungen der Augsburger Puppenkiste werden erstmalig ins Deutsche Fernsehen übertragen, schon vier Wochen nach der ersten Tagesschau.

21. JANUAR

Erfolg eines Geschäftsmodells – Rund 2 Millionen Exemplare der List-Serie und der Goldmann-Taschenbücher sind inzwischen gedruckt. Angefangen hatte der Buchdruck bei *Presse-Druck* mit einem Roman der List-Serie: „Geisterarmee". Der Preis pro Buch beginnt bei 1,60 Mark.

FEBRUAR

Curt Frenzel begleitet als einziger der süddeutschen Chefredakteure Bundeskanzler Konrad Adenauer auf seine erste große USA-Reise. Am Ostermontag erreicht der modernste Überseedampfer der Welt, die „United States", mit der Morgensonne New York. Es beginnt ein Trip durch die Vereinigten Staaten, von dem Curt Frenzel regelmäßig berichtet. Höhepunkte der Reise sind die wiederholten Zusammentreffen Adenauers mit dem amerikanischen Präsidenten Eisenhower.

2. BIS 18. APRIL

Die Landsberger Verlegerfamilie Neumeyer löst den '48 mit Frenzel geschlossenen Vertrag und bringt ein eigenes Blatt, die *Landsberger Zeitung*, heraus. Die Konkurrenzsituation lohnt sich für beide Seiten jedoch nicht.

1. JUNI

„Weg mit der SED-Diktatur!" verlangen Hunderttausende Demonstranten in der DDR – eine Forderung, die erst 36 Jahre später wahr wird.

17. JUNI

# 1954

*Die Schwäbische* berichtet aus dem Unternehmen: Das erste *LZ*-Schachturnier wird ausgetragen. Die *LZ*-Fußballer sind in diesem Jahr ein gern gesehener Gegner der anderen Augsburger Firmenmannschaften. Gegen die Kollegen der Druckerei Schroff verlieren sie mit 0:8, gegen die Papierfabrik Haindl mit 1:2.

Die *LZ* titelt: *„Deutsche National-Elf Fußball-Weltmeister – Nach Blitzstart der Ungarn gleicht Deutschland durch Tore von Morlock und Rahn auf 2:2 aus – Siegtreffer durch Rahn"*.

5. JULI

Wirtschaftswunderzeit – die LZ macht Gewinne und wird schon bald in das neue Verlagsgebäude an der Ludwigstraße mitten in der Innenstadt umziehen.

# 1955

Josef Oberländer, der Schwabmünchener Heimatverleger, und Curt Frenzel entschließen sich zur Fusion. Aus Oberländers *Schwabmünchner Zeitung* und Frenzels *Schwabmünchner Kurier* wird ab November die *Schwabmünchner Allgemeine*.

1. JULI

In Wolfsburg läuft der millionste VW-„Käfer" vom Band, das knapp 4000 Mark teure Symbol des Wirtschaftswunders. Die DDR-Planwirtschaft setzt auf den von 1957 an in Zwickau gebauten Kunststoff-Kleinwagen „Trabant".

5. AUGUST

Zur Tausendjahrfeier der Lechfeld-Schlacht (10. August 955) besucht Bundespräsident Theodor Heuss Augsburg. Es habe ihn gelockt, sagt Heuss, die deutsche Geschichte in der Spiegelung der Geschichte dieser Stadt zu beleuchten. „Nehmen Sie es als eine Art Liebeserklärung für Augsburg", sagt er der *LZ*.

14. AUGUST

400 Jahre Augsburger Religionsfriede – Laut *LZ* kommen Tausende evangelische Christen auch aus der Sowjetzone zur Schlusskundgebung der Feierlichkeiten an die Freilichtbühne am Roten Tor.

25. SEPTEMBER

Hebauf für das neue Verlags- und Druckereigebäude der *Schwäbischen Landeszeitung* an der Ecke Ludwigstraße/Kesselmarkt.

28. OKTOBER

10-Jahres-Feier der *Schwäbischen Landeszeitung* – Inzwischen sind 354.000.295 Exemplare erschienen, wie Curt Frenzel mit Stolz erwähnt. – Lokalredakteur Wolfgang Pepper schreibt rückblickend: „Es waren scheußliche Zeiten – es war eine wunderschöne Zeit! Damals war der Redakteur ein echter Journalist, dem Hunger und Kälte den Instinkt für Wahrheit und Gerechtigkeit schärften, der alles improvisieren musste, der etwas hinstellen durfte, wo vorher nichts war. Damals hatten die Menschen bei Weitem nicht die seelische Arterienverkalkung der heutigen Wirtschaftswunderzeit. Sie waren bereit, alles in Frage zu stellen, alles zu lernen und alles zu wollen."

29. OKTOBER

Frenzel ist am Ziel. Das neue Verlagshaus in der Innenstadt steht und zeigt allen: Die *LZ*-Familie hat es geschafft.
Und da Erfolg bekanntlich attraktiv macht, kann Chefredakteur Frenzel nicht über Mangel an Damenbekanntschaft klagen.

# 1956

**AB JUNI** — Verlag und Redaktion ziehen von der Ulmer Straße (Michel-Werke) in das neue Verlags- und Redaktionsgebäude an der Ludwigstraße 2.

**7. AUGUST** — Offizielle Eröffnung des neuen Verlags- und Druckereigebäudes – 6000 Tonnen Beton, 500 Tonnen Stahl und 2000 Kubikmeter Mauerwerk sind verbaut. Es ist ein hochmoderner Zeitungsbetrieb entstanden. Das Unternehmen ist zu einem der großen Zeitungshäuser im Bundesgebiet aufgestiegen. Bauherr Curt Frenzel wollte keinen „Pressepalast", wohl aber einen selbstbewussten Bau in zeitgemäßer Gestaltung, den ihm der Augsburger Architekt Paul Gerne entworfen hat.

**14. AUGUST** — Bertolt Brecht stirbt in Berlin. In ihrem Nachruf würdigt die LZ „einen der bedeutendsten, zeitgenössischen Dramatiker": *„Bertolt Brecht ist tot. Ein Mensch mit Irrtümern und Verdiensten. Ein Mensch, der politisch sein Augenlicht mit Scheuklappen schützte, ein Dramatiker, der sein Handwerk bewusst zu lenken verstand, ein Lyriker dazu, der mit den feinen, farbenreichen Tönen seiner ‚Hauspostille' noch lange Anerkennung finden wird. Ein Mensch in Licht und Schatten, weil eben doch sein Herz – unter dem Einfluss politischer Intuitionen – zu weit links schlug."*

**5. NOVEMBER** — Die LZ titelt: *„Sowjetische Panzer und Bombengeschwader überfallen Ungarns wehrlose Bevölkerung"*. Und schreibt: *„Tausende von sowjetischen Panzern, sowjetische Bundesgeschwader und mehrere Infanterie-Divisionen haben am frühen Sonntagmorgen Ungarn überfallen und versuchen, den Freiheitswillen des ungarischen Volkes in einem Meer von Blut zu ersticken."*

**10. NOVEMBER** — Wiedereröffnung des 1944 völlig ausgebrannten Augsburger Stadttheaters.

# 1957

**1. APRIL** — Aus den *Landsberger Nachrichten* und der *Landsberger Zeitung* wird das *Landsberger Tagblatt*, eine Heimatausgabe der *Schwäbischen Landeszeitung*.

**8. OKTOBER** — In Bayern zerbricht die Viererkoalition. Ministerpräsident Wilhelm Hoegner (SPD) tritt zurück, und fortan wird die CSU das Land regieren. Hanns Seidl, CSU, wird bayerischer Ministerpräsident.

Die *Schwäbische Landeszeitung* wird zur *Augsburger Allgemeinen*. Curt Frenzel möchte unter anderem den geografischen Standort seines Blattes genannt wissen und ihn bekannter machen.

# 1958

Erinnerungen aus der Betriebszeitung *Die Schwäbische*: „Die dürren Latten aus der Vorwährungszeit, die Fakire von der Blauen Kappe haben heute fast alle Kreislaufstörungen. Ein Teil tut etwas dagegen: Ein bisschen Hungern ist besser, als den Managertod sterben, sagen sie. Als 1948 die große Völlerei begann – die bei vielen noch anhielt, als längst der dringendste Nachholbedarf aus der Kohldampfzeit gedeckt war –, ahnte man noch nicht, dass sich die Eitelsten der LZ sehr bald mit Massage und Trockenbürsten, mit Bircher-Müsli, Hauser-Diät für Hollywoodstars, mit Saftfasten und brüsker Abwendung von jeder Kochsalzschwelgerei ihre schlanke Linie bewahren wollten ..."

---

Mit der Parole „Kampf dem Atomtod" demonstrieren mehr als 100.000 Menschen gegen Rüstungspläne der Bundesregierung. Elvis Presley wird im Oktober begeistert in Deutschland empfangen, bei Konzerten von Bill Haley schlagen Fans das Mobiliar kurz und klein. — **19. APRIL**

---

Die LZ titelt: *„In Memoriam Papst Pius XII."*. Der ständige Leitartikler der LZ, Ernst Deuerlein, ruft dem Kirchenoberhaupt nach: *„Als Papst Pius XII. ist Eugenio Pacelli Nachfolger Petri geworden, dessen Grab unter St. Peter während seines Pontifikats gefunden wurde. Als Nachfolger Petri ist er heimgegangen zu Christus, dessen Kirche durch die Nöte der Zeit zu steuern sein großes Anliegen gewesen ist."* — **10. OKTOBER**

# 1959

In der LZ geht eine Epidemie um. Das Ringel-Spiel „Hula-Hoop" bringt Bewegung in die Arbeitspausen. Der rotierende Reif, schreibt die Betriebszeitung *Die Schwäbische*, lasse die Hüften der Mitarbeiter kreisen. Ende des Jahres wird die Betriebszeitung umbenannt und unter dem Titel *Unsere AZ* erscheinen. — **MÄRZ**

---

Die Bürgermeister-Ackermann-Straße wird für den Verkehr geöffnet. Sie gilt bis heute als die erste Augsburger „Stadtautobahn". — **JULI**

---

Die LZ wird zur AZ. Die *Schwäbische Landeszeitung* heißt jetzt *Augsburger Allgemeine*. Zum einen soll die Traditionslinie zur Cotta'schen *Allgemeinen Zeitung* geschlagen werden. Zum anderen will Frenzel mit der Namensänderung den Standort des Blattes und seinen Charakter als unabhängiges und überparteiliches Publikationsorgan zum Ausdruck bringen: „Wir sind es der Pressegeschichte Augsburgs schuldig, den geografischen Standort zu nennen, also die Stadt, in der die Zeitung erscheint, und mit dem Zeitungsnamen ,Augsburger Allgemeine' wollen wir zum Ausdruck bringen, dass wir es als oberstes Prinzip betrachten, der Allgemeinheit verpflichtet zu sein, und unsere Unabhängigkeit in jeder Beziehung zu wahren. Wir dienen aus Überzeugung und sittlicher Erkenntnis dem demokratischen Staat und dem deutschen Volk. Wir sind aber frei und allein uns selbst in unseren Entscheidungen verantwortlich." — **31. OKTOBER / 1. NOVEMBER**

Oben: 60. Geburtstag – Ein Stück des Weges ist gegangen, aber – der Merkzettel auf dem Geburtstagsporträt zeigt es – das Werk ist „noch nicht vollendet". Unten: Familie Frenzel in Feierstimmung

Nach den Vorgängerausgaben *L1* und dem *Friedberger Kurier* erscheint die *Friedberger Allgemeine* als Heimatausgabe der *Augsburger Allgemeinen*.

**31. OKTOBER/ 1. NOVEMBER**

Für den Landkreis Aichach erscheint eine eigene Ausgabe, wieder *L1* genannt. Schon ab dem Jahre 1957 hatte die *Schwäbische Landeszeitung* erneut einige Nachrichten aus dem Landkreis Aichach gebracht. Schon von '49 bis '51 war die *Aichacher Zeitung* von Fritz Mayer jun. im Verlag der *LZ* erschienen, danach aber kooperierte Mayer mit dem lokalen Rivalen, sodass die *Aichacher Zeitung* als Nebenausgabe des *Donaukurier* erschien.

**1. DEZEMBER**

# 1960

Marika Kilius (16) und Hans-Jürgen Bäumler (18) gewinnen bei den Olympischen Winterspielen in Squaw Valley (USA) nach einer umjubelten Kür im Eiskunstlauf die Silbermedaille. Auch 1964 bei den Spielen in Innsbruck bleibt es für das Paar beim zweiten Platz auf dem Treppchen.

**19. FEBRUAR**

Im Hamburger „Indra"-Nachtclub treten erstmals in Deutschland die Beatles auf. „Spielen, trinken, Mädchen", beschreibt John Lennon die Zeit in St. Pauli. 1962 folgen Auftritte im „Starclub" in der Besetzung Paul McCartney, John Lennon, George Harrison und Ringo Starr. Im Juni 1966 füllen die „Pilzköpfe" bei ihrer Deutschlandtournee Riesenhallen in München, Essen und Hamburg.

**18. MÄRZ**

Die Mitarbeiter der *Augsburger Allgemeinen* feiern den 60. Geburtstag ihres Herausgebers und Chefredakteurs Curt Frenzel.

**24. DEZEMBER**

# 1961

Die Redaktion von *Unsere AZ* vergisst nicht, die Mitarbeiter modisch einzustimmen: „*Was in Paris, Florenz und Rom über die neue Mode zu sehen und zu hören war, klang sehr überzeugend und berechtigt zu der Hoffnung, dass die Frühjahrs- und Sommermode für jeden tragbar und von raffinierter Einfachheit ist, dass sie jung und schlank macht. Slim-Look = schlanke Linie, ist also die Devise.*"

Die *AZ* titelt zum Mauerbau „*Eiserner Vorhang quer durch Berlin*" und kommentiert in der folgenden Ausgabe: „*So weit hat also das Ulbricht-Regime schon abgewirtschaftet: Nach der Errichtung des Eisernen Vorhangs entlang der Zonengrenze sieht es sich am Ende sechzehnjähriger, erfolgloser Bemühungen, seine Bürger im Lande zu halten, dazu gezwungen, nun auch das letzte Tor der Freiheit für die Mitteldeutschen nach Westberlin mit Straßensperren, Tränengas und einer ganzen Division von 200 Panzern zu schließen. Fast vier Millionen Menschen haben seit Kriegsende anstelle der verweigerten freien Wahlen mit den Füßen abgestimmt und durch Aufgabe ihres persönlichen Eigentums, die Zerreißung familiärer Bande und den Verlust der Heimat demonstriert, was sie von*

**13. AUGUST**

Die nächste Generation – Ellinor Frenzel und ihr Mann Günter Holland verlassen das Pariser Korrespondentenbüro und kehren nach Augsburg zurück. Curt Frenzel braucht sie daheim.

*den Segnungen der ‚Arbeiter- und Bauernmacht' halten. (...) Uns bleibt wenig mehr, als zu hoffen, dass Nikita Chruschtschow, der immer wieder ausprobiert, wie weit er gehen kann, dies rechtzeitig einsehen möge."*

# 1962

Das Zeitungshaus wird durch einen Anbau *Im Thäle* erweitert, das Volumen des Betriebs um ein Viertel vergrößert.

In Hamburg brechen die Deiche: Bei der Sturmflutkatastrophe sterben in Norddeutschland 347 Menschen, allein 315 in der Hansestadt. Hamburgs Innensenator Helmut Schmidt (SPD) koordiniert die Rettungseinsätze und erwirbt seinen Ruf als „Macher". | 17. FEBRUAR

Günter Holland, zuvor in Paris Korrespondent der *Augsburger Allgemeinen* und der *WAZ*, wird zum Chef vom Dienst berufen. Die Hollands, Ellinor Frenzel und ihr Mann Günter Holland, kehren Paris den Rücken und ziehen nach Augsburg. | 1. APRIL

Kuba-Krise – Im *„Telefonischen Bericht unseres Korrespondenten Heinz Weber"* vom 26. Oktober heißt es: *„Die Menschheit wird in diesen Tagen wieder einmal vor eine harte Probe gestellt; und doch zeichnet sich bereits heute ganz klar eine für den Frieden der Welt äußerst erfreuliche Tatsache ab. Chruschtschow hat seinen Schiffen nicht den Auftrag gegeben, sich mit den Amerikanern auf offener See in ein Feuergefecht einzulassen. Wie die Amerikaner am 13. August in Berlin den Bau der Ulbricht-Mauer mitten durch die deutsche Hauptstadt um des lieben Friedens willen dulden mussten, sieht sich jetzt die Sowjetunion gezwungen, bei dem Versuch in die amerikanische Machtsphäre einzubrechen die amerikanischen Machtinteressen, wenn auch unter Protest, zu respektieren."* | 13. BIS 28. OKTOBER

In derselben Ausgabe vermeldet die AZ: *„Die Redaktionen des Nachrichtenmagazin ‚Der Spiegel' im Bundesgebiet wurden am Freitagabend von Kriminalpolizei durchsucht. Der Herausgeber des ‚Der Spiegel', Rudolf Augstein, soll, wie in Bonn verlautete, verhaftet worden sein. Augstein werde Landesverrat vorgeworfen aufgrund eines Artikels in Nummer 41 des ‚Spiegels' über das ‚Fallex-Manöver'".* Bundesverteidigungsminister Strauß lügt im Bundestag und bestreitet zunächst jegliche Beteiligung. Später muss er als Verteidigungsminister zurücktreten.

Der Patriarch: Frenzel ist auf dem Zenit seiner Macht und seines Einflusses angekommen.
Dicke mit Strauß und als Förderer der Eiskunstlauf-Stars Marika Kilius und Hans-Jürgen Bäumler.

# 1963

**24. AUGUST**

Die ersten Spiele der neuen Fußball-Bundesliga werden angepfiffen. Timo Konietzka (Borussia Dortmund) schießt das erste Tor, der 1. FC Köln wird Meister der ersten Bundesliga-Saison.

**2. NOVEMBER**

Im Schleifgraben wird das neue Kunsteisstadion fertig, für das Curt Frenzel 250.000 Mark gespendet hat. Seit 1962 ist er auch 1. Vorsitzender des Augsburger Eislauf Vereins (AEV). Mit einer Gala wird das Eisstadion eröffnet, ein Abend, der 3000 Zuschauer ziemlich begeistert, wie die AZ schreibt: *„Fast aus dem Häuschen gerieten die Zuschauer aber, als das Weltmeister-Paar Marika Kilius und Hans-Jürgen Bäumler auf dem kalten Eisparkett einen heißen Twist tanzte. Der Beifall nahm Formen an, dass die Fundamente des nagelneuen Stadions bebten."*

**22. NOVEMBER**

Kennedy-Attentat – Die AZ titelt am folgenden Tag: *„US-Präsident John F. Kennedy ermordet".* Nüchtern analysiert George J. Mader in seinem Leitartikel: *„Das Erbe Lincolns, die Verwirklichung der vollen Gleichberechtigung der schwarzen Bürger Amerikas, war neben der Sorge für die Alten, die Kranken und die Arbeitslosen die innenpolitische Hauptaufgabe, die sich John F. Kennedy gestellt hatte. Er führte diesen Kampf mit Hilfe der Bundesjustiz, die er nicht zuletzt deshalb entgegen allen Einwendungen seiner Berater in die Hände seines engsten Vertrauten, seines Bruders Robert Kennedy, legte."*

# 1964

**20. JANUAR**

Georg Fürst von Waldburg zu Zeil, Gesellschafter der *Schwäbischen Zeitung* in Leutkirch, übernimmt Anteile am *Allgäuer* in Kempten. Durch die Veränderung der Besitzverhältnisse sieht sich Curt Frenzel veranlasst, im Süden mehr Einfluss seiner Zeitung geltend zu machen. Beginn des Allgäuer Zeitungskriegs: Curt Frenzel bringt Heimatausgaben im Konkurrenzgebiet des *Allgäuer* in Füssen (Kooperation mit dem *Füssener Blatt*), Marktoberdorf und Kempten (jeweils *Allgäuer Tagblatt*) auf den Markt.

**30. APRIL**

Das Ende der „Ära Müller". Der Augsburger Oberbürgermeister scheidet aus dem Amt. Zuvor ehrt ihn Generalmajor W. A. Cunningham und verleiht dem langjährigen Stadtoberhaupt als erstem deutschem Staatsbürger den zivilen Verdienstorden des amerikanischen Heeres. Wolfgang Pepper, SPD, ehemaliger Redakteur der LZ, folgt Müller nach. Erstmals verschaffen die Augsburger der SPD auch die Mehrheit im Stadtparlament. Curt Frenzel gibt seinem ehemaligen Kollegen Pepper mit auf den Weg: *„Wir hoffen und wünschen, dass sich Ihre Amtszeit zum Segen und zum Wohle der Stadt und ihrer Bevölkerung auswirken möge. Soweit die Augsburger Allgemeine Sie in Ihrem Vorhaben unterstützen kann, wird Sie Ihnen jederzeit zur Verfügung stehen. Persönlich darf ich mich auch den Wünschen meiner Zeitung anschließen. Sie haben einen steilen und steinigen Weg vor sich, an dessen Ende, um mit Thomas Mann zu sprechen, ein winziges Licht flackert. Es ist ein Licht der Hoffnung auf eine glückliche Zukunft. Wir wollen Ihnen helfen, dass es nicht verlöscht."*

# Aktion Weihnachtsfreude für Gelähmte

### Vom Schicksal Geschlagene sollen nicht vergessen sein — Ein Appell an unsere Leser

Luxus darf nicht blind machen gegenüber dem Leid. In einer Zeit der überfüllten Schaufenster und der überzogenen Wunschlisten sollten die nicht vergessen sein, die das Schicksal besonders hart getroffen hat. In der Hessing'schen Klinik in Göggingen im Landkreis Augsburg liegen gelähmte Patienten aus ganz Schwaben, denen diese Hilfsaktion der „Augsburger Allgemeinen" unter dem Motto „WEIHNACHTSFREUDE FÜR GELÄHMTE" gelten soll. Jenen zu helfen und Freude zu bereiten, die sich mit Toten nicht bedanken können, sollte uns jene innere Zufriedenheit schaffen, die den Sinn des Weihnachtsfestes ausmacht. An einigen Beispielen wollen wir die Schicksale gelähmter Mitmenschen schildern und unseren Lesern Hinweise geben, wie sie helfen können. Wer anderen Freude bereitet, beschenkt sich selbst.

### Von Winfried Striebel

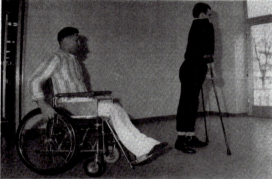

ROLLSTUHL UND KRÜCKEN sind die wichtigsten Hilfsmittel der Gelähmten. Franz R. (rechts) übt jeden Tag im Flur der Hessing-Klinik das Laufen mit Hilfe von Stützapparaten und Krücken. Links im Rollstuhl der querschnittgelähmte Landwirt Herbert L., dessen Frau seit drei Jahren das kleine landwirtschaftliche Anwesen alleine bewirtschaften muß. Der Mann wird ein Leben lang berufsunfähig sein und steht vor der schwerwiegenden Frage, seinen Hof verpachten zu müssen. Bild: Gläss

SCHULARBEITEN IM BETT macht Emmi D. Die 17jährige holt in einem Fernkurs den Abschluß der Volksschule nach. Mit 12 Jahren erkrankte sie an Kinderlähmung.
Bild: Striebel

Die Geburtsstunde der Kartei der Not, des Leserhilfswerks der *Augsburger Allgemeinen* und der *Allgäuer Zeitung*. Zum ersten Mal ruft das Blatt seine Leser auf, für Bedürftige zu spenden.

Eine neue Rotationsmaschine wird eingeführt. 64-seitig mit vier Eindruckwerken, für Schön- und Widerdruck, zwei Auslegern und sechs Papierrollensternen mit Selbstklebevorrichtung. Auf jeder Maschinenhälfte kann eine 48-seitige Zeitung hergestellt werden. Die Maschine ist 23 Meter lang und 7,3 Meter hoch. — 23. OKTOBER

Die *Neue Kaufbeurer Zeitung* erscheint erneut. — 1. NOVEMBER

# 1965

Zum Fuhrpark der AZ gehören mittlerweile 52 Fahrzeuge. Blau sind die Wagen und *Augsburger Allgemeine* steht drauf. Zum Vergleich: 1950, als die Zeitung noch dreimal wöchentlich erschien, genügten noch 16 Autos, acht Motorräder und 22 Fahrräder.

*Weihnachtsfreude für Gelähmte* heißt die erste Aktion, mit der die *Augsburger Allgemeine* an ihre Leser appelliert, Hilfsbedürftige in der heimatlichen Region zu unterstützen. Winfried Striebel beginnt seinen Artikel, der auf der Seite *Die Welt im Spiegel der Zeit* erscheint, mit den Worten: „Luxus darf nicht blind machen gegenüber dem Leid. In einer Zeit der überfüllten Schaufenster und der überzogenen Wunschlisten sollten die nicht vergessen sein, die das Schicksal besonders hart getroffen hat. In der Hessing'schen Klinik in Göggingen im Landkreis Augsburg liegen gelähmte Patienten aus ganz Schwaben, denen die Hilfsaktion der Augsburger Allgemeinen unter dem Motto ‚Weihnachtsfreude für Gelähmte' gelten soll. Jenen zu helfen und eine Freude zu bereiten, die sich mit Taten nicht bedanken können, sollte uns jene innere Zufriedenheit schaffen, die den Sinn des Weihnachtsfestes ausmacht." Eine solche Aktion ist damals in ihrer Art einzigartig. Die Leser der *Augsburger Allgemeinen* und ihrer Heimatzeitungen spenden Bücher, Rundfunkgeräte, Fernseher, Schreibmaschinen, Wäsche, Toilettenartikel und 16.063 Mark. Es ist die Geburtsstunde der „Kartei der Not", des Leserhilfswerks der *Augsburger Allgemeinen* und der *Allgäuer Zeitung*. — 11. DEZEMBER

# 1966

Im Endspiel der Fußball-WM unterliegt Deutschland Gastgeber England mit 2:4. Das umstrittene dritte Tor ist spielentscheidend, und ein geschlagener Uwe Seeler verlässt mit hängenden Schultern den „heiligen Rasen" von Wembley. — 30. JULI

*Presse-Druck* reagiert auf die Veränderungen des Zeitungsmarktes: Ein kostenloses *Anzeigenblatt* für Augsburg erscheint. — 16. SEPTEMBER

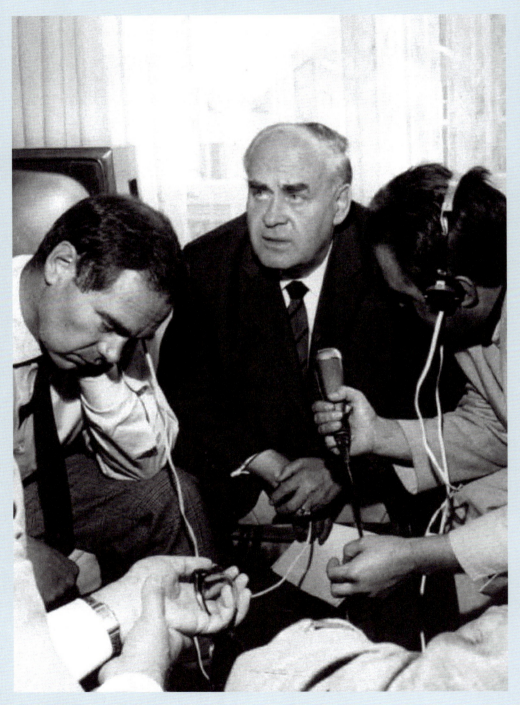

Der Westdeutsche Rundfunk befragt Curt Frenzel –
Günter Holland hört konzentriert, was der Herr Schwiegervater zu sagen hat.

Die sozialdemokratische *Schwäbische Volkszeitung*, eine Nebenausgabe der *Südpost* aus München, stellt ihr Erscheinen wieder ein.  31. DEZEMBER

# 1967

*Presse-Druck* übernimmt die Neu-Ulmer Verlags-GmbH. Die *Neu-Ulmer Zeitung* ist somit ganz im Besitz von *Presse-Druck*.  1. APRIL

Die AZ titelt: „Konrad Adenauer zum Gedenken" – In einem ganzseitigen Nachruf würdigt Ernst Deuerlein den „alten Herrn aus Rhöndorf". Der Schlussabsatz lautet: „*Aber so wie Bismarck es nicht nötig hat, dass sein Leben und seine Leistung durch Legenden verklärt werden, so sind zum Verständnis Adenauers keine legendären Erklärungen, Berichte und Vergrößerungen vonnöten. Die Ära Adenauer bezeichnet den Weg des deutschen Volkes zu sich selbst, in die Gemeinschaft der Völker und zu neuen politischen Aufgaben. Adenauer versuchte seit dem Ausscheiden aus dem Amte seine Memoiren zu vollenden, ehe ihm die Feder aus der Hand fiel. Sein Erinnerungswerk wird ein Torso bleiben. Auch in dieser Hinsicht gleicht er Bismarck.*"  20. APRIL

Am Rand von Demonstrationen gegen den Schah-Besuch in Berlin wird der Student Benno Ohnesorg von einem Polizisten erschossen. Sein Tod radikalisiert die Studentenproteste.  2. JUNI

# 1968

Andreas Baader und Gudrun Ensslin legen Brände in zwei Kaufhäusern in Frankfurt am Main. Die Tat gilt als Wendepunkt vom studentischen Protest der APO gegen den US-Einsatz in Vietnam („Ho, Ho, Ho Tschi Minh") zum Terrorismus.  2. APRIL

Die AZ titelt „*Attentat auf Dutschke erschüttert Bundesrepublik*" und meldet über den Mordanschlag vom 11. April: „*Eine Welle von Protestdemonstrationen, die teilweise die Form offenen Aufruhrs annahmen und in Gewalttätigkeiten ausarteten, hat das Attentat auf das prominenteste Mitglied des Sozialistischen Studentenbundes (SDS) und Repräsentanten der außerparlamentarischen Opposition, Rudi Dutschke, in Berlin und zahlreichen anderen deutschen Städten ausgelöst.*"  13. APRIL

Der Bundestag beschließt die Notstandsgesetze. Die jahrelange Diskussion um die Einschränkung verschiedener Grundrechte wurde von heftigen Protesten vor allem der Gewerkschaften und der Studentenbewegung begleitet.  30. MAI

Ohne sie geht gar nichts: Die Austrägerinnen und Austräger der *Augsburger Allgemeinen* bringen die Zeitung ins Haus.

Die AZ berichtet zur Flughafeneröffnung aus Augsburg-Mühlhausen: „*Das war ein Fliegertag, wie er im Buche steht! Augsburgs neuer Flugplatz erlebte einen Start, wie er besser wohl nicht ablaufen konnte: Prominenz in breitester Front; Abertausende von Zuschauern – kein Mensch konnte sie zählen – am Platzrand und auf der Terrasse des Restaurants, die Hälse hoch, die Augen auf; ein Betrieb ab Samstag 12 Uhr, auf der neuen Piste, dass im Kontrollturm die Frequenzen aber auch keine Sekunde mehr frei waren und – zugegeben – ein Gebrumm am Himmel hing, das die Mühlhauser Flur bis zu diesem Tag noch nicht vernommen hat. Die Fliegerstadt Augsburg erlebte an diesem Wochenende einen neuen luftigen Auftakt in ihrer langjährigen Geschichte.*" — 24. JUNI

Die AZ titelt: „*Besetzung der CSSR schockiert die Welt, Dubček in Sowjetpanzer abtransportiert*". — 22. AUGUST

Der Zeitungskrieg endet friedlich. *Presse-Druck* kooperiert mit dem Allgäuer Heimatverlag und gemeinsam gründen Curt Frenzel und Fürst von Waldburg zu Zeil das Unternehmen *Allgäuer Zeitungsverlag*. Beide Partner sind gleichberechtigt beteiligt. Es entstehen gemeinsame Heimatausgaben: Die *Allgäuer Zeitung* in Kempten, die *Allgäuer Zeitung* in Kaufbeuren, Füssen, Marktoberdorf, die *Buchloer Zeitung*, die *Memminger Zeitung*, *Der Westallgäuer* in Weiler und das *Allgäuer Anzeigeblatt* in Immenstadt. Der gemeinsame Mantel der *Augsburger Allgemeinen* und der *Allgäuer Zeitung* entsteht in Augsburg. Die *Allgäuer Zeitung* und ihre Heimatausgaben haben aber zusätzlich noch einen Allgäuer Regionalteil. Gleichwohl bedeutet die Einigung nach 25 Jahren das Ende des *Allgäuers* als zweiter für Schwaben lizenzierten Zeitung. — 1. OKTOBER

# 1969

Das 100-millionste Taschenbuch verlässt nach 20 Jahren Buchdruck im Haus die Druckmaschine. — 14. MAI

Die AZ titelt: „*Die ersten Menschen auf dem Mond – Armstrong und Aldrin sind sicher gelandet – Schon nach fünf Stunden die Fähre verlassen*". — 21. JULI

Mit der Bundestagswahl endet die Zeit der Unions-Kanzler. Willy Brandt bildet eine sozialliberale Koalition und wird am 21. Oktober erster sozialdemokratischer Kanzler der Bundesrepublik. Seine erste Regierungserklärung mit der berühmt gewordenen Formel „Mehr Demokratie wagen" löst im Parlament heftige Debatten aus. Im Kreuzfeuer steht vor allem der Satz von der Existenz zweier deutscher Staaten, den die CDU/CSU-Opposition heftig kritisiert. Friedl Hange, Bonner Korrespondentin, schreibt in ihrem AZ-Leitartikel „Frischer Wind im Parlament": „Der Auftakt der parlamentarischen Arbeit des sechsten Deutschen Bundestages lässt viel erhoffen und befürchten zugleich. Die Oppositionsrede des CDU/CSU-Fraktionsvorsitzenden Rainer Barzel gehört zweifellos auf die positive Seite des neuen Kräfteverhältnisses im Deutschen Bundestag. Eine starke Opposition wird einer relativ schwächeren Regierungskoalition ‚im Nacken sitzen', wenn es nach ihrer Meinung darum geht, ‚Schaden vom deutschen Volk abzuwenden'. Sie wird die gleiche Regierung unterstützen, wenn es gilt, — 28. SEPTEMBER

Curt Frenzel stirbt am 30. Januar 1970 – Er hat für den Journalismus gelebt und hinterlässt ein bestelltes Haus. Die *AZ* ist aus Augsburg und Bayerisch-Schwaben nicht mehr wegzudenken.

‚den Nutzen des deutschen Volkes zu mehren', vor allem also in den Lebensfragen der Nation. Der versteckte Hinweis Barzels auf Verfassungsklagen seiner Partei, wenn die Regierung deutschlandpolitische Schritte unternehmen sollte, die nicht dem Auftrag der Präambel des Grundgesetzes zur Herstellung der nationalen Einheit entsprechen sollten, zeigt auf, wie ernst die Union den Unterschied zwischen ihrer und der sozialdemokratischen Deutschland-Politik nimmt."

# 1970

Tod von Gründungsherausgeber, Chefredakteur und Verleger Curt Frenzel. — 30. JANUAR

Das Eislaufstadion wird nach dem verstorbenen 1. Vorsitzenden des Augsburger Eislauf Vereins (AEV) Curt-Frenzel-Stadion benannt.

Ellinor Holland und Günter Holland übernehmen die Geschäftsführung von *Presse-Druck*. Günter Holland wird außerdem Chefredakteur. Ihm zur Seite stehen als Stellvertreter Dr. Hans Drexler und Dr. Georg Bartholy. — 20. FEBRUAR

Beginn des Lehrbetriebs an der neugegründeten Universität Augsburg. — 16. OKTOBER

Der Kniefall von Bundeskanzler Willy Brandt (SPD) vor dem Mahnmal für die Opfer des Nationalsozialismus in Warschau wird zum Symbolbild. Die auf Entspannung angelegte Ostpolitik der sozialliberalen Regierung spaltet die Westdeutschen. Ein Jahr später erhält Brandt den Friedensnobelpreis. — 7. DEZEMBER

# 1971

„Fräulein" ade. Bundesinnenminister Hans-Dietrich Genscher (FDP) ordnet an: Alle unverheirateten weiblichen Berufstätigen in verantwortungsvoller Stellung sind mit „Frau" anstelle von „Fräulein" anzureden. — 16. FEBRUAR

„*Wir haben abgetrieben*" – das Bekenntnis von 374 Frauen im Magazin *Stern* ist ein Protest gegen den Strafrechtsparagrafen 218. — 6. JUNI

Nach altem Brauch werden die Junggehilfen in der Druckerei bei *Presse-Druck* auch in diesem Jahr „gegautscht". Der Gautschmeister, in diesem Jahr erstmalig im Originalkostüm des 15. Jahrhunderts, vollzieht den zeremoniellen Akt in der AZ-Autowaschanlage mit den Worten: „Packt an Gesellen, lasst den Corpus posteriorum fallen auf diesen nassen Schwamm, biss trieffen beyde Ballen. Der durst'gen Seele gebt ein Sturzbad obendrauff, das ist dem Sohne Gutenbergs die allerbeste Tauff." — 27. OKTOBER

Auch in Augsburg werden 1972 die Olympischen Spiele ausgetragen. Günter Holland ist nach Curt Frenzels Tod das Gesicht der *Augsburger Allgemeinen*. Er repräsentiert die Zeitung, ob beim Eishockey oder aber wenn Gäste die Redaktion besuchen, wie der spätere Bundespräsident Walter Scheel.

# 1972

Im Zuge der Gebietsreformen werden die Vorortgemeinden Haunstetten, Göggingen, Inningen und Bergheim nach Augsburg eingemeindet. Die Einwohnerzahl Augsburgs wächst um 40.000 auf 257.000.

RAF-Terror in Augsburg: Als „*Antwort auf die Liquidierung von Thomas Weisbecker*", wie es später in einem Bekennerschreiben heißt, explodieren um 12.15 Uhr kurz hintereinander zwei mit Zeitzünder versehene Bomben im dritten Stock der damaligen Polizeidirektion am Prinzregentenplatz, einer der Sprengkörper detoniert nur wenige Meter vom Dienstzimmer des Polizeichefs August Schepp entfernt. Sogar die Betondecke durchschlägt bei dem Attentat. Schepp kommt mit einem Schrecken davon. Fünf Menschen werden leicht verletzt.
12. MAI

Hans Breuer (geboren 1930), SPD, wird zum Oberbürgermeister von Augsburg gewählt. Die *AZ* kommentiert „*Die Schlacht ist geschlagen. Der neue Augsburger Oberbürgermeister heißt Hans Breuer. Im ersten Anlauf, bei dem er freilich zwei Startversuche benötigte, distanzierte er Dr. Ludwig Kotter, der vor zwei Jahren beinahe OB Wolfgang Pepper überrannt hätte, knapp, aber klar genug. Der Versuch der CSU, in die geschlossene oberbürgermeisterliche Phalanx in Bayerns Großstädten einzubrechen, ist gescheitert. Im Rathaus zu Augsburg regiert weiter die SPD – Grund genug für die CSU, die zwei Jahre lang an eine Niederlage nicht denken mochte, nach Fehlern und nach Schuldigen zu suchen.*"
25. JUNI

*Rund um Augsburg* wird geändert in *AZ-Woche*.
1. JULI

Das Aichacher Land kommt zu Schwaben. Die *L1* für das Aichacher Land erscheint von nun an unter eigenem Namen als *Aichacher Nachrichten*.

Das *Anzeigenblatt* für Augsburg wird in *Augsburger Wochenanzeiger* umbenannt.

Der 118 Meter hohe und in der Stadt sehr umstrittene Hotelturm am Wittelsbacher Park ist fertiggestellt.

Olympische Spiele auch in Augsburg – Die Kanu- und Kajak-Wettbewerbe der Spiele werden am Eiskanal ausgetragen. Für das Turnier wird das weltweit erste künstliche Kanu-Stadion mit Tribünen für 24.000 Zuschauer errichtet.
AB 26. AUGUST

Die *AZ* titelt: „*Olympiatragödie endet mit Blutbad – Alle neun israelischen Geiseln tot – Vier Terroristen erschossen – Misslungene Befreiungsaktion in Fürstenfeldbruck: 15 Todesopfer*" – „*Die Flamme brennt weiter*" ist der Titel des Leitartikels von Rolf Stibitz, der mit den Worten beginnt: „*In der großen Schale über dem Münchener Olympiastadion brennt das Feuer weiter. Unten in den Wettkampfstätten tummelt sich die Jugend der Welt. Aber es ist nicht mehr so wie am Montag. Die heiteren Spiele*
6. SEPTEMBER

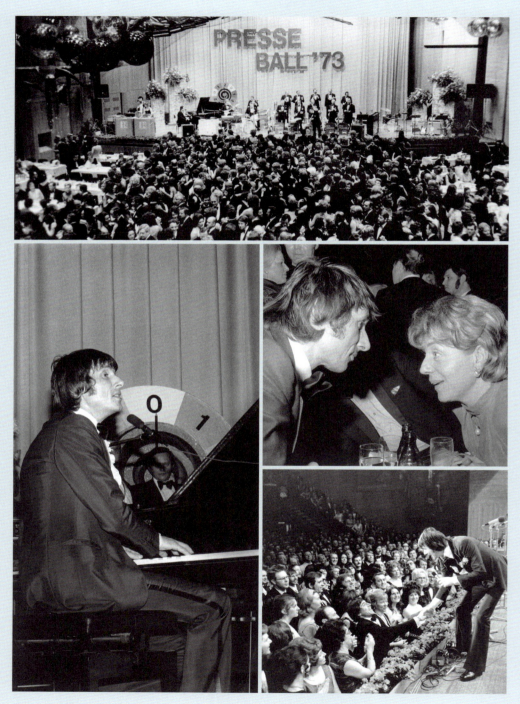

Der erste Augsburger Presseball – Stargast der glamourösen Nacht ist Udo Jürgens, der nicht nur Ellinor Holland zu unterhalten versteht.

von München sind tot. 17 Opfer eines wahnwitzigen, bar jeder Humanität oder Rücksicht auf den Sinn der Spiele und den ethischen Gehalt der olympischen Idee geplanten Verbrechens sind eine zu große Hypothek, als dass in den Stadien völlig unbeschwert Volleyball gespielt werden oder Gewichtheber sich messen könnten. (...) Die Völker werden mit dieser Gewalt weiterleben müssen. Aber München kann dennoch ein Fanal sein. Auch eine offene Gesellschaft vermag Vorsorge gegen drohende Rückfälle in die Anarchie zu treffen. Mit dem Mordbubenstück im Schutz der olympischen Ringe haben die arabischen Untergrundorganisationen und die in den nahöstlichen Regierungspalästen sitzenden Drahtzieher ihren Zielen vielleicht selbst einen tödlichen Schlag versetzt."

---

Heinrich Böll wird Literatur-Nobelpreisträger. 19. OKTOBER

# 1973

Zum ersten Mal richtet die *Augsburger Allgemeine* gemeinsam mit dem *Bayerischen Rundfunk* in der im Vorjahr eröffneten Kongresshalle den Augsburger Presseball aus. Der gebürtige Augsburger Roy Black, damals auf dem Gipfel seiner Popularität, steht als Stargast nicht zur Verfügung. Dafür sagt aber Udo Jürgens zu. Auch die Rosy Singers und Peggy March gehören zum Staraufgebot. Herausgeberin Ellinor Holland erinnert sich: *„Es war ein fantastischer Abend, eine außerordentlich geglückte Premiere."* Sie will mit dem Presseball *„einen gesellschaftlichen Glanzpunkt setzen"* und diesen mit einem sozialen Zweck kombinieren: Spenden für das Leserhilfswerk der *Augsburger Allgemeinen*, die *Kartei der Not*. Dieser erste Presseball ist noch im Februar terminiert. Im folgenden Jahr wird der Termin in den November gelegt. Dabei ist es seither geblieben. 3. FEBRUAR

---

Günter Holland feiert seinen 50. Geburtstag. Zu den zahlreichen Gratulanten gehört auch CSU-Chef Franz Josef Strauß. Der Betriebsrat überreicht als Geburtstagsgabe einen Scheck über 2395,64 Mark für die *Kartei der Not*. 13. NOVEMBER

---

Leere Autobahnen von Nord bis Süd – Fahrverbote an vier Sonntagen zeigen den Westdeutschen die „Grenzen des Wachstums". Arabische Staaten haben einen Ölboykott verfügt. Die AZ titelt am folgenden Tag: *„Die Energiekrise fängt jetzt erst richtig an – Araber drohen – Bonn ermahnt Verbraucher – Das Sonntagsfahrverbot wurde kaum übertreten – In den Städten war der Fußgänger wieder König".* 25. NOVEMBER

Oben: Kommen und gehen – Helmut Schmidt ist zu Gast in der Redaktion.
Unten: Friedrich Füger scheidet aus der Geschäftsführung aus, genauso wie der kaufmännische Direktor Carl Riedle.

# 1974

Der *Illertisser Wochenanzeiger* erscheint.

---

Friedrich Füger scheidet aus der *Presse-Druck*-Geschäftsführung aus. Ihm folgt Dr. Hans-Georg Walter nach.

1. JANUAR

---

Brandt erklärt seinen Rücktritt. Sein Referent Günter Guillaume war als Spion des DDR-Geheimdienstes entlarvt worden. Neuer Chef im Kanzleramt wird Helmut Schmidt.

6. MAI

---

Dr. Hans Drexler, Mitglied der Chefredaktion, scheidet aus dem Unternehmen aus.

29. JUNI

---

Die Chefredaktion wird zum Gremium: Den Vorsitz hat Günter Holland inne. Dr. Georg Bartholy ist ebenfalls Mitglied der Chefredaktion, in die Gernot Römer und Erich Tröndle neu berufen werden.

VON JULI AN

---

Die AZ titelt: *„Knapp, glücklich, aber nicht unverdient schlug am gestrigen Sonntag die Nationalmannschaft der Bundesrepublik im Endspiel der Fußballweltmeisterschaft mit 2:1 das Team der Niederlande. Der Schütze des entscheidenden Tores, das der Bundesrepublik nach 20 Jahren den zweiten Weltmeisterschaftstriumph brachte, war Mittelstürmer Gerd Müller."*

8. JULI

---

Der österreichische Schriftsteller Thomas Bernhard klingelt an der Pforte in Lechhausen. Zuvor hatte er in seinem bei den Salzburger Festspielen aufgeführten Drama „Die Macht der Gewohnheit" den kontrollsüchtigen Zirkusdirektor Caribaldi ein bedrohlich klingendes, diffamierendes „Morgen in Augsburg" sagen lassen. Bernhard hatte schon früher mit der Bezeichnung Augsburgs als „Lechkloake" für einen Lokalskandal gesorgt. Eine Einladung des Augsburger Oberbürgermeisters zum klärenden Gespräch sagt er ab. Dann taucht er aber unvermittelt an diesem Septembernachmittag in der Kulturredaktion der *Augsburger Allgemeinen* auf, nachdem er sich beim Pförtner vergewissert hat, ob die Kulturredakteurin, Thea Lethmair, Humor habe. Auf ihre Frage hin „Warum Augsburg?", sagte Bernhard: *„Ich hätte auch Nürnberg sagen können, aber Augsburg klingt halt besser. Sie wissen doch, wie das beim Schreiben ist. Der Rhythmus, der Tonfall – es muss passen."* Lethmair: *„Und ‚Lechkloake?'"* Bernhard: *„Der gleiche Fall."* Beim Abschied von Thea Lethmair bilanziert Bernhard: *„Es war doch nur ein Spaß."*

6. SEPTEMBER

Zu Gast auf dem Presseball: Ellinor Holland hört Michael Schanze zu und ihr Mann achtet darauf, dass Petra Schürmann auch den Richtigen trifft.

# 1975

Die AZ titelt: „*Nach Bonner Nein: Botschaft gesprengt – Stockholmer Geiselnahme endet dramatisch – Aktion zur Baader-Meinhof-Befreiung gescheitert – Mit einer unerwarteten Katastrophe endete am Donnerstag wenige Minuten vor Mitternacht das Geiseldrama von Stockholm. Nachdem die Bonner Regierung in Übereinstimmung mit allen politisch verantwortlichen Kräften in der Bundesrepublik beschlossen hatte, der Forderung der Terroristen nach Freilassung aller inhaftierten Mitglieder der Baader-Meinhof-Bande nicht nachzugeben, machten die fünf Anarchisten ihre Drohung wahr: Sie sprengten das deutsche Botschaftsgebäude mit den noch verbliebenen neun Geiseln in die Luft. Zwei schwere Explosionen zerstörten das Haus."*

25. APRIL

# 1976

Der *Günzburger Wochenanzeiger*, ein lokales Anzeigenblatt, erscheint. In der folgenden Zeit bringt *Presse-Druck* auch den *Mittelschwäbischen Anzeiger* in Krumbach, den *Donau-Lech-Anzeiger* für Donauwörth, den *Rieser Anzeiger* für Nördlingen, den *Wertinger/Meitinger Anzeiger*, die Dillinger *Donau-Rundschau*, den *Neuburger Wochenanzeiger* und den *Neu-Ulmer Wochenanzeiger* heraus.

15. JANUAR

Gewalttätige Auseinandersetzungen können den Bau des Kernkraftwerks Brokdorf in Schleswig-Holstein nicht stoppen.

30. OKTOBER

# 1977

Die Entscheidung für den Neubau, das „*Druckhaus auf der grünen Wiese*", in Lechhausen fällt. Die AZ wird an den nordöstlichen Stadtrand ziehen. Zugleich soll das Unternehmen mit der Einführung neuester Technik modernisiert werden.

APRIL

Auf der Berliner Funkausstellung präsentieren knapp zwei Dutzend deutsche Zeitungen geschriebene Zeitungstexte per Bildschirm. Auch die *Augsburger Allgemeine* ist mit von der Partie, als mittels einer Kombination von Telefon und Fernsehschirm erste Schritte in Richtung Online-Zeitalter getan wurden: Jürgen Bartel von der Augsburger Lokalredaktion wird Teil der Gemeinschaftsredaktion, die die erste Bildschirm-Zeitung Deutschlands entwickelt. Vorbild ist die BBC in London, die schon seit längerem ein solches Angebot hat. Die in Halle 7 des Ausstellungsgeländes am häufigsten gestellte Frage lautet: Macht die Bildschirmzeitung der gedruckten Zeitung nicht Konkurrenz? Eine Bildschirmseite bietet Platz für 24 Zeilen à 40 Buchstaben. Die beliebtesten Seiten, die von den Messebesuchern „aufgeblättert" wurden, waren die Lokalnachrichten, die Wetterkarten, die Fußballergebnisse und der „Witz des Tages".

AB 22. AUGUST

1977 ist das die Zukunft – So soll es aussehen, das moderne Pressehaus auf der „grünen Wiese". Die AZ zieht wieder um, vom Zentrum an den Stadtrand nach Lechhausen.

Der RAF-Terrorismus treibt die Republik in den Ausnahmezustand. Höhepunkte des „Deutschen Herbstes" sind die Befreiung der Lufthansa-Passagiere in Mogadischu, der Selbstmord von drei RAF-Häftlingen und die Ermordung des entführten Arbeitgeberpräsidenten Hanns Martin Schleyer. Die *AZ* vermeldet unter der Schlagzeile „*Terroristen ermordeten Hanns Martin Schleyer – Neue Drohungen des Kommandos Hausner*" am 20. Oktober: „*44 Tage nach seiner Entführung und zwei Tage nach dem glücklichen Ende des Geiseldramas in Somalia ist der Arbeitgeberpräsident am Mittwoch in Frankreich ermordet aufgefunden worden.*" 18. OKTOBER

# 1978

Franz Josef Strauß wird bayerischer Ministerpräsident. Otto Heß gibt ihm in der *AZ* des Folgetages mit auf den Weg: „*Bei der Bestandsaufnahme des Erbes Goppel wird Strauß unschwer herausfinden, dass ihm geordnete Finanzen und wieder sprudelnde Steuerquellen Handlungsfreiheit verschaffen. (…) Der neue Regierungschef hat alle parlamentarischen Instrumente in der Hand, um das soziale Gefüge des Landes auszubalancieren, Reiche und Besitzende zu verpflichten, Schwache und Arme in die besondere Obhut des Staates zu nehmen. Strauß kann die freiheitliche Demokratie durch die Liberalität, aber auch Unnachgiebigkeit gegenüber zerstörerischen Elementen von links und rechts festigen.*" 6. NOVEMBER

# 1979

Edwin Federmann verkauft seine Anteile an der *Illertisser Zeitung* an *Presse-Druck*. Damit ist die *Illertisser Zeitung* vollständig im Besitz von *Presse-Druck*.

Der TV-Vierteiler „Holocaust" löst eine Debatte über die Bewältigung der jüngsten Vergangenheit aus. 22. JANUAR

Erster Spatenstich für den Unternehmens-Neubau in Lechhausen. 15. OKTOBER, 10.15 UHR

Aufstieg in den kulinarischen Olymp – das Münchner Restaurant „Aubergine" mit Starkoch Eckart Witzigmann erhält als erstes deutsches Restaurant drei Sterne im Gourmetführer „Michelin". 19. NOVEMBER

31. August 1981, 23 Uhr – Ellinor Holland startet die neue Rotation in Lechhausen.
Für die *Augsburger Allgemeine* hat mit Lichtsatz und Offset-Druck ein neues Zeitalter begonnen.

# 1980

Offizieller Rohbaubeginn an der Steinernen Furt in Lechhausen. | 7. JANUAR

Die Politik wird grün: In Karlsruhe konstituieren sich die Grünen als Bundespartei. Gruppen und Grüppchen aus der Friedens- und Umweltbewegung machen sich auf den Weg in die Parlamente. Im März 1983 ziehen die Grünen in den Bundestag ein. | 13. JANUAR

Die *Unterallgäu Rundschau* in Mindelheim erscheint. | 28. FEBRUAR

# 1981

Die ARD strahlt den ersten „Schimmi"-Tatort „Duisburg-Ruhrort" mit Götz George als Kommissar Schimanski aus. Zwei Tage später zeigt die ARD die erste Folge der amerikanischen TV-Serie „Dallas". | 28. JUNI

Letzter Produktionstag mit der alten Technik in der Ludwigstraße im Stadtzentrum von Augsburg. Im Laufe des Sommers ist die großzügige, von Architekt Alfred Kosebach entworfene Anlage in Lechhausen fertig geworden. Wieder einmal ist ein Umzug zu bewältigen. | 30. AUGUST

Endgültiger Abschied von der Bleizeit, vom Zeitalter Gutenbergs. Ellinor Holland startet die neue Wifag-Rotation (OF 7). Erstmals im Lichtsatz gesetzt, erstmals im Offset wird die A1 angedruckt, mit zwei Beilagen, erstmals mit der neuen Ferag-Versandanlage verarbeitet. Gleichzeitig startet das neue Redaktionssystem ISA (Integriertes Satzsystem Augsburg). Die Neuerungen bedeuten den Einstieg des Unternehmens in das digitale Produktionszeitalter. Die *Augsburger Allgemeine* ist damit eine der ersten Zeitungen dieser Größenordnung, die ihre Produktion so umfassend umstellt. Die Stadt benennt die Straße, an der die *Augsburger Allgemeine* ihre neue Heimat findet, nach Curt Frenzel, zur Erinnerung an seine unternehmerische und publizistische Leistung. | 31. AUGUST, 23 UHR

Sturm im Wasserglas – Die mit 29 Sitzen im 60-köpfigen Stadtrat vertretene CSU-Fraktion schrumpft auf 17 Mitglieder. Zwölf Ratsherren mit dem zweiten Bürgermeister Ludwig Kotter an der Spitze entschließen sich, eine eigene Fraktion, die Christlich Soziale Mitte (CSM), zu bilden. Mit der Fraktionsspaltung erreichen die seit der vorausgegangenen Kommunalwahl ausgetragenen Streitereien einen Höhepunkt. Hintergrund des Eklats sind unterschiedliche Auffassungen von „Falken" und „Tauben" innerhalb der CSU, wie mit der SPD im Rathaus Politik zu machen sei. Die CSM sieht sich an die mit der SPD geschlossenen interfraktionellen Verträge gebunden. | 19. NOVEMBER

Und haben stundenlang politisiert ... Helmut Kohl besucht die Redaktion in Lechhausen.
Rauchwerk, Bocksbeutel und Kaffee regen das Gespräch an.

# 1982

| | |
|---|---|
| Der *AZ-Ski-Express* bringt die *Presse-Druck*-Mitarbeiter zum Saisonauftakt ins Stubaital. | WINTER |
| Der Umzug nach Lechhausen ist komplett abgeschlossen. | MÄRZ |
| Mit ihrem Lied *„Ein bisschen Frieden"* gewinnt Nicole als erste Deutsche den Grand Prix d'Eurovision. | 24. APRIL |
| Offizielle Einweihung des neuen Verlagshauses in Lechhausen. Ministerpräsident Franz Josef Strauß bescheinigt der Herausgeberfamilie Holland *„großen Mut zur unternehmerischen Verantwortung"*. | 7. MAI |
| Fertigstellung des Augsburger Zentralklinikums. Die Baugeschichte des Klinikums hatte bereits im Juli 1958 begonnen, als der Augsburger Stadtrat den Bau einer Zentralkrankenhausanlage am Kobel beschloss. | 19. MAI |
| Ein Misstrauensvotum beendet die Ära von Helmut Schmidt (SPD). Die sozialliberale Koalition war nach 13 Jahren zerbrochen. Nachfolger Helmut Kohl (CDU) beginnt seine 16 Jahre als Kanzler mit der Ankündigung einer „Wende". Die AZ titelt am 2./3. Oktober: *„Schmidt abgewählt – Kohl neuer Kanzler"* – Für die AZ kommentiert Günter Müchler am 14. Oktober Kohls erste Regierungserklärung: *„Neue Regierungen können sich auf verschiedene Weise einführen. Sie können es darauf anlegen, die Phantasie der Bürger zu beflügeln. So startete Willy Brandt 1969 mit dem dramatischen Appell, mehr Demokratie zu wagen, neue Horizonte aufzureißen. Die Vision war Programm. Sie faszinierte viele auch dann noch, als ihre Grenzen und Fehleinschätzungen längst offenbar waren. Die gestrige Regierungserklärung von Helmut Kohl hatte nichts von alledem. Ihr fehlte der Glanz zündender Formeln ebenso wie der Anspruch, die Reise in eine utopische Zukunft anzutreten. Statt ein neues Zeitalter einzuläuten, beschränkte sich Kohl, Antworten auf sehr diesseitige Herausforderungen zu finden."* | 1. OKTOBER |

# 1983

| | |
|---|---|
| Das Hamburger Magazin *Stern* präsentiert die angeblichen Tagebücher von Adolf Hitler. Material-Untersuchungen beweisen bald: Die Tagebücher sind eine Fälschung. | 25. APRIL |
| Mehr als eine Million Menschen nehmen an Demonstrationen gegen die bevorstehende Stationierung neuer US-Atomraketen auf deutschem Boden teil. Die Nachrüstung war im NATO- Doppelbeschluss von 1979 festgelegt worden. Am 22. November stimmt der Bundestag der Aufstellung neuer Mittelstreckenraketen zu. | 22. OKTOBER |

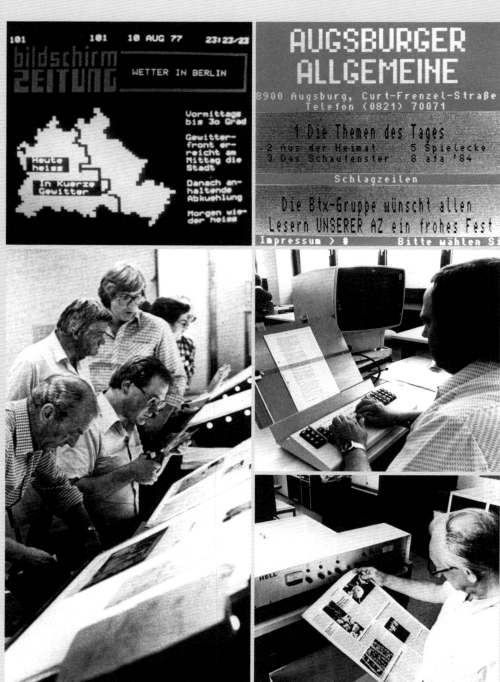

Oben: Die AZ geht mit der Zeit – Bildschirmtexte sind ein neues Medium und die Redakteure aus Augsburg nutzen dessen Möglichkeiten mit als Erste. Unten: Ob Klebeumbruch oder schreiben am Computer, alle Mitarbeiter müssen sich in den 80ern umstellen.

**10. NOVEMBER** — Gedenkfest zum 500. Geburtstag des Reformators Martin Luther. In Augsburg gibt es zahlreiche Feierlichkeiten. Grund: Hier weilte Luther einst, weil er vor einem päpstlichen Gesandten seine 95 Thesen widerrufen sollte. Was er nicht tat, dafür aber bei Nacht und Nebel aus der Stadt flüchtete.

**DEZEMBER** — 10.500 Besucher sind inzwischen aus aller Welt gekommen, um das neue Lechhauser Verlagsgebäude und die Rotation zu besichtigen.

# 1984

**1. JANUAR** — Der Vorläufer des Fernsehsenders Sat.1, die „Programmgesellschaft für Kabel- und Satellitenfunk" (PKS), geht als erstes Privatfernsehen auf Sendung. Im Juli 1986 startet *Radio Schleswig-Holstein* als erster landesweiter privater Hörfunksender.

**27. APRIL BIS 6. MAI** — Start von *Tele 1 Augsburg* auf der Augsburger Frühjahrsausstellung (afa). Das Fernsehprojekt erleben Tausende afa-Besucher, die in den verschiedenen Hallen auf den Monitoren verfolgen können, welches Programm die Redakteure der *Augsburger Allgemeinen* in Halle 6 machen: Jeden Tag sechs Stunden mit Studio und Talkgästen, dazu Werbemagazine.
Die *Augsburger Allgemeine* präsentiert sich auch als Spezialist für alle Fragen neuer Medien und zeigt den afa-Gästen den *Augsburger-Allgemeine-Btx*, einen Bildschirmtext. Seit Frühjahr 1983 hat sich eine „Projektgruppe Bildschirmtext" mit dem neuen Medium beschäftigt. Die Betriebszeitung *Unsere AZ*, vormals *Die Schwäbische* genannt, erklärt auch den *Presse-Druck*-Mitarbeitern, um was es sich handelt: *„Bildschirmtext schafft aus der Verbindung der beiden am häufigsten verbreiteten Medien ein drittes: Telefon und Fernsehen werden in Verbindung mit einem Computer zu Btx."* Auch die *Augsburger Allgemeine* will ihren Lesern auf diesem Weg neueste Informationen zukommen lassen. Im Anschluss an die ersten Versuche mit *Btx* im Rahmen der Berliner Funkausstellung im August '77 macht *Presse-Druck* mit dem eigenen Projekt nun die nächsten, diesmal ganz eigenständigen Schritte in Richtung Online-Zeitalter. Über *Btx* werden erstmals Nachrichten und Termininformationen digital angeboten. Der Abruf erfolgt via Computer-Einwahl über Telefon auf einen Zentralrechner.

**JUNI** — Dr. Georg Bartholy, Mitglied der Chefredaktion, geht in den Ruhestand.

**1. JULI** — Winfried Striebel wird Chefredakteur.

Oben: Jetzt auch mit der Kamera unterwegs. *Radio Tele 1* ist gegründet. *Presse-Druck* ist ins Fernsehgeschäft eingestiegen.
Unten: Der Augsburger Oberbürgermeister Hans Breuer empfängt Bundespräsident Richard von Weizäcker in Augsburg. Ellinor Holland ist selbstverständlich auch zugegen.

# 1985

Das Geburtshaus von Bertolt Brecht wird zur Gedenkstätte. **10. FEBRUAR**

Gründung von *Radio Tele 1*, das als Programm-Anbieter- und Produktionsgesellschaft regionale Videoformate umsetzen wird. Bereits in den ersten Monaten werden über 80 Beiträge, wie Dokumentationen für die Stadt Augsburg, den Bezirk Schwaben, die Handwerkskammer, Verkaufsclips und Werbespots für *ARD* und *ZDF* gedreht. Genauso werden Fernsehbeiträge für die Nachrichtensendungen von *Sat.1* und *RTL plus* produziert. **23. APRIL**

Augsburg feiert seine Gründung vor 2000 Jahren. Die *AZ* schreibt neben einem großen Solobild auf Seite 1: „200.000 feiern das 2000-jährige Augsburg – Von einem Unglück überschattet war der Schwaben-Festzug zum 2000-jährigen Jubiläum Augsburgs am Sonntag. Zwei Pferdegespanne der Wallenstein-Truppe aus Memmingen gingen durch. Dabei wurden zehn Menschen verletzt, vier davon schwer. An dem bisher größten Festzug in der Fuggerstadt nahmen rund 5500 Musiker, Schützen und Mitglieder historischer Gruppen aus ganz Schwaben teil." In diesem Jubiläumssommer findet in Augsburg auch die Landesgartenschau statt. **28. JUNI**

Der *AZ*-Kunstwettbewerb zum Thema „*Der Flug*" um die Großen-Sieben-Schwaben-Preise ist zu Ende. Den 1. Preis gewinnt der Münchener Kunststudent Martin Paulus mit seinem Ölbild „Verlorener Horizont", der sich von Frank Capras 1937 gedrehtem Streifen „Lost horizon" inspirieren ließ. „*Ein Flugzeug, in polarer Eiswüste gestrandet, ‚entlässt' Überlebende ins schier Grenzenlose. Breit bewegtes Grau-Blau taucht alles in fahle Dämmerung. Frei von Pathos und doch voll rätselhafter Emotion, ist dieses Kunstwerk ein wahrer Kunstgewinn.*" Über 600 Werke hatten 400 Künstler eingereicht. Die Parkplätze und Etagen der Verlagsgebäude waren belegt mit den Kunstobjekten. **4. JULI**

Das Jüdische Kulturmuseum in der Halderstraße wird eröffnet. Gleichzeitig findet die Neuweihe der Synagoge statt. Der Jugendstilbau der Architekten Fritz Landauer und Heinrich Lömpel ist von diesem Zeitpunkt an wieder ein Gebetshaus. Die *AZ* berichtet: „*Die Augsburger Synagoge ist wieder ein Gebetshaus – Bei der Einweihung herrschte Ergriffenheit (…) Kein Jude, so erklärt Ernst Cramer das Gefühl der Enttäuschung und Unsicherheit, könne jemals wieder so leben wie vor dem sogenannten Tausendjährigen Reich. ‚Warum habe gerade ich überlebt?' sei die Frage jedes Überlebenden nach dem Holocaust, für die es jedoch keine Antwort gebe, aber eine Verpflichtung, auferlegt von den Gequälten und Gemordeten. Er selbst habe sie in der Mitwirkung beim Wiederaufbau einer demokratischen Gesellschaft gesehen.*" **1. SEPTEMBER**

Oben: Beim Start von *RadioTele 1*: Günter Holland neben dem Geschäftsführer der Bayerischen Landeszentrale für Neue Medien, Wolf-Dieter Ring, und Werner Mittermaier sowie dem Vorsitzenden des Verwaltungsrates der Kabelgesellschaft Donau/Lech, dem damaligen Dillinger Landrat Anton Dietrich. Mitte: Günter Holland begrüßt den Augsburger Bischof Stimpfle. Unten: Bischof Stimpfle und Papst Johannes Paul II. bei dessen Besuch in Augsburg.

# 1986

Reaktorunfall im ukrainischen Atomkraftwerk Tschernobyl. Weite Teile Europas werden verseucht, auch in der Bundesrepublik geraten viele Menschen in Panik. Am 29. April meldet die AZ unter der Überschrift „Schwerer Unfall in einem Atomkraftwerk bei Kiew": „*In einem Atomkraftwerk der ukrainischen Stadt Tschernobyl nördlich von Kiew hat sich ein Unglück ereignet, von dem auch Menschen betroffen worden sind. Die amtliche Nachrichtenagentur TASS berichtet am Montagabend in einer kurzen Meldung, dass einer der Atomreaktoren der Anlage beschädigt worden sei. In Finnland und Schweden war an mehreren Orten eine erhöhte Radioaktivität der Luft festgestellt worden.*"

26. APRIL

Ein besonderer Tag für die Fernsehredaktion von *Radio Tele 1*: Zum 250. Mal können die Kollegen der *Sat.1-News-Show* um 21.30 Uhr sagen: „*Sehen Sie dazu einen Bericht unserer Kollegen von Radio Tele 1 Augsburg.*"

14. NOVEMBER

# 1987

*Presse-Druck* erweitert ihr publizistisches Angebot auf der privaten Augsburger Hörfunkwelle *RT.1* (*Radio Tele 1*). Das Lokalradio wird zum Erfolg. Neun Monate später ermittelt eine repräsentative Umfrage täglich schon 275.000 Hörer. In der Folge werden auch in weiteren Teilen des Verbreitungsgebiets Lokalsender aufgebaut. Die Neu-Ulmer Welle *Radio Donau 1* wird schon ab 7. November ausgestrahlt.

21. MÄRZ

Die AZ titelt: „Nach 205 Jahren: Ein Papst in Augsburg" – „*Fast auf den Tag genau nach 205 Jahren weilt seit gestern Abend mit Papst Johannes Paul II. wieder ein Oberhaupt der katholischen Kirche in Augsburg. Doch im Gegensatz zu Pius VI., der am 2. Mai 1782 bei schönem Wetter im achtspännigen Wagen durch die Straßen gefahren und von einer begeisterten Menge empfangen worden war, verhinderten gestern schwere Unwetter einen jubelnden Empfang für den Heiligen Vater. Die für den späten Nachmittag vorgesehene Messe in der Augsburger Sportanlage Süd, zu der rund 70.000 Gläubige aus allen Teilen der Diözese erwartet worden waren, musste kurzfristig verlegt werden, weil das Stadion zehn Zentimeter unter Wasser stand. Kurz nach 19 Uhr fand dann im Augsburger Dom ein Gottesdienst statt.*"

4. MAI

Der schleswig-holsteinische CDU-Politiker Uwe Barschel wird tot in der Badewanne seines Genfer Hotelzimmers gefunden.

11. OKTOBER

Wenn das kein Aufmacher ist, wird es nie einen geben. Die Mauer fällt und natürlich berichtet auch die *AZ* seitenweise.

# 1988

| | |
|---|---|
| Mit der Augsburger Frühjahrsausstellung wird das neue Gelände der Messe Augsburg eröffnet. 55.000 Quadratmeter ist es groß, die Schwabenhalle ist das Kernstück. | APRIL |
| Die *RT.1*-Redaktion in Donauwörth geht mit *Radio Schwaben 1* auf Sendung. Zuspielstudios gibt es in Nördlingen und Dillingen. Damit gibt es inzwischen neben *RT.1*, *RS 1 Donauwelle*, *Radio Nordschwaben FM* eine vierte Radiostation im Verbreitungsgebiet der *Augsburger Allgemeinen*. | 9. APRIL |
| Zum neuen Geschäftsführer von *Presse-Druck* wird Peter Block bestellt. | 24. MAI |
| Am Tag nach dem Tod von Franz Josef Strauß schließt Fridolin Engelfried seinen Nachruf: „Wer je das Glück hatte, Franz Josef Strauß auch mal außerhalb der politischen Arena zu erleben, war von seiner Schlagfertigkeit, seinem Intellekt, seinem vom Mutterwitz und Charme gleichermaßen geprägten Humor und von seiner Überzeugungskraft beeindruckt. Einer, der ihm näherstand, als er öffentlich eingestehen wollte und konnte, Ex-Kanzler Helmut Schmidt, schrieb denn auch vor drei Jahren zum 70. Geburtstag von Franz Josef Strauß, was nun nach dessen Tod die Überschrift über seinem Lebenswerk sein könnte: ‚Hier handelte einer, der ganz und gar von der Leidenschaft erfasst ist, der res publica zu dienen.' Bayern, die Bundesrepublik, die Welt sind um einen Politiker, einen Fürsprecher und Vorkämpfer ärmer geworden, der sich mehr als dreißig Jahre unerschrocken und kraftvoll für den freiheitlich-demokratischen Rechtsstaat einsetzte." | 4. OKTOBER |

# 1989

| | |
|---|---|
| *Radio ND1* geht für den Bereich Neuburg/Donau auf Sendung. | JANUAR |
| Die deutschen Tennis-Lieblinge Steffi Graf und Boris Becker gewinnen beide in Wimbledon. Erstmals gehen damit die begehrtesten Einzel-Trophäen des Welttennis in deutschen Besitz. | 9. JULI |
| Außenminister Hans-Dietrich Genschers (FDP) große Stunde – alle DDR-Flüchtlinge, die in den deutschen Botschaften in Prag und Warschau Zuflucht gesucht hatten, dürfen sofort in die Bundesrepublik ausreisen. | 30. SEPTEMBER |
| Bei seinem Besuch in Ost-Berlin zum 40. Jahrestag der DDR mahnt der sowjetische Staats- und Parteichef Michail Gorbatschow Reformen an. „Gorbi" hatte 1985 „Perestroika" (Umgestaltung) und „Glasnost" (Offenheit) als Maximen ausgegeben. | 7. OKTOBER |

# Augsburger Allgemeine

Unabhängige überparteiliche Tageszeitung

1B 1397 A/Ausgabe A
Nr. 119, 46./139. Jahrgang

Preis: 1,20 DM
Donnerstag/Freitag,
24./25. Mai 1990

## ICE: Bundesbahn widerspricht sich

Umweltministerium ist verwirrt

Geistliches Spiel mit alter bäuerlicher Tradition

## 17. Juni sollte abgeschafft werden

Golo Mann wendet sich gegen Feierstunde in Berlin – 9. November neuer Staatsfeiertag

### Schlechtes Ergebnis für neuen DGB-Chef

### Katholikentag in Berlin eröffnet

### Fronten im Tarifkonflikt bei Tageszeitungen verhärtet

Urabstimmungen über Streiks – Verleger lehnen Vermittlung ab

### Späth legt Atommeiler in Obrigheim still

## Kohl und Vogel suchen Kompromiß

SPD stellt im Bundestag klar: Staatsvertrag soll verbessert, nicht verhindert werden

### Blickpunkt Lokales

**Ex-Pfarrer beim Goldschmuggeln erwischt**

**Die Sprüher werden immer dreister**

**Puzzle: Welche Haube gehört zu welchem Turm?**

### Wir über uns

**Liebe Leserinnen, liebe Leser,**

### USA bestätigen Defekt von Atomgranaten

### Sport

**Mailand behält Europacup**

### Wetter

### Bayern

**Studenten ohne Wohnung**

### Richtig getippt?

Die *Augsburger Allgemeine* im neuen Gewand – wieder einmal hat das Blatt einen Relaunch hinter sich. Luftiger soll die Zeitung vor allem sein, größer die Schrift, kurz: lesbarer.

Die Mauer fällt. Die DDR öffnet die Grenzübergänge zur Bundesrepublik. Tausende Menschen passieren noch am selben Tag die innerdeutsche Grenze. Am 22. Dezember wird das Brandenburger Tor wieder geöffnet – genau 10.358 Tage nach dem Bau der Berliner Mauer. Die AZ titelt am 11./12. November: „Berliner tanzen auf der Mauer" Und Gernot Römer schreibt: *„Was in diesen Tagen und Stunden geschieht, das werden unsere Enkel in den Geschichtsbüchern nachlesen können. Die Sensationen in Berlin überschlagen sich... Wir in der Bundesrepublik können auch für uns Hoffnungen an diese Revolution (denn eine solche ist es) knüpfen. Mit einem Mal nämlich liegt es im Bereich des Denkbaren, dass wir ohne allzu große Schwierigkeiten wieder im Thüringer Wald wandern oder in Weimar auf Goethes Spuren wandeln können. Das ganze Deutschland (bis zur Ostgrenze der DDR) könnte uns bald wieder offenstehen – auch ohne Wiedervereinigung. Denn ob sie eines Tages wieder mit uns zusammenleben wollen oder in einem eigenen Staat, das haben die DDR-Bürger selbst zu entscheiden. Dass dies historische und freudige Stunden sind, dafür gibt es viele Anzeichen. Da tanzen plötzlich fröhliche Menschen auf jener Mauer, die bis vor kurzem ein Todeswall war; auf dem Kurfürstendamm weinen und beten ergriffene Männer und Frauen; wie einst zu Kaisers Geburtstag bekommen die Kinder schulfrei (in Westberlin). Wann gab es das schon einmal, dass die Abgeordneten des Bundestags spontan das Deutschlandlied sangen."*

9. NOVEMBER

# 1990

Dr. Hans-Georg Walter beendet seine Laufbahn als Geschäftsführer der Mediengruppe.

13. FEBRUAR

Die *Abendzeitung* aus München dehnt mit einer eigenen Stadtausgabe ihr Gebiet nach Augsburg aus.

3. MÄRZ

Auf der Augsburger Frühjahrsausstellung präsentieren sich die zu *Presse-Druck* gehörenden Lokalradios auf einem gemeinsamen Stand: Unter dem Signet *RT.1* firmieren die Stationen in Augsburg, Donauwörth, Dillingen und Nördlingen, unter *Radio ND1* die Stationen in Neuburg und Schrobenhausen, unter *Radio Donau 1* die Stationen in Günzburg, Neu-Ulm, Illertissen und Krumbach.

APRIL

Nach 18 Jahren löst Schulreferent Dr. Peter Menacher (CSU) Hans Breuer (SPD) als Oberbürgermeister von Augsburg ab. Seit der Kommunalwahl '84 waren CSU und CSM wieder aufeinander zugegangen. Zwei Jahre vor der Wahl einigt man sich schließlich auf den gemeinsamen Oberbürgermeisterkandidaten Menacher. Klaus Dieter Düster kommentiert: *„Die SPD ist tief gefallen. Die nächsten Wochen werden zeigen, ob sie die Kraft zu einem Neubeginn findet oder ob sie sich auf der Jagd nach Schuldigen für das Wahldebakel vollends zerschleißt. Sie würde damit auf lange Zeit ihre politische Zukunft verspielen. Schließlich sollte bei aller Kritik auch fairerweise anerkannt werden, dass fast drei Jahrzehnte sozialdemokratische Vorrangstellung im Rathaus viele positive Entwicklungen für Augsburg gebracht haben."*

30. APRIL

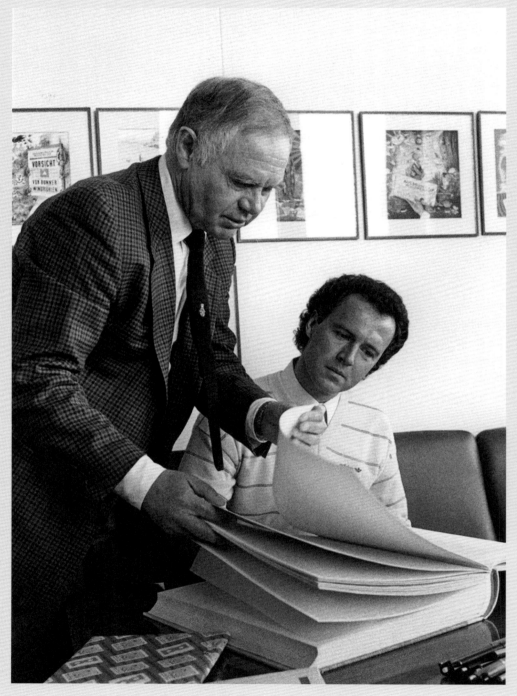

Der Kaiser in Augsburg – Große Sportler wie Franz Beckenbauer gehören selbstverständlich auch zu den Gästen der Redaktion und müssen sich selbstverständlich auch in das große Gästebuch eintragen.

| | |
|---|---|
| Relaunch – wie es im Fachjargon heißt. Die *Augsburger Allgemeine* und ihre Heimatzeitungen erscheinen inhaltlich neu strukturiert und in neuem Design. | 24. MAI |
| Die AZ titelt: „*1 : 0 – Deutsche Mannschaft zum dritten Mal Fußball-Weltmeister – Andreas Brehmes Elfmeter sichert verdienten Sieg über Argentinien*". | 9. JULI |
| Die *RT.1*-Moderatoren Peter Ostanski und Michael Falke stellen einen Weltrekord auf. Sie präsentieren die längste Hitparade der Welt. 2222 Musiktitel nonstop. Präsentiert wird die Dauersendung aus einem gläsernen Studio vor dem Augsburger Zeughaus. | 20. BIS 27. JULI |
| Eröffnung des Berliner *AZ*-Büros gleich gegenüber dem Flughafen Tempelhof in der Manfred-von-Richthofen-Straße 2. Berliner Korrespondent wird Martin Ferber. | 1. AUGUST |
| Die Augsburg-Ausgabe der *Abendzeitung* wird in eine Schwaben-Ausgabe umgewandelt. | 13. SEPTEMBER |
| Vor dem Tag zur Deutschen Einheit schreibt Gerhard Deckl in seinem Leitartikel „*Aufbruch nach Deutschland*": „*Jetzt sind wir wieder unter uns. Doch wer könnte es leugnen: Das Umfeld ist ein völlig anderes. Dieses vereinte Deutschland stellt keine klammheimlich heraufdämmernde Gefahr für Europa dar. Es stöhnt nicht unter der Last unerfüllbarer Kriegsreparationen, diesem tödlichen Geburtsfehler der Weimarer Republik. Es ist auch keine Demokratie ohne Demokraten. Die Bundesrepublik hat vielmehr in vierzig Jahren mehr politische Kultur, mehr Liberalität, mehr Toleranz, mehr sozialen Frieden und mehr Stabilität geschaffen als jedes deutsche Land vorher. Der wichtige Beitrag der DDR-Bürger zum neuen Staat darf dabei nicht unterschlagen werden. Mit Montagsgebeten – ganz ohne Glockenläuten – fing vor einem Jahr an, was zur friedlichen Revolution gegen Unterdrückung, Willkür und SED-Bonzentrum wurde. Die Freiheit, der Bundesrepublik als Geburts-Geschenk von den Alliierten mitgegeben, ist vom Volk der DDR zurück-, nein: neu erobert worden – auch für uns. Ein solches Deutschland ist keine Bedrohung, es ist für alle Nachbarn ein Gewinn – solange es seine Tugenden nicht zum absoluten Maßstab für alle setzt, sondern sich als Teil einer erst werdenden Gemeinschaft begreift, als Baustein für ein vereintes und friedliches Europa.*" | 2. OKTOBER |

Das Augsburger Medienzentrum in der Curt-Frenzel-Straße 4 wird eröffnet und zum ersten Mal überhaupt wird aus einem privaten Studio außerhalb Münchens eine TV-Direktübertragung ausgestrahlt. Edmund Stoiber lässt sich diesen Termin nicht entgehen.

# 1991

Gernot Römer übernimmt den Vorsitz der Chefredaktion. Ihr gehören weiterhin Winfried Striebel und Erich Tröndle an. Als Herausgeber zeichnet Günter Holland. — 1. JANUAR

Die Fernsehredaktion von *RT.1* firmiert seit Jahresbeginn unter dem Namen *SAT.1 Süd*. Mit einem längerfristigen Vertrag hat sich *RT.1* an den Privatsender gebunden. Augsburger Fernsehteams übernehmen die aktuelle Berichterstattung aus Bayern, Baden-Württemberg, Österreich, Norditalien und der Schweiz. *RT.1* weitet zudem die Berichterstattung in den Gebieten des ehemaligen Ostblocks aus. Auch aus dem jugoslawischen Bürgerkrieg berichten *RT.1*-Teams.

Die *Abendzeitung* stellt ihre Schwaben-Ausgabe wieder ein. — 12. JANUAR

Die AZ titelt: „Operation Wüstensturm zerschlägt Angriffswaffen Iraks". Gerhard Deckl kommentiert: „Auch die Amerikaner haben Fehler gemacht: Der gravierendste war, dass die US-Botschafterin in Bagdad Saddam kurz vor dem Überfall im August zu verstehen gab, Kuwait sei kein ‚Bündnisfall'. Doch das entschuldigt die Annexion keineswegs. John F. Kennedy hat einmal gesagt: ‚Die Menschheit muss dem Krieg ein Ende machen, sonst wird der Krieg der Menschheit ein Ende machen' Ja. Auch deshalb wird dieser Krieg geführt." — 19. JANUAR

Grundsteinlegung für das Medienzentrum Augsburg. Der Erweiterungsbau am Pressehaus in Lechhausen wird das neue Domizil von *RT.1* und beherbergt ein eigenes Fernsehstudio. — 1. SEPTEMBER

Die Verlage der *Augsburger Allgemeinen*, der *Kieler Nachrichten* und der *Schwäbischen Zeitung* kaufen jeweils zu einem Drittel den *Nordkurier* in Neubrandenburg. — 17. SEPTEMBER

Sendestart von *Radio PRIMA 1* in Memmingen und in Mindelheim. — 10. OKTOBER

# 1992

Erich Tröndle verlässt die Chefredaktion und geht in den Ruhestand. — 29. FEBRUAR

Spatenstich für den Neubau des *Nordkurier* in Neubrandenburg. — 3. SEPTEMBER

*RT.1* sendet aus eigenen, neuen Räumen: Das Lechhauser Medienzentrum wurde mit einem eigenen Gebäude für Hörfunk und Fernsehen erweitert. Im Laufe des Jahres hat das Unternehmen damit begonnen, im Bereich der mobilen TV-Übertragungstechnik zu investieren. — 21. DEZEMBER

Ohne sie wird in Bayern niemand Ministerpräsident – Edmund Stoiber studiert deshalb genau die Zeitung, die Günter Holland verantwortet.

# 1993

Design-Überarbeitung des Titels der *Augsburger Allgemeinen* und ihrer Heimatausgaben. — 16. JANUAR

Werner Mittermaier tritt in die Geschäftsführung von *Presse-Druck* ein. — 15. MÄRZ

Offizielle Einweihung des Neubaus, Curt-Frenzel-Straße 4, in Lechhausen. Zum ersten Mal überhaupt wird aus einem privaten Studio außerhalb Münchens eine TV-Direktübertragung ausgestrahlt. Auftakt der Veranstaltungsreihen „Treff im Foyer" und „Kunst im Foyer". Gäste sind im Laufe der kommenden Jahre immer wieder bekannte Persönlichkeiten aus allen gesellschaftlichen Bereichen. Wolfram Siebeck kommt genauso wie Gerhard Schröder, Paul Flora, Martha Schad, Reiner Kunze oder etwa Martin Walser. — 2. APRIL

Regierungskrise in Bayern – Die *AZ* titelt „*Stoiber wird Ministerpräsident – Streibl tritt am Mittwoch zurück – Einigung im Machtkampf: Parteichef Waigel bleibt mit gestärkter CSU-Position in Bonn*". Am 28. Mai übernimmt Stoiber die Regierungsgeschäfte. — 22. MAI

Die Rotation und der Versand in Lechhausen werden vergrößert. Der Anbau an die Rotationshallen beginnt. — JULI

Die *AZ* titelt: „*Jelzin schlägt Aufstand blutig nieder – Nach einer rund zehnstündigen Schlacht um das Weiße Haus in Moskau haben russische Regierungstruppen den Putschversuch von Kommunisten und Nationalisten gegen Präsident Jelzin niedergeschlagen.*" Detlef Drewes, Leiter der Politikredaktion, kommentiert: „*Der Putschversuch ist gescheitert. Der Widerstand gegen Boris Jelzin geht weiter. Russlands Präsident – Gewinner des Kampfes um das Weiße Haus, nicht aber Sieger über die Opposition – hat dennoch das seltene Glück, zum zweiten Mal die Chance zu erhalten, das Blatt endgültig in Richtung Demokratie zu wenden.*" — 5. OKTOBER

# 1994

Sendestart von *TV Augsburg Aktuell*, dem Augsburger Lokalfernsehen, an dem *Presse-Druck* beteiligt ist. Prominenter Gast zur Eröffnung ist der bayerische Ministerpräsident Edmund Stoiber. — 16. MÄRZ

Günter Holland scheidet als Geschäftsführer aus. — 3. MAI

*Presse-Druck* übernimmt die *Neuburger Rundschau* von Werner Loibl. — 1. JUNI

Rainer Bonhorst wird zum Chefredakteur berufen. — 1. JULI

Gernot Römer verlässt die Chefredaktion und geht in den Ruhestand. — 31. JULI

Beilage zur Ausgabe Nr. 248 vom 27. Oktober 1995

Auch wenn die *AZ*-Familie beim großen Jubiläum „unter sich" bleibt, wie Günter Holland beim Mitarbeiterfest sagt, erscheint trotzdem eine große Sonderausgabe zu 50 Jahre *Augsburger Allgemeine*.

# 1995

Der Autor, Schauspieler und Regisseur Franz Xaver Kroetz erhält als Erster den neu gestifteten Bert-Brecht-Preis der Stadt Augsburg.

12. MÄRZ

Start der Zeitungsmailbox *Augsburg Newsline*: *„Die Benutzer, User genannt, können sich mit ihrem Computer mit Hilfe eines Zusatzgeräts (Modem) über die Telefonleitung mit dem Mailboxcomputer verbinden lassen. Dort können sie sich dann Nachrichten und Briefe anschauen, können Programme auf ihren Rechner übertragen lassen oder sich über die Computertastatur mit anderen Usern unterhalten, die sich gerade auf anderen Leitungen in die Mailbox eingewählt haben"*, schreibt Wirtschaftsredakteur Klaus Köhler in der Betriebszeitschrift *Unsere AZ*. Die Augsburger Allgemeine ist deutschlandweit die erste Zeitung, die so ein Angebot hat.

28. JUNI

Der *Augsburger Wochenanzeiger* heißt jetzt *extra Augsburg*. Im Laufe der folgenden Jahre werden die lokalen Anzeigenblatt-Titel in *extra* umbenannt. Der *Günzburger Wochenanzeiger* heißt beispielsweise *extra Günzburg*. Auch die Ausgabenstruktur wird spezifiziert.

11. OKTOBER

Im Festzelt vor dem Medienzentrum in Lechhausen wird 50 Jahre *Augsburger Allgemeine* gefeiert. Man bleibt „unter sich", wie Günter Holland sagt. Es ist ein Jubiläumsfest ganz ohne offizielles Gepränge. Nur die große „Betriebsfamilie" feiert: die Kollegen aus dem Ruhestand, die Aktiven aus Verlag und Technik, aus allen Redaktionen, aus allen Medien. Günter Holland sagt in seiner Festrede: *„Die bekannte Frage nach der Zukunft der Zeitung haben wir längst für uns beantwortet. Nach wie vor gilt das, was ich 1982 aus Anlass unseres Umzuges nach Lechhausen gesagt habe: „Die Presse hat zu ergänzen und zu vertiefen, zu analysieren und zu kommentieren. In der ständig steigenden Flut unüberschaubarer Informationen und Daten wird dieses vertraute, stets greifbare Medium noch mehr als bisher Wegweiser sein. Im Übrigen: Wir hätten hier auf diesem Gelände nicht weitere riesige Hallen gebaut und dort die modernste Rotations- und Versandanlage der Welt hingestellt, wenn wir nicht von der Zukunft der Augsburger Allgemeinen überzeugt wären."*

28. OKTOBER

# 1996

Wiedereröffnung des Goldenen Saals im Augsburger Rathaus. Die *AZ* berichtet am folgenden Tag: „Augsburgs berühmter Baumeister Elias Holl hätte wohl seine Freude daran gehabt: Historischer Tanz, das bunte Treiben von Bürgern in alter Tracht, Schützen und Gauklern begleiteten gestern den Festakt zur Wiederherstellung des Goldenen Saals. Denn zum 350. Todestag von Elias Holl und 52 Jahre nach der Zerstörung des Rathauses im Krieg ist sein Festsaal nun fertig rekonstruiert."

23. FEBRUAR

Bundeskanzler Helmut Kohl ist 5144 Tage im Amt und damit einen Tag länger Regierungschef als der bisherige „Rekordhalter" Konrad Adenauer.

30. OKTOBER

Oben: Andreas Scherer wird 1997 zum Geschäftsführer der *Mediengruppe Pressedruck* bestellt.
Unten: Auch Jahre nach seiner Wahl zum Bundeskanzler ist Gerhard Schröder ein gern gesehener Gast in Augsburg.

# 1997

| | |
|---|---|
| Chefredakteur Winfried Striebel verlässt die *Augsburger Allgemeine* und geht in den Ruhestand. | 31. MÄRZ |
| Walter Roller und Klaus-Dieter Düster werden zu stellvertretenden Chefredakteuren berufen. | 1. APRIL |
| Die *Newsfactory*, der Internet-Online-Dienst der *Augsburger Allgemeinen*, wird gegründet. Unter www.newsfactory.de werden die Leser mit regionalen, überregionalen und internationalen Nachrichten versorgt. Stolz berichtet die Betriebszeitung *Unsere AZ* von rund 1400 Usern, die das Internetangebot schon nutzen. Schon bald wird aus der „Nachrichtenfabrik" www.newsfactory.de das regionale Nachrichtenportal www.augsburger-allgemeine.de. | 2. APRIL |
| Jan Ullrich gewinnt als erster Deutscher die Tour de France. | 27. JULI |
| Andreas Scherer wird zum Geschäftsführer der *Mediengruppe Pressedruck* bestellt. | 1. SEPTEMBER |

# 1998

| | |
|---|---|
| Der Bundestag stimmt mit großer Mehrheit für die Einführung des Euro. Am 1. Januar 1999 tritt die Währungsunion für Deutschland und zehn weitere Länder in Kraft. Im Bargeldverkehr löst der Euro erst 2002 die D-Mark ab. | 23. APRIL |
| Aufhebung der US-Garnison in Augsburg. In dem Abschiedsartikel „*Sie kamen als Besatzer, sie gehen als gute Freunde*" schreibt Lokalredakteur Klaus Utzni: „*Heute und morgen sagen die Augsburger den US-Truppen endgültig ‚Goodbye'. Bei einem Großen Zapfenstreich im Rosenaustadion wird das Sternenbanner eingeholt. Damit geht die Ära der Amerikaner in Augsburg – und in Schwaben – offiziell zu Ende.*" | 19. BIS 21. JUNI |
| Bei der Bundestagswahl erringt die SPD mit ihrem Spitzenkandidaten Gerhard Schröder die Mehrheit und bildet zusammen mit Bündnis 90/Die Grünen eine Koalition. Die Union erzielt ihr schlechtestes Ergebnis seit 1949. Rainer Bonhorst analysiert in seinem Leitartikel das Ende der Ära Kohl: „*Wechsel ist hart für die, die ausgewechselt werden, aber er gehört zur Demokratie. Die Zeit war reif für den Wechsel. Die Ära Kohl war streckenweise spektakulär erfolgreich, aber sie war durch die Arbeitslosigkeit im Kern beschädigt, und sie war an ihrem Ende angelangt. Gerhard Schröder ist – nach all den gescheiterten Kohl-Herausforderern – nun die unbestrittene, unangreifbare Siegerfigur der SPD. Keiner, auch Oskar Lafontaine nicht, kann ihm seine in zwei Wahlen errungene Erfolgsstatur nehmen.*" | 27. SEPTEMBER |

Die Herausgeberin: Ellinor Holland bleibt im Hintergrund, hat aber alles im Blick.

| | |
|---|---|
| Ellinor Holland scheidet aus der *Presse-Druck*-Geschäftsführung aus, ihr wird die Stellung als Herausgeberin übertragen. | 6. OKTOBER |
| Der Bundestag billigt die Beteiligung der Bundeswehr an einem NATO-Einsatz im Kosovo-Konflikt. Die NATO beginnt im März 1999 ohne UN-Mandat mit Luftangriffen. Für die Bundeswehr wird es der erste Kampfeinsatz ihrer Geschichte. | 16. OKTOBER |

# 1999

| | |
|---|---|
| *Presse-Druck* übernimmt die Anteile von Heimatverlegerin Heike Neumeyer am *Landsberger Tagblatt*. | 1. JANUAR |
| Lech und Wertach treten nach tagelangen Niederschlägen und der zugleich eintretenden Schneeschmelze in den Alpen über die Ufer. Als schließlich ein Stauwehr einbricht, werden ganze Stadtteile überschwemmt. Die *AZ* meldet „Land unter" zwischen Alpen und Donau: „Hunderte Menschen mussten ihre Wohnung verlassen, Zehntausende von Kellern wurden überschwemmt. Der Schaden, den das Jahrhunderthochwasser über Pfingsten in Schwaben und Oberbayern angerichtet hat, geht nach vorsichtigen Schätzungen in Schwaben allein in den zweistelligen Millionenbereich. Nicht mit Geld aufzuwiegen ist eine weitere fatale Folge der Flut. Mindestens viermal brachte das Wasser den Tod." | MAI |
| Günter Grass erhält den Literatur-Nobelpreis. | 30. SEPTEMBER |
| Die Zeitungssparte der *Mediengruppe Pressedruck* wird durch die Gründung der *Dialog-Factory*, eines Telefonmarketing- und Call-Center-Unternehmens erweitert. | 10. NOVEMBER |
| Alt-Bundeskanzler Kohl räumt in der CDU-Spendenaffäre die Führung verdeckter Partei-Konten ein. | 30. NOVEMBER |

# Augsburger Allgemeine
UNABHÄNGIGE ÜBERPARTEILICHE TAGESZEITUNG

## Premiere: Unser neues Design und noch mehr
Ab heute präsentiert sich Ihre Zeitung mit neuem, aber vertrautem Gesicht – Und es gibt mehr aus der Nachbarschaft

## Deutschen Soldaten droht Kriegseinsatz
Situation im mazedonischen Tetovo spitzt sich zu

### Frankfurt: Roth muss in die Stichwahl

### Kind missbraucht und getötet
Augsburger gesteht Gewalttat an dreijährigem Mädchen

### Neue Probleme für die Telekom

**SPORTHÖHEPUNKTE AM WOCHENENDE**

### Schumacher trotzt dem Wolkenbruch
Formel-1-Erfolg in Malaysia

### Flüge: Stoiber und Teufel in der Kritik
Mahnung des Rechnungshofs

**2:0 – FC Bayern besiegt Löwen**

**Fußball vom Sonntag**

---

**BLICKPUNKT LOKALES**
- SPD stellt ihre Liste für den Stadtrat auf
- Literarische Gefühle an schaurigen Orten
- Huldigung an den King of Rock'n'Roll

**INFOS IM INTERNET**
- Formel 1 in Malaysia
- Beratung für Aktionäre
- Kommunalwahl in Hessen

**WWW.COM-IN-UNSERE-SCHULE**
Preise für findige Schüler

**BAYERN**
CSU will Abgabe auf $CO_2$

**POLITIK**
„Kriminalität weit höher"

**WETTER**

**SAMSTAGS-LOTTO**

| Lotto | 5 | 25 | 33 | 41 | 44 | 49 |
|---|---|---|---|---|---|---|
| Zusatzzahl | 1 | | Superzahl | 5 | | |
| Spiel 77 | 7 | 2 | 7 | 5 | 1 | 8 4 |
| Super 6 | 7 | 6 | 7 | 3 | 0 | 4 |

**HEUTE IN IHRER ZEITUNG**

---

Zeitungen müssen sich verändern, mit der Zeit gehen. Zum 19. März 2001 erscheint die *Augsburger Allgemeine* wieder einmal in neuem Antlitz.

# 2000

Die Schreibmaschine hat endgültig ausgedient und auch das mehr als 18 Jahre alte Redaktionssystem ISA (Integriertes Satzsystem Augsburg) wird ausrangiert. Das neue System heißt alfa RS+. Es war in den vergangenen eineinhalb Jahren in den Redaktionen aller Heimatzeitungen eingeführt worden, bis Mitte des Jahres dann auch in allen Augsburger Mantelredaktionen. Mit dem neuen System fließen „klassische Redaktionsarbeit" und „klassischer Umbruch" zu einem System zusammen.

Peter Block scheidet aus der *Presse-Druck*-Geschäftsführung aus. — 1. JANUAR

Gründung der *Logistic Factory* – Das Unternehmen wird logistische Dienstleistungen anbieten. Dazu gehören: die Organisation und Vermittlung von Warentransporten, die Kommissionierung, Lagerung, Auslieferung und Zustellung von Waren, Produkten und Sendungen des elektronischen Handels aller Art. Ziel ist es, aus der Zusammenarbeit mit *Newsfactory* und *Dialog-Factory* gerade im Bereich des elektronischen Handels für Kunden Gesamtleistungspakete vom Internetauftritt über die Auftragsannahme bis zur Warenauslieferung anbieten zu können. — 31. MAI

Übernahme des *vmm-Wirtschaftsverlages* durch *Presse-Druck*. Der Stadtberger Verlag betreut seit Jahren unter anderem die Zeitschrift der IHK für Augsburg und Schwaben, *Bayerisch-Schwäbische Wirtschaft*. — 1. JULI

Jörg Mohr wird zum weiteren Geschäftsführer bestellt. — 27. JULI

*RT.1 mobil media* wird gegründet. Das Unternehmen stellt Außenproduktionsanlagen für den TV-Bereich zur Verfügung und koordiniert Fernseh-Übertragungseinsätze. — 20. DEZEMBER

# 2001

*Presse-Druck* übernimmt die Anteile der Druck- und Verlagsanstalt Josef Oberländer an der *Schwabmünchner Allgemeinen*. — 2. JANUAR

Neue Gestaltung der Zeitung. Mit einem erneuten „Relaunch" verwandelt der bekannte Zeitungsdesigner Norbert Küpper das Antlitz der *Augsburger Allgemeinen*: Klarer strukturiert und übersichtlicher soll es sein. Gleichzeitig verändert sich die Ausgabenstruktur: In den Landkreisen Augsburg und Aichach-Friedberg wird die *AZ* mit dem kompletten Lokalteil der Stadt Augsburg plus dem eigentlichen Lokalteil ausgeliefert. Der *Augsburger Landbote* wird in *AZ Augsburger Land* umbenannt. Im Stadtgebiet Augsburg ergänzen neue Stadtteilbeilagen einmal pro Woche die tägliche lokale Berichterstattung: *AZ vor Ort*. — 19. MÄRZ

Was als „Schwäbische" begann, in „Unsere AZ" seine Fortsetzung fand erscheint nun als pd.MAGAZIN: die Zeitschrift für die Mitarbeiter der Mediengruppe.

| | |
|---|---|
| Gründung von *Ticket Service Bayern GmbH & Co. KG*. Das Gemeinschaftsunternehmen der *Mediengruppe Pressedruck*, der *Stadtzeitung Augsburg* und des *Konzertbüro Augsburg* ist mit seinen 24 Vorverkaufsstellen im gesamten Verbreitungsgebiet der *Augsburger Allgemeinen* einer der größten regionalen Ticketanbieter in Bayern. | 4. APRIL |
| Das *Business-Portal B4BSchwaben.de* geht online. Der *vmm-Wirtschaftsverlag* hat das Internet-Angebot für die regionale Wirtschaft geschaffen. | ENDE APRIL |
| Der Online-Auftritt *augsburger-allgemeine.de* erscheint ebenfalls in neuem Design. | 16. MAI |
| Die rot-grüne Bundesregierung und die deutsche Atomwirtschaft unterzeichnen das Abkommen zum Atomausstieg. | 11. JUNI |
| Das Logo von *RT.1* wird geändert. *RT.1* sendet künftig unter dem Namen *Hit Radio RT.1* | 1. JULI |
| Die Betriebszeitschrift *Unsere AZ* wird in *pd.MAGAZIN* umbenannt. | SEPTEMBER |
| Die *AZ* titelt: „Terror-Angriff auf Amerika – Tausende Tote in New York – World Trade Center eingestürzt – Auch Pentagon in Flammen". Rainer Bonhorst kommentiert: „Das ist der schrecklichste aller Terroranschläge. Er hat Amerika im Innersten getroffen, er erschüttert uns alle. Als uns in der Redaktion nach und nach die furchtbaren Nachrichten, die entsetzlichen Bilder erreichten, gab es niemanden, der nicht bleich wurde, der nicht fassungslos den Kopf schüttelte. Wer nun das Geschehen in Worte fassen will, den verlassen zunächst die Worte. Ganz allmählich bemächtigt sich einem der unheimliche Gedanke: Das ist Krieg. Ja, es ist Krieg gegen Amerika. Die Bilder, die uns der Fernseher zeigt, sind Bilder eines Krieges. Sie sind Bilder eines Albtraums, den sich Katastrophenregisseure für ihre Filme ausdenken und die wir uns anschauten, weil wir wussten: Das kann nicht geschehen. Nun haben wir auch diese Unschuld verloren: Was nicht geschehen konnte, ist geschehen." | 11. SEPTEMBER |

Die Zeitung bleibt zwar das Flaggschiff von *Presse-Druck*, aber die Mediengruppe ist längst breiter aufgestellt und bietet auf dem Briefzusteller-Markt ihre Dienste genauso an wie bei TV-Live-Übertragungen. Die Geschäftsfelder sind systematisch erweitert worden.

# 2002

**1. JANUAR**

Neustrukturierung der *RT.1 media group* – Neben den Radio-Sendern *Hit Radio RT.1* und *Oldie Radio RT.2* gehören zur zweiten Unternehmenssparte von *Presse-Druck* die *RT.1 studios*, die redaktioneller und technischer Dienstleister für Fernsehsender und Produktionsfirmen sind. *RT.1 economy tv* hat als Produktbereich Imagefilme, Werbespots, Produktvideos, Web-TV, Teletraining, Dokumentation sowie Event- und Business-TV. *RT.1 mobil media* setzt den Schwerpunkt der Arbeit auf TV-Live-Übertragungen wie beispielsweise die der Tour de France mittels einer Flotte sogenannter SNGs (Satellite News Gathering, d. h. Nachrichten per Satellit sammeln und übertragen). Schließlich gehört das Online-Portal *rt1.de* zur *RT.1 media group*.

**2. MAI**

Dr. Paul Wengert, SPD, wird Oberbürgermeister von Augsburg. In der Stichwahl hatte sich der Füssener Bürgermeister gegen die CSU-Kandidatin, die zweite Bürgermeisterin von Augsburg, Margarete Rohrhirsch-Schmid, durchgesetzt.

**JULI**

Start der *Logistic-Mail-Factory* – Das Unternehmen steigt in den Markt der Briefzusteller ein. Zunächst im Augsburger Stadtgebiet, im Laufe des Jahres dann auch in den Landkreisen Aichach-Friedberg und Augsburg.

**22. SEPTEMBER**

Der bayerische Ministerpräsident und Unions-Kanzlerkandidat, Edmund Stoiber, wird nicht Bundeskanzler. Bei der Bundestagswahl kommen die Unionsparteien und die SPD jeweils auf 38,5 Prozent. Während die Grünen zulegen, verliert die FDP und kann ihre Wahlziele nicht erreichen. Schröder bleibt Kanzler einer rot-grünen Koalition. Rainer Bonhorst kommentiert die Wahl: „Gerhard Schröder hat keine Zeit zu verlieren. Der knappe Sieg ist zugleich Denkzettel. Die abendliche Zitterpartie war für den Kanzler sicher nicht so schön, dass er sich in vier Jahren diesen Spaß noch mal erlauben möchte. Er wird sich anstrengen, statt der ruhigen eine zupackende Hand zeigen müssen. Auch Joschka Fischer ist, so gut das Abschneiden seiner Grünen auch ist, noch einmal davongekommen. Der Aufruf zur Bescheidenheit im Erfolg ist vernünftig, wenngleich das Wort ‚Bescheidenheit' aus dem Munde des beliebtesten und selbstverliebtesten aller deutschen Politiker wie ein Fremdwort klingt. Immerhin: Die Einstellung scheint diesmal, zumindest am Tag nach der Wahl, zu stimmen. Was aber wird man mit der neuen Einstellung tun? Wir können nur hoffen, dass sich die Sieger stets an den Denkzettel erinnern, der ja fast Edmund Stoiber nach Berlin gebracht hätte, diesen spröden, für viele Nord- und Ostdeutsche landsmannschaftlich vorbelasteten Bayern."

**21. NOVEMBER**

Gründung der *Direktwerbung Bayern* – Unternehmenszweck ist, unadressierte Prospekte, Anzeigenblätter, Warenproben und Kataloge an Privathaushalte zuzustellen. In den nächsten Jahren werden für die Logistik-Sparte der Mediengruppe weitere Direktverteilungsgesellschaften gekauft.

Die „Aphrodite" von Markus Lüpertz ist nach langem Hin und Her in Augsburg angekommen, und zwar vor dem Verlagshaus der *Mediengruppe Pressedruck*.

# 2003

**20. MÄRZ** — Um 3.45 Uhr schlagen in Bagdad die ersten US-Raketen ein. Um 7.30 Uhr werden die ersten Extra-Blätter zum Irak-Krieg überall im Verbreitungsgebiet an die Leser verteilt. Rainer Bonhorst schließt seinen „Der Krieg und der Frieden" betitelten Leitartikel: *„Wird in Amerika der Traum vom Frieden weniger intensiv geträumt als im geplagteren Europa? Mag sein. Doch die Friedensliebe ist in Amerika stärker, als wir Europäer selbstgerecht glauben. Und der Pazifismus, der jeden Gewalteinsatz ablehnt, ist in Europa weniger verbreitet, als es zurzeit scheint. Wir sind unterschiedlich. Doch die Kluft ist geringer, als sie heute scheint. Wir streiten über eine konkrete Politik: Ist dieser Irak-Krieg gerechtfertigt? Das darf unsere kostbare Gemeinsamkeit der Werte nicht zerstören. Aber es kann geschehen, wenn wir es mutwillig und verantwortungslos darauf anlegen."*

**1. JULI** — Das e-paper der *Augsburger Allgemeinen* ist auf dem Markt. Die elektronische Zeitung ist übers Internet weltweit abrufbar.

# 2004

**7. MAI** — Die „Aphrodite" aus der Werkstatt von Markus Lüpertz, dem international anerkannten Künstler aus Düsseldorf, wird vor dem Pressehaus auf einen schlanken Sockel gehoben. *„Sie ist nicht genau dort angekommen, wo sie eigentlich hingehört hätte. Aber ich meine, sie hat einen schönen Platz gefunden"*, sagt die Stifterin Ellinor Holland. Sie hatte sich an der Neugestaltung der sogenannten „Kaisermeile" zwischen Dom und St. Ulrich beteiligen wollen und war bereit gewesen, die Kosten (500.000 Euro) einer Brunnenfigur zu übernehmen, die am Ulrichsplatz aufgestellt werden sollte. Als das Kunstwerk im Dezember 2000 Augsburg erreicht und im Rathaus der Öffentlichkeit vorgestellt wird, gerät eine Vielzahl von Augsburgern außer sich. Aphrodite provoziert Volkes Seele, die eine alte Heiligenfigur wohl bevorzugt hätte. Die *Augsburger Allgemeine* kommt nicht umhin, in ihren Spalten dem Protest Raum zu geben. Die heftig geführte Auseinandersetzung wird in den kommunalen Wahlkampf gespült, der neu gewählte SPD-Oberbürgermeister Wengert entscheidet, das Projekt „Kaisermeile" und mit ihr „Aphrodite" auf Eis zu legen. Es bedarf langwieriger Verhandlungen mit der Stadt, bis „Aphrodite" in das Eigentum der Familie Holland zurückübertragen werden kann.

**14. JULI** — Gründung von *Oberbayern-Mail* und *Schwaben-Mail* – Mit dem Start der beiden Unternehmungen wird die Logistik-Sparte bei *Presse-Druck* ausgebaut.

**1. OKTOBER** — Werner Mittermaier scheidet als Geschäftsführer von *RT.1* aus. Alexandra Holland wird Geschäftsführerin der *RT.1 media group*. Felix Kovac wird ebenfalls in die Geschäftsführung der *RT.1 media group* berufen.

Die Herausgeberin und die erste Kanzlerin – Ellinor Holland zu Besuch in Berlin.

**27. DEZEMBER**

Die *AZ* meldet: „*Gigantische Flutwelle fordert Tausende von Toten – Schwerstes Seebeben erschüttert Asien – Küsten von Sri Lanka bis Thailand verwüstet*". Eine bis zu 30 Meter hohe Flutwelle verwüstet die Küsten Südostasiens. Es ist die wahrscheinlich größte Naturkatastrophe der Neuzeit, bei der Hunderttausende umkommen. Walter Roller schreibt in seinem Leitartikel: „*Die gigantische Flutwelle wurde durch tektonische Verschiebungen tief im Erdinnern ausgelöst, auf die der Mensch nicht den geringsten Einfluss hat. Diese wie aus heiterem Himmel über Millionen hereingebrochene Katastrophe führt eindringlich vor Augen, wie machtlos wir im Ernstfall in Wahrheit sind und wie sehr wir den Eigengesetzlichkeiten der Erde ausgeliefert sind – trotz unseres ungeheuren technischen Wissens. Daher vor allem rühren die Fassungslosigkeit und das Entsetzen, die das unheimliche Geschehen auslöst – und von der plötzlichen, im Regelfall ja verdrängten Erkenntnis, dass sich die Natur der vollständigen Kontrolle entzieht und jederzeit unvorstellbar große Katastrophen über die Menschheit hereinbrechen können – ausgelöst etwa durch einen Asteroideneinschlag. Dagegen und gegen Erdbeben oder Vulkanausbrüche ist keine Vorsorge möglich, wohl aber gegen die von Menschen angerichtete Umweltzerstörung.*"

# 2005

**1. JANUAR**

Die Arbeitsmarktreform Hartz IV tritt in Kraft – trotz vorangegangener Massenproteste. Langzeitarbeitslose erhalten das neue Arbeitslosengeld II, das dem Sozialhilfeniveau entspricht.

**20. APRIL**

Die *AZ* titelt: „*Ratzinger ist Papst Benedikt XVI. – Ein Bayer führt die Katholiken der Welt – „Habemus Papam": Mehrheit für den 78 Jahre alten Kardinal bereits im vierten Wahlgang. –* Alois Knoller analysiert in dem Leitartikel „*Ein Papst der klaren Worte*": Es hat nur 24 Stunden gedauert, bis der bayerische Kardinal Joseph Ratzinger zum Papst gewählt worden ist. Einen größeren Erweis des Vertrauens hätten ihm die 114 Mitbrüder im Konklave nicht schenken können. Es gab offensichtlich kein fintenreiches Taktieren in der Sixtinischen Kapelle. Der Chef der Glaubenskongregation schien der Mehrheit nahezu auf Anhieb der richtige Mann nach dem großen Johannes Paul II. Ratzinger kennt vielleicht wie kein Zweiter, was seinen Vorgänger in Kirche und Welt bewegt hat. Seine Wahl ist eine Garantie dafür, dass Johannes Pauls Erbe weiterwirkt. Zu erwarten ist also nicht unbedingt eine Ära stürmischer Reformen, sondern eher eine Zeit der bedächtigen Sichtung, der vielen Impulse. Ratzinger ist bekannt als ein nachdenklicher Theologe, der scharfsinnig den Geist der Gegenwart zu analysieren weiß. Man wird von ihm keine flammenden Parolen hören, aber durchaus klare Worte.*"

Werner Mittermaier scheidet aus der *Presse-Druck*-Geschäftsführung aus und verabschiedet sich in den Ruhestand.

**1. JULI**

Stefan Hilscher wird Verlagsgeschäftsführer von *Presse-Druck*.

Auch wenn er sich im hohen Alter etwas zurückgezogen hatte,
die Lektüre seiner Zeitung bleibt für Günter Holland erste Pflicht.

Das Sonderheft zu „40 Jahre Kartei der Not" erscheint. Was einst in einer bescheidenen Weihnachtsaktion begann, ist ein bundesweit anerkanntes, aus der schwäbisch-bayerischen Region nicht mehr wegzudenkendes und professionell betriebenes Sozialwerk geworden, das über die Jahrzehnte mit Millionen von Spendengeldern Lesern und Mitbürgern Hilfe gebracht hat, die unverschuldet in Not geraten sind.
20. JULI

Gründung der *Medien-Akademie Augsburg*, die vier Unternehmensbereiche bündelt: zum einen die Günter-Holland-Journalistenschule, dann die Ausbildung im Verlagsbereich, drittens die Weiterbildung im Unternehmen organisiert und schließlich Projekte wie „ZISCH" (Zeitung in der Schule) oder „Jugend forscht" betreut. Ansatz für alle Aus- und Fortbildungsangebote ist ein crossmediales Selbstverständnis. Die neue Durchlässigkeit der Medien soll in der Ausbildung berücksichtigt werden.
1. SEPTEMBER

Angela Merkel ist die erste Bundeskanzlerin.
22. NOVEMBER

# 2006

Jürgen Marks wird Mitglied der Chefredaktion.
1. APRIL

Tod von Günter Holland
13. AUGUST

Papst Benedikt XVI. besucht Bayern. Andrea Kümpfbeck schließt ihren Kommentar „*Großereignis Papst*": „*Die Kirche wird nur dann einen nachhaltigen, positiven Schub bekommen, wenn Papst Benedikt XVI. es schafft, dass die Menschen in München und Freising, Regensburg, Altötting und Markt in den nächsten Tagen nicht nur auf das Event, das Papamobil und die schöne Musik achten, sondern auch darauf, was er ihnen zu sagen hat. Weniger Personenkult, mehr Inhalt.*"
AB 9. SEPTEMBER

Der *vmm Wirtschaftsverlag* übernimmt die Wirtschaftszeitung *Wirtschaftskurier*.
1. OKTOBER

*RADIO KÖ* geht wieder auf Sendung. Die *RT.1-media group* sichert sich die Rechte an dem Sendernamen *RADIO KÖ* und löst damit das bisherige Digitalradio-Programm *Oldie Radio RT.2* ab. Zielgruppe sind die über 35-Jährigen. Das Musikformat besteht aus den größten Hits der 60er, 70er und 80er. *RADIO KÖ* war von 1987 bis 2002 bereits auf Sendung, wurde aber von den damaligen Eigentümern eingestellt.
2. OKTOBER

Gründung der *Presse-Druck Dienstleistungs GmbH & Co. OHG*: Das Unternehmen bündelt das gesamte Finanz- und Rechnungswesen, inklusive Einkauf und Fuhrpark. Auch die Bereiche Personal und Recht werden in die Service-Gesellschaft überführt, genauso wie die EDV und die technischen Dienste, also Elektrik, Elektronik, Schlosserei und Hausverwaltung.
8. DEZEMBER

Sechs Jahre nach der letzten Umgestaltung des Blattes steht wieder ein Relaunch an. Diesmal, in Zeiten von Crossmedia, werden Zeitung und Online-Auftritt den Lesern und Usern zugleich in verändertem Outfit präsentiert.

# 2007

| | |
|---|---|
| Die *rt1.media group* übernimmt die *News Equipe GmbH*. Die Kölner Firma, die auch eine Niederlassung in Berlin unterhält, ist als erfolgreicher Dienstleister für TV-Außenübertragungen etabliert. | 1. JANUAR |

Nach einem heftigen Machtkampf in der CSU kündigt Bayerns Ministerpräsident Edmund Stoiber seinen Rückzug aus allen Ämtern an. Auslöser des Führungsstreits waren Bespitzelungsvorwürfe der Fürther Landrätin und Stoiber-Kritikerin Gabriele Pauli. — 18. JANUAR

Crossmedia-Relaunch – In modernem Layout und neu gestaltet erscheint die Erstausgabe der *Augsburger Allgemeinen* und ihrer Heimatzeitungen. Zeitgleich geht ebenfalls neu designt und inhaltlich umstrukturiert *augsburger-allgemeine.de* ins Netz. Ziel des Relaunches ist es, neue Leserschichten anzusprechen, und zwar crossmedial. Kleinere Infostücke bieten den Lesern zudem einen „Zweiteinstieg" in Themen. Zeitung und Online-Angebot sind noch enger verwoben, sodass der Nutzen für den Leser steigt. — 1./2. MAI

Andreas Scherer wird Erster Vorsitzender des Verbandes Bayerischer Zeitungsverleger. — 11. MAI

Verschmelzung der Direktverteilergesellschaften *Augsburger Direktwerbung*, *Direktwerbung Bayern*, *Pro Pressevertrieb*, *PVA Schreiner*, *Direktwerbung Reischl* zur neuen *Direktwerbung Bayern*. — 1. AUGUST

*RT.1 mobil media* und *News Equipe* schließen sich unter der Dachmarke *rt1.tv* zusammen. Beide sind 100-prozentige Töchter der *rt1.media group* (so firmiert inzwischen das Unternehmen in veränderter Schreibweise). Mit dem Zusammenschluss entsteht eines der größten Produktionsunternehmen im Segment der mobilen TV-Außenübertragungen Deutschlands.

Die Ära Stoiber endet mit der Wahl Erwin Hubers zum neuen CSU-Vorsitzenden. Rainer Bonhorst schreibt in seinem Leitartikel: „*Stoiber verwandelte dieses urgemütliche, lebensfrohe Land in einen deutschen Klassenprimus. Das Musterländle sind jetzt wir. Besser wissen, besser können, besser sein: Der Freistaat, der zu Franz Josef Straußens Zeiten eher wie ein etwas wüstes Genie dastand, geht heute dank Stoiber den anderen als Streber auf die Nerven. Das ist ein verkraftbarer Vorwurf, aber er kostet Sympathiepunkte. Was Stoibers Bayern mit Straußens Bayern verbindet, ist seine Ausstrahlung auf den Rest der Bundespolitik. Stoibers Stimme als Bayerns Ministerpräsident kam in Berlin laut und vernehmlich an und sie wurde beachtet. Darin kam er Strauß nahe, und das müssen seine Nachfolger ihm erst nachmachen. Wie sein Vorbild Strauß scheiterte Stoiber als Kanzlerkandidat. Strauß aber spielte, was Stoiber verpatzte, als Bundesminister auf der Bundes- und Weltbühne*". — 29. SEPTEMBER

Edgar Benkler wird Geschäftsführer der *Mediengruppe Pressedruck Service GmbH*. — 1. OKTOBER

Oben: Mit dem FC Augsburg geht es aufwärts. Ein neues Stadion muss her und der damalige Ministerpräsident Edmund Stoiber lässt es sich beim Presseball 2006 nicht nehmen, einen Fünf-Millionen-Euro-Zuschuss des Freistaates selbst zu verkünden.
Unten: Machtwechsel im Augsburger Rathaus: Kurt Gribl, CSU, löst Amtsinhaber Paul Wengert, SPD, ab. AZ-Chefredakteur Rainer Bonhorst moderiert das Wahlkampfduell der beiden Kontrahenten.

Stefan Hilscher scheidet als Verlagsgeschäftsführer aus. — 31. OKTOBER

*Biz Hepimiz* erscheint zum ersten Mal. Das neue, zweisprachige Blatt aus der Verlagsgruppe der *Augsburger Allgemeinen* will die deutsch-türkischen Bürger Augsburgs ansprechen. Thematisch bietet das Heft eine Mischung aus Porträts, Kultur, Sport und Veranstaltungsberichterstattung. Zugleich soll es eine Werbeplattform für türkische und deutsche Unternehmen sein. — 16. NOVEMBER

Spatenstich für das neue Stadion des FC Augsburg, die Impuls-Arena. Der Verein war 2006 wieder in die 2. Bundesliga aufgestiegen.

# 2008

Die internationale Finanzkrise trifft auch den Münchener Immobilienfinanzierer Hypo Real Estate – der Gewinn bricht ein. Im Herbst wird klar: Die HRE kann nur mit massiven Finanzhilfen gerettet werden. Bund und Finanzindustrie springen ein. Viele Banken schlittern immer tiefer ins finanzielle Desaster. — 15. JANUAR

In der Stichwahl setzt sich der CSU-Kandidat Kurt Gribl gegen Amtsinhaber Paul Wengert, SPD, durch. Die *AZ* kommentiert: „*Wengert und die SPD haben in Augsburg im Großen und Ganzen keine schlechte Sachpolitik gemacht. Sie haben viele und große Projekte bewegt. Die Bürger haben sie damit aber nicht gewonnen. Nun gab es die Quittung für eine Politik, die nicht als nah bei den Menschen empfunden wurde.*" — 16. MÄRZ

Krauß & Söhne in Wertingen schließt ihre Druckerei. Die *Wertinger Zeitung* und das *Wertinger extra* werden von *Presse-Druck* übernommen. — 30. JUNI

Der 80. Geburtstag von Herausgeberin Ellinor Holland wird nachträglich mit einem großen Mitarbeiterfest gefeiert. — 20. SEPTEMBER

Dr. Knut Müller tritt in die Geschäftsführung von *Presse-Druck* ein. — 1. OKTOBER

*Presse-Druck* übernimmt 75,1 Prozent an der MH Schwaben GmbH & Co.KG und der MH Oberbayern GmbH & Co. KG von gogol medien. *Presse-Druck* beteiligt sich damit am Online-Portal myheimat.de und den *myheimat*-Stadtmagazinen.

Die *AZ* titelt: „*Barack Obama erobert das Weiße Haus – Jetzt hat der Wandel Amerika erreicht – Viele Schwarze vergießen Freudentränen. Die Demokraten jubeln über einen großen Sieg. Die Republikaner sind entsetzt über ihre katastrophale Niederlage. John McCain beeindruckt als fairer Verlierer.*" Washington-Korrespondent Markus Günther schreibt in seinem Leitartikel „*Die Generation Obama*": — 6. NOVEMBER

Oben: Verantworten die Geschicke der *Mediengruppe Pressedruck*, Edgar Benkler, Alexandra Holland und Andreas Scherer.
Unten: Verantworten die Geschicke der *Augsburger Allgemeinen*, der alte und der neue Chefredakteur, Rainer Bonhorst und Dr. Markus Günther.

„Obama löste Begeisterung und Skepsis aus. Beides erwies sich als grenzenlos ansteckend. Jetzt also ist es doch geschehen, das Unerwartete, das Unerhörte, der historische Durchbruch: Knapp 150 Jahre nach dem Ende der Sklaverei bekommen die Vereinigten Staaten ihren ersten schwarzen Präsidenten. Nichts hörte man unter den Schwarzen in der Wahlnacht in Chicago so häufig wie diesen Satz: ‚Ich habe nie gedacht, dass ich das noch erleben würde.' (...) Die Bewegung, die ihn trägt, die ‚Generation Obama', hat er selbst geschaffen – zum geringsten Teil mit kluger Programmatik, zum größten Teil mit überzeugender Rhetorik. Genau das ist die Herausforderung, vor der Obama nun steht: Er muss Hoffnungen erfüllen, die er selbst geweckt hat, bisweilen maßlose Hoffnungen auf eine bessere, gerechtere Welt, das Ende aller Klassen- und Rassengegensätze, Frieden und soziale Gerechtigkeit."

# 2009

| | |
|---|---|
| Die *rt1.media group* erwirbt das Münchener Unternehmen *TVT Creative Media GmbH*. Durch den Zukauf baut die *rt1.media group* ihre Produktionsaktivitäten im Bereich TV aus. | 1. JANUAR |
| Austritt von Dr. Knut Müller aus der *Presse-Druck*-Geschäftsführung. | 30. JANUAR |
| Alexandra Holland wird neben Ellinor Holland zur weiteren Herausgeberin der *Augsburger Allgemeinen* ernannt und außerdem in die *Presse-Druck*-Geschäftsführung berufen. | 26. MÄRZ |
| Dr. Markus Günther wird neben Rainer Bonhorst Chefredakteur der *Augsburger Allgemeinen*. | 1. JULI |

Zusammengestellt von Stefan Küpper.

Quellen:
Paul Hoser: Die Presse in Bayerisch-Schwaben nach 1945 – Entstehung einer Monopolstruktur, AZ-Archiv, Die Schwäbische, Unsere AZ, pd.MAGAZIN, dpa, Augsburger Stadtlexikon, Geschichte Augsburgs (Bernd Roeck), Handelsregister.

Impressum

Lizenz Nr. 7
Die Geschichte der Augsburger Allgemeinen Zeitung

CIP-Titelaufnahme der Deutschen Bibliothek
Haug von Kuenheim
Lizenz Nr. 7
Die Geschichte der Augsburger Allgemeinen Zeitung

Edition Braus Berlin Heidelberg GmbH
ISBN 978-3-89466-310-0
1. Auflage 2009


Alle Rechte vorbehalten.
Die Verwertung der Texte und Bilder, auch auszugsweise, ist ohne Zustimmung des Verlags urheberrechtswidrig und strafbar. Dies gilt auch für Vervielfältigungen, Übersetzungen, Mikroverfilmungen und für die Verarbeitung mit elektronischen Systemen.
© Edition Braus Berlin Heidelberg GmbH
Idee und Konzeption: Alexandra Holland
Redaktion: Stefan Küpper
Layout und Satz: KW Neun Grafikagentur, Augsburg
Druck und Bindearbeiten: Nino Druck, Neustadt/W.
Printed in Germany.

www.editionbraus.de